Stadt und Landkreis Kassel

Die märchenhafte Region mitten in Deutschland

Heidi Rühlmann

ISBN 978-3-86037-381-1

1. Auflage

Herausgeber:
©2009 Edition Limosa, Agrimedia GmbH
Lüchower Straße 13a, 29459 Clenze
Telefon (0 58 44) 97 11 63-0, Telefax (0 58 44) 97 11 63-9
mail@limosa.de, www.limosa.de

Redaktion:
Heidi Rühlmann

Satz und Layout:
Zdenko Baticeli, Jana Mengel, Lena Hermann

Korrektorat:
Beate Wörtmann

Unter Mitarbeit von:
Christin Stade, Carmen Baum, Doreen Rinke

Gedruckt in Deutschland.
Der Inhalt dieses Buches ist auf säurefreiem, alterungsbeständigem Papier gedruckt,
hergestellt aus chlorfrei gebleichtem Zellstoff aus FSC-zertifiziertem Holz.

Heidi Rühlmann

Stadt und Landkreis Kassel

Die märchenhafte Region mitten in Deutschland

Grußwort

Kassel ist in einer glücklichen Lage. Seit Deutschlands Mitte sich mit der Wiedervereinigung der erzwungenen Randlage entledigte, die Folge der europäischen Teilung nach dem Krieg war, haben sich wirtschaftliche Chancen und Entwicklungsperspektiven ergeben, die entschlossen genutzt wurden und das Gesicht unserer Stadt verändert haben. Die Vergangenheit wirft keine langen Schatten mehr. Gerade in jüngster Zeit ist Kassel ein bemerkenswerter Aufschwung gelungen, der sich nicht nur an Gewerbesteuerrekorden ablesen lässt. Begünstigende externe Faktoren und die Schaffung eigener Rahmenbedingungen sind eine glückliche Verbindung eingegangen. Man hat wieder gelernt, den eigenen Stärken zu vertrauen. Der oft bemühte Gleichklang von Wandel und Kontinuität – in Kassel kann er exemplarisch besichtigt werden.

Landschaftlich herrlich eingefasst, pulsiert in Kassel nicht nur das Wirtschaftsleben, das sowohl von bestehenden industriellen Kernen wie von neuen technologischen Akzentsetzungen und modernen Dienstleistungen geprägt ist. Kassel ist auch ein starker Standort für Bildung, lebenslanges Lernen und einen beständigen Wissenstransfer aus der Universität in nahezu alle gesellschaftlichen Bereiche geworden. Kulturell spielt Kassel ohnehin in der höchsten Liga. Denn keine deutsche Stadt vergleichbarer Größe hat annähernd das Kunst- und Kulturangebot vorzuweisen, das uns schon immer ausgezeichnet hat. Und schließlich ist Kassel längst kein Geheimtipp mehr, wenn von Lebensqualität, Erholungs- und Freizeitwert die Rede ist. Hier lebt und arbeitet man gerne.

Das Zusammenspiel dieser Erfolgsfaktoren hat im positiven Sinn Mobilität und Nachfrage erzeugt – nicht nur für die traditionell hervorragend aufgestellte Mobilitätswirtschaft und die ansässigen Logistiker. Die Bevölkerungszahlen trotzen dem demografischen Wandel. Jahr für Jahr nehmen immer mehr junge Menschen ein Studium in Kassel auf. Dank der zentralen Lage und der guten Erreichbarkeit läuft das Kongress- und Tagungsgeschäft so gut, dass Hotel- und Tagungskapazitäten ständig erweitert werden. Und auch der Tourismus verzeichnet enorme Zuwächse, nicht nur während der documenta, die alle fünf Jahre zu Hunderttausenden ein kunstbegeistertes Publikum aus aller Welt anlockt. In naher Zukunft werden die landgräflichen Parklandschaften, vor allem der durch den UNESCO-Welterbetitel geadelte Bergpark Wilhelmshöhe für zusätzliche Besucherströme sorgen und Kassel noch bekannter machen.

Das Kasseler Rathaus in der Oberen Königsstraße

Aber auch guter Bürgersinn ist in unserer Stadt zuhause. Ein vielfältiges ehrenamtliches Engagement hält nicht nur das Gemeinwesen zusammen, sondern macht es auch lebens- und liebenswert. So ist es in Kassel gelungen, sich Neuem zu öffnen, und gleichzeitig neues Bewusstsein zu schaffen für das, was an altem Glanz überdauern konnte und heute wieder strahlt. Kann man einer Stadt kurz vor ihrem 1100. Geburtstag ein schöneres Zeugnis ausstellen? Deshalb freue ich mich, dass mit diesem reich bebilderten Buch die Vielfalt Kassels lebendig wird. Ich wünsche allen Leserinnen und Lesern eine anregende Lektüre.

Bertram Hilgen
Oberbürgermeister der Stadt Kassel

Obervellmar
Vellmar-West
Ihringshausen-West
Harleshausen
Philippinenhof-Warteberg
Jungfernkopf
Fasanenhof
Rothenditmold
Nord (Holland)
Wesertor
Kirchditmold
Habichtswald
Bad Wilhelmshöhe
Wahlershausen
West
Mitte
Wehlheiden
Unterneustadt
Südstadt
Süsterfeld / Helleböhn
Brasselsberg
Waldau
Industriepark
Kassel-Waldau
Nordshausen
Brückenhof
Oberzwehren
Niederzwehren
Altenritte
Altenbauna
Bergshausen
Rengershausen
Dittershausen
FULDABRÜCK
BAUNATAL
Stadtkarte Kassel
Ausschnitt 1:40000
0 0,5 1 km
¹ Stadt Kassel, Vermessung und Geoinformation

Grußwort

Mitten in Deutschland, im Herzen Europas und in Hessen ganz oben liegt der Landkreis Kassel. Der Kreis hat viel zu bieten: eine gute kommunale Infrastruktur, märchenhafte Waldlandschaften und eine spannende geschichtliche Entwicklung. In den 29 kreisangehörigen Städten und Gemeinden leben rund 240 000 Menschen zwischen Baunatal und Bad Karlshafen und zwischen Liebenau und Helsa.

Der Landkreis Kassel bildet die nördliche Spitze des Landes Hessen. Er grenzt unmittelbar an die Nachbarregionen Südniedersachsen und Ostwestfalen. In seiner heutigen Form entstand der Landkreis Kassel durch die Gebietsreform im Jahr 1972, als die früheren Kreise Wolfhagen, Hofgeismar und Kassel zusammengefasst wurden.

Bekannt ist der Kreis als Hessens grüne Nordspitze; was nicht verwundert, sind doch fast 40 Prozent der Kreisfläche Wald. Reinhardswald, Habichtswald und Kaufunger Wald bestimmen zusammen mit den Flüssen Weser, Diemel und Fulda das Bild einer typischen Mittelgebirgskulturlandschaft. Die Städte und Gemeinden blicken auf eine Jahrhunderte alte Tradition zurück, die sich nicht zuletzt in ihren sorgfältig erhaltenen Fachwerkkernen zeigt. Rund um Kassel, dem wirtschaftlichen und kulturellen Mittelpunkt der Region Nordhessen, hat sich der Kreis zu einem leistungsfähigen Wirtschaftsstandort entwickelt, dessen Säulen das Volkswagenwerk in Baunatal, die Logistikbranche rund um die Autobahnen A 44/A 49 und A 7 und Zukunftsindustrien im Bereich der Solartechnik sind.

Das vorliegende Buch soll Ihren Appetit auf interessante Entdeckungen in den Städten und Gemeinden der Region Kassel wecken. Beim Lesen und Entdecken wünsche ich Ihnen gleichermaßen viel Spaß. Ich danke daher allen, die mit ihrer Beteiligung dieses informative Buch über den Landkreis Kassel ermöglicht haben. Mein Dank gilt auch dem ausführenden Verlag für die ansprechende Gestaltung.

Uwe Schmidt
Landrat

Das Kreishaus in der Wilhelmshöher Allee

Kreiskarte Kassel

Zu diesem Buch

Zu Unrecht wird den Nordhessen eine gewisse Zurückhaltung nachgesagt. Hinter ihrem sympathischen Understatement verbirgt sich jedoch eine gastliche Weltoffenheit, die nicht nur die Besucher der Weltkunstausstellung documenta regelmäßig zu spüren bekommen. Natürlich haben die Nordhessen auch so ihre Eigenheiten. Dazu gehört ihre Mundart, die nichts, aber auch gar nichts mit dem südhessischen Akzent zu tun hat. Auch regionale Spezialitäten, von Einheimischen liebevoll »Schmeggewöhlerchen« genannt, sowie traditionsreiche Feste und Bräuche zeugen von der Charakteristik dieses liebenswerten Landstrichs.

Zahlreiche Persönlichkeiten waren in Kassel zu Hause, wie Paul Julius von Reuter, Begründer der weltbekannten Nachrichtenagentur oder die Brüder Grimm, die hier ihr berühmtestes Werk »Kinder- und Hausmärchen« schufen. Fast unübersehbar ist die Vielfalt an bedeutenden Schlössern, Parks, Museen und Kunstsammlungen. Ein weiterer Pluspunkt ist die wunderschöne Landschaft mit ihren Bergen, Wäldern und Flüssen. In romantischen Dörfern und idyllischen Fachwerkstädten finden Besucher Ruhe und Entspannung. Wer es lieber aufregend mag, ist in der Großstadt Kassel richtig. Neben Kunst und Kultur wird hier auch ein unterhaltsames Nachtleben geboten. Und das alles ist leicht erreichbar, denn Kassel liegt mitten in Deutschland.

Dieses reich bebilderte Buch gibt Einblick in die vielseitigen Vorzüge der »Märchen-Region«. Es ist geprägt von interessanten Berichten über bedeutende Orte und Persönlichkeiten, vor allem aber von seinen Protagonisten: dem Landkreis, den beteiligten Städten und Gemeinden sowie den kulturellen und sozialen Einrichtungen und den Unternehmen, die sich darin vorstellen. Ihnen allen gilt unser Dank. Ihre individuell gefärbten Beiträge bieten ein authentisches Bild von der Stadt und dem Landkreis Kassel, die für Entdeckungsreisende von nah und fern ein lohnendes Ziel sind.

Heidi Rühlmann

Inhalt

Miteinander leben – miteinander lernen

Aus Stadt und Land

Der Landkreis Kassel

Märchenland der Brüder Grimm Kaufunger Wald – Meißner – Söhre

Stadt Baunatal

Gemeinde Calden

Gemeinde Lohfelden

Gemeinde Niestetal

Gemeinde Schauenburg

Stadt Wolfhagen

Stadt Zierenberg

In den Hauptkapiteln dieses Buches werden die Stadt und der Landkreis Kassel vorgestellt.
Bei den Beiträgen mit hellgrünen Überschriften handelt es sich um (Selbst-) Darstellungen der Protagonisten dieses Buches. Die mit dunkelgrünen Überschriften versehenen Beiträge sind redaktionelle Darstellungen zu verschiedenen Themen der Stadt und des Landkreises Kassel.

Die Stadt Kassel

Ein moderner Wirtschaftsraum mit kulturellen Schätzen mitten in Deutschland

Kassel, erstmals 913 urkundlich erwähnt, ist das wirtschaftliche, kulturelle und soziale Oberzentrum der Region Nordhessen. Die einst prächtige Residenzstadt der hessischen Landgrafen und die Hauptstadt des Königreichs Westfalen hatte schwer unter den furchtbaren Zerstörungen im Zweiten Weltkrieg zu leiden. Der 22. Oktober 1943 gilt als einer der dunkelsten Tage der fast 1100-jährigen Stadtgeschichte. Durch Bombenangriffe wurden nahezu 80 Prozent des bebauten Geländes mit der Altstadt und der Innenstadt zerstört.

Der Wiederaufbau erfolgte im Schatten des Eisernen Vorhangs und so prägen viele 1950er Jahre Bauten noch heute das Stadtbild. 1953 entstand mit der Treppenstraße auch die erste Fußgängerzone Deutschlands, damals weltweit eine stadtplanerische Sensation. Durch die Wiedervereinigung wurde Kassel aus der Zonenrandlage in die Mitte Deutschlands und Europas katapultiert. Die zentrale Lage und die gute Erreichbarkeit, die durch die ICE-Neubaustrecke Hannover – Würzburg und den Neubau des ICE-Bahnhofs Wilhelmshöhe einen zusätzlichen Impuls erhielt, haben die Stadt nachhaltig verändert.

Kassels Einkaufsmeile, die Obere Königsstraße lädt ein zum Shoppen und Flanieren.

Die Löwenburg im Bergpark wurde schon als Ruine gebaut. (Foto: kassel tourist GmbH)

Seit mehr als 300 Jahren wacht der Herkules über seine Stadt. (Foto: kassel tourist GmbH)

Europas größter und schönster Bergpark

Heute ist Kassel mit seinen 193 000 Einwohnern eine moderne und zugleich lebens- und liebenswerte Großstadt. Gemeinsinn und bürgerschaftliches Engagement sind hier besonders ausgeprägt. Weltoffenheit und das gute Miteinander unterschiedlicher Kulturen kann Kassel ebenso in die Waagschale werfen wie eine Vielzahl qualitätsvoller Betreuungs- und Bildungseinrichtungen. Das hervorragende Kultur- und Freizeitangebot sowie die hohe Lebensqualität begeistern Einheimische und Gäste gleichermaßen. Kassel verfügt über ein im bundesweiten Vergleich herausragendes Angebot im öffentlichen Personennahverkehr. Die Stadt ist landschaftlich herrlich eingebettet und reich an Parks und Grünanlagen; weltweites Renommee genießt Europas größter und schönster Bergpark mit Schloss Wilhelmshöhe, der Löwenburg und dem Herkules, dessen Aufnahme in die Welterbeliste der UNESCO derzeit vorbereitet wird.

Mit den kulturellen Schätzen können sich nur wenige Städte in Deutschland messen. Kassel verfügt über eine einzigartige Museumslandschaft, die in den kommenden Jahren für über 200 Millionen Euro saniert und ausgebaut wird. In der Galerie

Denkmal für die berühmtesten Kasseler, die Brüder Grimm.

Die über 100 Jahre alte Stadthalle ist heute ein vielbesuchtes Kongresspalais. (Foto: kassel tourist GmbH)

Alter Meister im Schloss Wilhelmshöhe ist eine der größten Rembrandtsammlungen zu bestaunen. Der erste Theaterbau Deutschlands, das Ottoneum, und das erste Museum auf dem europäischen Festland, das Fridericianum, entstanden in Kassel. Eine der traditionsreichsten Kunsthochschulen hat hier ebenso ihr Domizil wie eine lebendige freie Kunst- und Kulturszene, die sogar dem Hauptbahnhof neues Leben eingehaucht hat.

Brüder Grimm und documenta – zwei Weltmarken machen Kassel zum beliebten Reiseziel

Das Werk der Brüder Grimm ist eine der Weltmarken Kassels, ebenso wie die documenta, die weltweit bedeutendste Ausstellung zeitgenössischer Kunst, die alle fünf Jahre internationales Flair auf Straßen und Plätze zaubert. 2007, im Jahr der documenta 12, kamen über 750 000 kunstbegeisterte Besucher nach Kassel. Auch im Stadtbild hat die documenta sichtbare Spuren hinterlassen: die Aktion »7000 Eichen« von Joseph Beuys ist eines der bekanntesten Beispiele. Kassel ist zu einem beliebten Städte-Reisen-Ziel geworden. Die positive Entwicklung der Tourismuszahlen setzt sich fort – auch zwischen den documenta-Kunstausstellungen. Experten beziffern die jährliche Wertschöpfung des Tourismus für die Stadt auf fast eine halbe Milliarde Euro.

Die Mittelpunktlage Kassels beginnt sich auszuzahlen. Aus fast keiner anderen Stadt Deutschlands lassen sich die Großstädte und Ballungsräume Deutschlands derart schnell erreichen. Umgekehrt gilt das Gleiche. Der geplante Neubau des Regionalflughafens Kassel-Calden und der Lückenschluss zwischen Nordhessen und Thüringen durch die A 44 werden die ohnehin schon gute Erreichbarkeit weiter verbessern.

Deshalb entwickelt sich das Tagungs-, Kongress- und Messegeschäft trotz bundesweiter Konkurrenz sehr erfreulich. Kassel hat ein vielfältiges Angebot an Tagungsstätten – allen voran das Kongress Palais Stadthalle, welches mit einer reizvollen Verbindung aus historischem Ambiente und moderner Technik aufwartet und Raum für derzeit bis zu 2000 Personen bietet. Das Kongress Palais wurde vom Europäischen Verband der Veranstaltungs-Centren vor zwei Jahren mit dem Titel »Bestes Center« ausgezeichnet und soll bald ausgebaut werden, um noch mehr Raumkapazität zur Verfügung stellen zu können.

Lokomotiven für den Weltmarkt

Die Summe dieser Vorzüge macht die Stadt auch für die Wirtschaft interessant. Denn wo es sich gut leben lässt, investiert und arbeitet man umso lieber. Wer die Zeit seit der Grenzöffnung Revue passieren lässt, stellt fest, dass die Stadt ihre Chancen – auch in städtebaulicher Hinsicht – genutzt und den Strukturwandel gut bewältigt hat.

Weltberühmt: Rembrandts Bildnis der »Saskia«. Zu besichtigen in der Gemäldesammlung »Alte Meister« im Schloss Wilhelmshöhe. (Foto: kassel tourist GmbH)

Kassels Wirtschaftsgeschichte ist seit 150 Jahren durch sein starkes industrielles Rückgrat geprägt. Zwar haben sich im Laufe der Zeit andere Schwerpunkte herausgebildet, aber der Wirtschaftsraum Kassel ist ein Standort modernster Industrieproduktion geblieben.

In Kassel werden Lokomotiven für den Weltmarkt produziert, die Lkw-Achsen des Technologieführers Mercedes oder die Fahrzeug- und Verkehrstechnik von Hübner sind international gefragt. In Kassel ist mit der Wintershall AG Deutschlands größter Erdöl- und Erdgasproduzent beheimatet. Auch die Firmenzentrale der DAX-notierten K + S Aktiengesellschaft sitzt in Kassel. Das VW-Werk vor den Toren der Stadt hat sich zur Perle des Volkswagenkonzerns gemausert. Die Liste klangvoller Namen ließe sich beliebig fortsetzen.

Ein attraktiver logistischer Knotenpunkt ist im Industriepark Kassel-Fuldabrück-Lohfelden entstan-

Das Fridericianum, 1779 von Landgraf Friedrich II. gebaut, war das erste öffentliche Museum in Europa. Heute ist es der zentrale Ausstellungsort der documenta.

Der ICE-Bahnhof Wilhelmshöhe liegt mitten in Deutschland. (Foto: kassel tourist GmbH)

Brunnen zur Erinnerung an einen großen Bürger. Die Inschrift lautet: DER VATERSTADT VON OSKAR HENSCHEL.

Der Friedrichsplatz bietet Ruhe und Entspannung mitten in der Stadt.

den. In unmittelbarer Nähe des Autobahnkreuzes Kassel, dem größten zusammenhängenden Gewerbeareal Nordhessens, liegt das Güterverkehrszentrum. Es stellt Speditionen, Distributionszentren, Logistik-Zentren, Kurier Express Paket Diensten und Transportunternehmen einen hervorragenden Standort mit einer zukunftsweisenden Infrastruktur zur Verfügung.

Modellregion für modernste Energietechnologie

Ein zweites industrielles Standbein soll den Wirtschaftsstandort Kassel dauerhaft stärken. Dem guten Blatt, das Kassel auf der Hand hat, wird ein weiterer Trumpf hinzugefügt: Nordhessen soll zu einer Modellregion für modernste Energie- und Effizienztechnologien entwickelt werden. Die Perspektiven hierfür sind glänzend. Eine Studie, die entsprechende Entwicklungspotenziale aufzeigt und die zur erforderlichen Realisierung notwendigen Maßnahmen skizziert, rechnet mit rund 20 000 hoch qualifizierten Arbeitsplätzen bis 2020, wovon 5000 auf das heimische Handwerk entfallen.

Der Standort Kassel ist schon jetzt eine Plattform für die Energiefragen der Zukunft und eine international führende Region, wenn es um Energiewirtschaft und -technologie geht. Das Kompetenznetzwerk Dezentrale Energieversorgungstechnologien e.V. vereint fast 100 Unternehmen, Dienstleister und Forschungseinrichtungen, wie das Fraunhofer-Institut für Bauphysik am Zentrum für umweltbewusstes Bauen an der Uni Kassel oder das international renommierte Institut für solare Energieversorgungstechnik (ISET).

Die Firma SMA Solar Technology AG aus Niestetal, die seit über 25 Jahren Maßstäbe in der Solartechnik setzt, hat 2009 auf Kasseler Gemarkung für 40 Millionen Euro die größte Wechselrichterfabrik der Welt mit der Perspektive von 1000 neuen Arbeitsplätzen gebaut.

Universität Kassel als Innovationsschmiede

Einen erheblichen Anteil am wirtschaftlichen Aufschwung Kassels hat denn auch die Universität Kassel, deren Gründung ohne Zweifel die strukturpolitisch wichtigste Entscheidung der vergangenen Jahrzehnte darstellt. Die Hochschule treibt mit eigenen Impulsen die Regionalentwicklung voran und schafft als Innovationsschmiede für ganz Nordhessen hoch qualifizierte Arbeitsplätze. Dass die Uni Kassel als eine der unternehmerischsten Hochschulen Deutschlands gilt und sich bei Studienanfängern großer Beliebtheit erfreut, spricht für ihr erfolgreiches Profil.

In Deutschland haben sich die Stärken des Wirtschaftraums Kassel, in dessen Einzugsgebiet über

Das gute Miteinander unterschiedlicher Kulturen ist in Kassel Programm.

Deutschlands erste Fußgängerzone, die Treppenstraße, wurde 1953 in Kassel gebaut.

eine Million Menschen leben, längst herumgesprochen. Neben den Clustern dezentrale und erneuerbare Energien schlummern auch in der Mobilitätswirtschaft und Logistik sowie in den Bereichen Tourismus und Wellness große Potenziale. Der Wissenstransfer aus der Universität Kassel in die heimische Wirtschaft wird professionell betrieben.

Getragen wurde der wirtschaftliche Aufschwung in den vergangenen Jahren von einer großen Zahl leistungsstarker, wettbewerbsfähiger und innovativer Unternehmen der Region, die nicht zuletzt auch die Standortvorteile und die Zentralität Nordhessens für sich zu nutzen wussten.

Intensiver Stadtentwicklungsprozess zur Stärkung der Wirtschaft und Schaffung innovativer Arbeitsplätze

Der demografische Wandel wird den Wettbewerb zwischen den Wirtschaftsstandorten weiter verschärfen. Wer heute schon gut aufgestellt ist und

Die Fulda ist noch immer die Lebensader der Stadt.

Das »Rondell«, Überbleibsel der alten Befestigungsanlage – heute ein Platz für sommerliche Gastronomie und Ankerplatz für Ausflugsschiffe

Der goldene Hessenlöwe am Kasseler Rathaus steht für den Stolz der Bürger auf ihre Stadt.

mit guten Lebensbedingungen punkten kann, wird gestärkt aus diesem Wettbewerb hervorgehen. In einem langfristig angelegten, sehr intensiven Stadtentwicklungsprozess haben sich Vertreter aller gesellschaftlichen Gruppen in zentralen Handlungsfeldern auf konkrete Projekte verständigt. Eines der definierten Handlungsziele ist die Stärkung der Wirtschaftskraft – und dieses Ziel ist eng verknüpft mit der Schaffung neuer innovativer Arbeitsplätze.

Kassel mit seiner wechselvollen Geschichte und Identitätsbrüchen hat sich also eine gute Ausgangslage für die Gestaltung der Zukunft erarbeitet. Trotz Wirtschafts- und Finanzkrise kann die Stadt weiter auf die Stärken des Wirtschaftsstandorts, die Potenziale der kulturellen Schätze und die Impulse der Universität aufbauen.

STADT KASSEL
documenta-Stadt

PR-Beitrag von:
Stadt Kassel · Rathaus
Obere Königsstraße 8 · 34117 Kassel
Tel. (05 61) 78 70 · Fax (05 61) 7 87 22 58
stadt@stadt-kassel.de
www.stadt-kassel.de · www.kassel.de
Tourist-Information im Rathaus
Tel. (05 61) 70 77 07 · www.kassel-tourist.de

Die Orangerie in der Karlsaue ist ein beliebter Treff für Kasseler und ihre Gäste. (Foto: kassel tourist GmbH)

Noch heute ist die dörfliche Vergangenheit vieler Stadtteile zu erkennen: Fachwerkhaus in Niederzwehren.

Eines der größten Museumsprojekte Deutschlands

Kassels Museumslandschaft wird für 220 Millionen Euro grundsaniert

Wer Weltkulturerbestätte der UNESCO werden will, muss eine Menge zu bieten haben! Beim Bergpark Wilhelmshöhe – zentraler Bestandteil der Museumslandschaft Hessen Kassel – ist dies der Fall, das haben namhafte Welterbe-Experten bestätigt. Und so könnte Kassel schon von 2012 an zur Welt-Elite der Kulturstätten zählen. Den Kern dieses Superlativs bildet das reiche Erbe der einstigen Landgrafschaft, des späteren Kurfürstentums Hessen Kassel. Über Jahrhunderte wurden in der Hauptstadt Kassel Macht und Reichtum zur Schau gestellt – mit dem Ziel, sich im internationalen »Ranking« der Herrscher optimal zu platzieren. Nur wer »klotzte«, wurde auch über die eigenen Grenzen hinweg deutlich wahrgenommen.

Das historische Gewächshaus mit seiner Blütenpracht

Landgraf Karl hatte zu Beginn des 18. Jahrhunderts eine unvorstellbare architektonische Repräsentation entfaltet, durch die er mit seinem Rivalen Ludwig XIV., dem Sonnenkönig, wetteiferte. Karl erbaute die Orangerie in den Fulda-Auen, hoch über der Stadt das Riesenschloss mit dem Herkules und schuf mit den Kaskaden den Grundstein für die weltberühmten Wasserspiele, die von nachfolgenden Generationen kontinuierlich erweitert wurden.

Derart umfangreich sind die Sammlungen, dass sie neben Schlössern und Burgen noch eine Neue Galerie sowie ein Landesmuseum füllen

Scheinbar unendliche Macht und Reichtum dokumentieren auch das Schloss und der Park Wilhelmshöhe mit der »Ruine« Löwenburg, die genau

Um das Schloss Wilhelmshöhe ist das höfische Architekturensemble nach 200 Jahren nahezu vollständig erlebbar.

Zur nächsten documenta 2012 wird sich die Neue Galerie als ein komplett neu konzipiertes Museum präsentieren.

genommen ein komplett ausgestattetes Schloss ist. Mit dem prächtigen Architektur- und Landschaftsensemble setzte Landgraf Wilhelm IX. sich und seinem Geschlecht ein Denkmal.

Über die auffälligen Bauwerke der fürstlichen Zeit hinaus zählen viele weitere Schätze zum historischen Erbe, das die Museumslandschaft Hessen Kassel – eine Institution des Landes Hessen – mit rund 350 Mitarbeitern verwaltet und pflegt. Acht zum Teil international herausragende Sammlungen präsentieren sich in fünf Liegenschaften. Derart umfangreich sind diese Sammlungen, dass sie neben Schlössern und Burgen noch eine Neue Galerie sowie ein Landesmuseum füllen. Die Pflege solcher Schätze ist mit großem organisatorischem und finanziellem Aufwand verbunden, der nicht immer zu leisten ist.

Umso bedeutender ist deshalb das Sanierungsprogramm des Landes Hessen für die Museumslandschaft in Kassel. In einem in Europa beispiellosen Vorhaben wird die Kasseler Kulturlandschaft derzeit neu aufgestellt. Mit 200 Millionen Euro vom Land und 20 Millionen Euro von der Stadt werden die historischen Liegenschaften und Museen in einem Zehn-Jahres-Programm saniert, die Sammlungskonzepte entstaubt und für die Öffentlichkeit zeitgemäß und attraktiv gestaltet.

Der Bergpark hat gute Chancen Weltkulturerbestätte der UNESCO zu werden

Nicht nur das »Riesenschloss« aus porösem Tuffstein mit seiner Pyramide und der Kupfer-Statue des Herkules werden mit fast 30 Millionen Euro gesichert. Es wird dort künftig auch ein Besucher-

Der Apollotempel am Schlossteich

zentrum geben, das über die Attraktion der Stätte informiert. Die Architektur dieses Neubaus fügt sich harmonisch in die Parklandschaft ein – eine der Voraussetzungen für die Aufnahme in die Welterbeliste. Alle Bauprojekte in den historischen Liegenschaften werden zunächst von einer international besetzten Expertenkommission geprüft, bevor sie realisiert werden. Dies gilt auch für die Löwenburg, die 200 Jahre nach ihrer Erbauung für 27 Millionen Euro kernsaniert wird. Zum Programm zählt der Wiederaufbau des im Krieg zerstörten mächtigen Bergfrieds!

Zentraler Bestandteil der Welterbe-Bewerbung sind die Wasserspiele, die schon während ihrer Erbauungszeit vor 300 Jahren als Weltwunder galten. Die gesamte Abfolge des raffinierten Wasserspiel-Programms wird derzeit von Grund auf saniert, hierzu zählen die Kaskaden, der Steinhöfer Wasserfall, die Teufelsbrücke, das Aquädukt und der Fontänenteich.

Für die Besucher aus dem In- und Ausland gibt es zahlreiche Schätze zu entdecken

Um das Schloss Wilhelmshöhe ist das höfische Architekturensemble nach 200 Jahren nahezu vollständig erlebbar. Neben der Residenz gibt es hier etwa ein Ballhaus sowie das Große Gewächshaus. Zu sehen sind noch die Alte Wache, die einstige Poststation, die Remise, der Marstall, das Ökonomiegebäude und das Reithaus. Die Fassaden des Ensembles sollen in den historischen Zustand zurück versetzt werden.

Zur nächsten documenta 2012 wird sich die Neue Galerie als ein komplett neu konzipiertes Museum präsentieren, das sich dem Vergleich mit der europäischen Konkurrenz stellen kann. Auch für das Landesmuseum am Brüder-Grimm-Platz werden neue Ausstellungsideen entwickelt. Zur Museumslandschaft Hessen Kassel wird künftig außerdem ein eigenes Tapetenmuseum gehören, das in gemeinsamer Architektur mit dem neuen Grimm-Museum der Stadt am Weinberg entstehen soll. Ein »Leckerbissen« für die Liebhaber naturwissenschaftlicher Sammlungen ist das Astronomisch-Physikalische Kabinett im Orangerie-Schloss. Auch diese Kollektion hat in Kassel eine lange Tradition.

Die Museumslandschaft Hessen Kassel ist bunt und bedeutend. Gemeinsam mit der Stadt wird das Land Hessen schon bald seine Schlösser, Parks und Sammlungen neu präsentieren. Für die Besucher aus dem In- und Ausland gibt es ungeheure Schätze zu entdecken.

Ernst Wegener

Schon bald werden die Sammlungen neu präsentiert werden.

Museum Schloss Wilhelmshöhe

Von der kaiserlichen Sommerresidenz zum Kunsttempel

Eingebettet in Park und Landschaft liegt das Schloss Wilhelmshöhe.

Eingebunden in das Gesamtkunstwerk Park Wilhelmshöhe entstand ab 1786 in mehreren Etappen das Schloss Wilhelmshöhe. Parallel zur Umgestaltung der barocken Parkanlage in einen englischen Landschaftsgarten entwickelte Landgraf Wilhelm IX., der spätere Kurfürst Wilhelm I. (reg. 1789 bis 1821), das Schlossprojekt. Der angestrebte erhabene und würdevolle Charakter des Parks sollte eine markante bauliche Entsprechung finden. Dem barocken Herkules-Monument und den Kaskaden wurde diese Wirkung zuerkannt, das alte Jagdschloss, das Landgraf Moritz der Gelehrte (reg. 1592 bis 1627) anstelle des Augustinerinnenklosters Weißenstein hatte erbauen lassen, musste dagegen dem Schlossneubau weichen.

Nach Plänen von Simon Louis Du Ry (1726 bis 1799) entstand in Anlehnung an palladianische Landschlösser in England der heute so genannte Weißensteinflügel. Ursprünglich als Solitär geplant, entschied sich Wilhelm IX. noch während des Baus zu einem nördlichen Pendant, dem heutigen Kirchflügel, und schließlich auch zu einem Mitteltrakt. Seine geschlossene Form erhielt das Schloss erst unter Kurfürst Wilhelm II. (reg. 1821 bis 1831), der Verbindungsbauten zwischen den drei separierten Flügeln errichten ließ.

Anfang 1945 zerstörte eine Bombe den Mitteltrakt des Schlosses. Erst 1968 bis 1974 wurde das Gebäude wiederaufgebaut und seiner neuen Nutzung als Kunstmuseum gemäß umgestaltet. Baumängel machten 1994 die Schließung des Hauses notwendig. Im Juni 2000 konnte Schloss Wilhelmshöhe mit einer Grundlegenden Neuorganisation der Ausstellungsräume wiedereröffnet werden.

Noch gut bekannt vom alten 20-Mark-Schein: Albrecht Dürers Portrait der Elisabeth Tucher.

Die Gemäldegalerie Alte Meister und die Graphische Sammlung

Zur Sammlung gehören europäische Gemälde der Spätgotik, der Renaissance, des Barock und des Klassizismus. Einen besonderen Schwerpunkt bildet die holländische und flämische Malerei des 17. Jahrhunderts. Darunter Werke von Rembrandt und Rubens.

Die Ursprünge der Gemäldegalerie Alte Meister reichen zurück bis in das Jahr 1509, als Anna von Mecklenburg, Witwe von Landgraf Wilhelm II., Lucas Cranach der Ältere mit einem kleinen Flügelaltar zum Gedächtnis an ihren verstorbenen Gemahl beauftragte. Die Periode der intensivsten Sammeltätigkeit war zwischen 1748 und 1756, als Landgraf Wilhelm VIII. circa 800 Gemälde in Holland, Paris, Brüssel, Antwerpen, Venedig und in Deutschland ankaufen ließ.

Die Graphische Sammlung verwahrt über 55 000 Handzeichnungen, druckgraphische Arbeiten, Plakate und illustrierte Bücher. Zeitlich reicht ihr Spektrum vom Spätmittelalter bis zur zeitgenössischen Kunst oder von Albrecht Dürer bis zu Georg Baselitz.

Das Herzstück der Sammlung bilden die kostbaren Klebebände mit alter Druckgraphik aus der ehemaligen Bibliothek des Schlosses Wilhelmshöhe mit Meisterwerken von Jaques Callot, Hendrick Goltzius oder Giovanni Battista Piranesi. Nieder-

Kostbarer Schatz der Gemäldegalerie »Alte Meister«: Rembrandts »Jacobssegen«.

Hessische Truppen brachten schon 1688 Funde aus Athen nach Kassel.

ländische und italienische Altmeisterzeichnungen sowie die Werke der Kasseler Akademiekünstler und -lehrer von Johann Heinrich Tischbein über Ludwig Emil Grimm bis zu Fritz Winter runden den Bestand ab.

Seit den 1960er Jahren wurde die Sammlung mit großem Engagement in die Moderne fortgesetzt. Umfangreiche Konvolute an Zeichnungen und Druckgraphiken von Ernst Ludwig Kirchner und den Brücke-Künstlern, von Ernst Wilhelm Nay oder prominenten Vertretern der informellen Kunst wie Jean Dubuffet können vor Ort studiert werden.

Rund 50 antike Skulpturen sind im Erdgeschoss des Schlosses zu sehen.

Die Antikensammlung – Skulpturen, Kleinkunst und Alltagsgeräte der antiken Kulturen des Mittelmeerraumes

Die Ursprünge der Antikensammlung reichen zurück bis in das Jahr 1688 als hessische Truppen Funde aus Athen nach Kassel brachten. Die Antikenbegeisterung des Kasseler Landgrafen Friedrich II. führte zur Gründung des Museum Fridericianum im Jahre 1779. Viele der zu dieser Zeit erworbenen Objekte sind erhalten geblieben, so etwa die Sammlung von 30 Korkmodellen antiker Bauwerke Roms.

Das Spektrum der Sammlung reicht von der Bronzezeit über die Blütezeit Griechenlands und Athens bis zum Imperium Romanum. Rund 500 Objekte – darunter etwa 50 Skulpturen – sind im Erdgeschoss von Schloss Wilhelmshöhe ausgestellt. Sie geben einen Überblick über die Entwicklung verschiedener antiker Kulturen. Zu sehen sind Funde aus ägyptischer, mykenischer, griechischer, etruskischer und römischer Zeit.

Der Weißensteinflügel – so lebten die Kasseler Regenten

Der Weißensteinflügel, Südflügel von Schloss Wilhelmshöhe, entstand in den Jahren 1786 bis 1790 im Auftrag des Landgrafen Wilhelm IX. von Hessen Kassel. Ursprünglich waren im Weißensteinflügel die landgräflichen Appartements und Repräsentationsräume untergebracht.

Heute können 23 der historischen Schlossräume im Rahmen einer Führung besichtigt werden, so zum Beispiel Speisesaal, Bildnisgalerie, Schreibzimmer und Badezimmer, in denen eine einzigartige Sammlung von Möbeln und Ausstattungsstücken aus der Zeit des Empire präsentiert wird, neben zahlreichen Gemälden, unter anderem von Johann Heinrich Tischbein der Ältere, Carl Gustaf Pilo und französischen Malern des 18. Jahrhunderts. Bestände aus der kurfürstlichen Bibliothek und Porzellansammlung ergänzen die Präsentation.

Das Ballhaus – ein wahres Kleinod

Der Park Wilhelmshöhe birgt neben dem Schloss ein wahres Kleinod, das Ballhaus. Nach außen mutet das Gebäude äußerst schlicht an. Das Innere mit dem großen, prachtvoll ausgemalten und mit Kristall-Lüstern versehener Ballsaal versetzt deshalb umso mehr in Erstaunen.

Das Ballhaus wurde als Hoftheater in der Regierungszeit von Napoleons Bruder Jérôme Bonaparte (1784 bis 1860) in den Jahren 1808/1809 durch den jungen Leo von Klenze errichtet. Der Pavillon ist das erste Gebäude des berühmten Münchener Architekten. Die heutige prachtvolle Innenausstattung erhielt es 1828 unter Kurfürst Wilhelm II. (reg. 1821 bis 1831) durch den Kasseler Architekten Johann Conrad Bromeis.

Herrschaftliche Bettstatt: so schliefen einst Kaiser, Landgraf und Kurfürst.

Kostbar und appetitanregend: Tischdekoration im Weißensteinflügel

Sphinxen und Nymphen: die Regenten liebten die Mythologie.

Ein architektonisches Schmuckstück: das Ballhaus von Baumeister Leo von Klenze

In Kassel ist der Hund begraben

Das prominenteste Dackelgrab der Welt

Hunde sind seit jeher die treuesten Begleiter des Menschen. Doch auch die beste Veterinärmedizin kann nichts daran ändern, dass ein Hundeleben kürzer ist als ein Menschenleben. Irgendwann kommt der Tag, an dem es heißt Abschied zu nehmen. Ein würdiges Begräbnis und eine schöne Grabstätte, am besten im eigenen Garten, wünschen sich die meisten für ihren treuen Vierbeiner.

Das kaiserliche Hundegrab trägt die Inschrift: ANDENKEN AN MEINEN TREUEN DACHSHUND ERDMANN 1890 – 1901 W II.

Doch in der deutschen Rechtsprechung gilt auch der liebste Hund als Kadaver, der ordnungsgemäß entsorgt werden muss.
Wie gut hatten es da die Windhunde von Friedrich dem Großen, die in Sanssouci ihre letzte Ruhe fanden. Aber nur Kassel kann sich rühmen, der Ort zu sein, an dem »der Hund begraben ist«. Und zwar kein geringerer als der Dackel von Kaiser Wilhelm II.. 1901 verendete der Lieblingshund Seiner Majestät auf Schloss Wilhelmshöhe, der kaiserlichen Sommerresidenz. Der traurige Regent verschaffte seinem kurzbeinigen Begleiter ein prunkvolles Begräbnis auf der Roseninsel im weltberühmten Schlosspark. Noch heute pilgern Hundefreunde aus der ganzen Welt zu dem kleinen Grabstein mit der Inschrift:
ANDENKEN AN MEINEN TREUEN DACHSHUND ERDMANN 1890 – 1901 W II.
Seit fast 100 Jahren ruht der gute Erdmann in einer Umgebung, die romantischer nicht sein könnte. Hunde von heute können da nur vor Neid erblassen. Denn laut einer EU-Verordnung werden sie nach ihrem Ableben der Gefahrenklasse 1 zugeordnet und müssen schnöde verbrannt werden.

Inmitten von Rosen fand der treue Erdmann seine letzte Ruhe.

Blick von der Roseninsel auf den »Lac«

Spiel, Satz und Sieg für die ganze Familie

Kasseler Tennisclub Bad Wilhelmshöhe 1896 e. V.

Schon seit 1896 existiert der traditionsreiche Kasseler Tennisclub Bad Wilhelmshöhe. Heute verfügt seine Anlage unweit des Wilhelmshöher Schlossparks über 6 Sandplätze und einen Quarzsandplatz, über den im Winter eine Traglufthalle installiert wird.

Die Anlage des KTCW unweit des Wilhelmshöher Schlossparks verfügt über 6 Sandplätze und einen Quarzsandplatz.

»Platz 8« und das Restaurant »Manuel's Am Lac« bieten nach dem Match vielseitige Gaumenfreuden in einer ansprechenden Atmosphäre.
Für aktive Jugendliche findet regelmäßig das Vereinstraining statt, auch Einzel- und Privatstunden sind jederzeit möglich und Schnupperkurse vermitteln einen Eindruck vom qualifizierten Training und der einmaligen Atmosphäre auf der Anlage.

Tennis-Weltranglisten-Turnier in Kassel

Die Traditionsveranstaltung »Wilhelmshöhe Open« ist Nordhessens größtes internationales Tennisturnier. Hier kann man heute schon die Stars von morgen sehen. Weltbekannte Profis wie Fernando Gonzales (Olympiasieger von Peking), Gaston Gaudio (Sieger French Open) oder Mischa Zverev (Davis Cup-Spieler für Deutschland) haben schon auf der Anlage des Kasseler Tennisclubs Bad Wilhelmshöhe 1896 e.V. bestes Tennis geboten. Familiäre Stimmung und sportliche Höchstleistungen gehen hier eine gelungene Verbindung ein.

Siegerehrung beim Herren-Doppel, Wilhelmshöhe Open 2009 (Beide Foto: Rolf Schünemann, Kassel)

Dass dieses Turnier so erfolgreich ist, verdankt der Verein auch seinen Sponsoren, sowie den Werbepartnern, die rund um das Turnier Präsenz zeigen. Unverzichtbar ist jedoch das ehrenamtliche Engagement der zahlreichen Vereinsmitglieder, die sich mit viel Herzblut einbringen und wie die Spieler ihr Bestes geben, damit dieses sportliche Ereignis reibungslos gelingt.

PR-Beitrag von:
Kasseler Tennisclub Bad Wilhelmshöhe 1896 e.V.
Burgfeldstraße 2a · 34131 Kassel / Bad Wilhelmshöhe
Tel. (05 61) 3 95 35 · Fax (05 61) 31 05 68
www.ktc-wilhelmshoehe.de
www.wilhelmshoehe-open.de

Inspiriert von der Natur

Rosenrot Konzeptkunst – Bettina Richter

Inspiriert von der Landschaft und der Natur schafft Bettina Richter unverwechselbare Kreationen. Unter ihrer Hand entstehen ganze Raumkonzepte für Hotels, Bars, Cafés, Restaurants und Wohnstifte. Für Events und Großraumveranstaltungen erschafft sie Dekorationen vom Tischschmuck bis zur Bühnengestaltung – wie zum Beispiel im Schloss Schönfeld zum jährlichen Sommerfest. Aus ihrem märchenhaften Fundus können auch für private Feiern attraktive Blickfänge entliehen werden. Künstlerisch gestaltete Räume können unter anderem im Kurparkhotel Kassel-Bad Wilhelmshöhe sowie im Café Backlust in Kassel-Oberzwehren oder im Backhaus Schwarz in Gudensberg besichtigt werden. Außergewöhnliche Farbgestaltungen und Rauminstallationen auf mehreren Etagen bezaubern Bewohner und Besucher gleichermaßen im Wohnstift am Weinberg in Kassel.

Die neue Kollektion »Gartenpoesie« = Gartenkunst entstand als Dankeschön an die Natur

Bei diesem Dankeschön an die Natur und zur poetischen Besinnung für die Betrachter werden »blumige« Gedichte mit bildlicher Darstellung vereint. Ob Kissen, Plaids, Tischsets, Gardinen, Schürzen, Matten, Taschen und Postkarten, Schmusebären und Wärmflaschen, Bettina Richters Ideenreichtum verwandelt alles in Poesie.

Die umfangreichen Wohn- und Gartenkollektionen werden für den Außenbereich auf wetterfestem Stoff gedruckt. Die Fahnen geben die Poesie an den Wind weiter. Bäume und Mauern, Tische, Bänke und Zäune werden zu Kunst im Garten. Und das alles 100 Prozent Made in Germany.

Käuflich zu erwerben sind die Kreationen per Internet und auf vielen hochkarätigen Veranstaltungen in Schlössern und Parks deutschlandweit, unter anderem während des Gartenfestivals im Schloss Wilhelmsthal in Calden und zum »Herbstzauber« in der Kasseler Karlsaue. Dort sind auch ihre extravaganten Echtschmuck-Unikate erhältlich.

Alle Konzepte und poetischen Designs sind kreatives Eigentum der Firma Rosenrot Konzeptkunst.

Rosenrot steht für Farbenfreude

Bei Bettina Richter stehen:
Die Flügel für beflügelnde Ideen
Die Rose steht für die Schönheit
Das Herz für die Liebe zur kreativen Arbeit
Der Stern für die Qualität
Das Gras für Inspiration durch die Natur

PR-Beitrag von:
Rosenrot Konzeptkunst · Bettina Richter
Friedrichstein 3 · 34289 Zierenberg
Mobil (01 71) 2 11 77 71
info@rosenrotkonzept.de · www.rosenrotkonzept.de

Schlosspark Wilhelmshöhe

Ein weltweit einzigartiges Kulturdenkmal

Die barocke Anlage mit dem Schloss, der Herkules-Statue und der 250 Meter langen Kaskade entstand zu Beginn des 18. Jahrhunderts. Nach dem Siebenjährigen Krieg wurde sie zum Landschaftspark umgestaltet. Um die Kaskadenachse wurde unter Ausnutzung der natürlichen Gegebenheiten eine weitläufige, idealisierte Naturlandschaft mit Wasserfällen, Aquädukt und Fontäne geschaffen. Der am Hang des Habichtswalds gelegene Landschaftsgarten ist der größte Bergpark Europas und stellt ein einzigartiges Kulturdenkmal dar. Schloss und Schlosspark dienten bis 1866 den Landgrafen und Kurfürsten von Hessen Kassel, danach den preußischen Königen und deutschen Kaisern als Sommerresidenz. Heute zieht der in seiner Gestaltung einzigartige Park jährlich mehr als eine Million Besucher aus aller Welt an. Zu den besonderen Attraktionen zählen neben den Kasseler Wahrzeichen – dem Herkules – die Wasserkünste, welche über zwölf Kilometer lange Wasserläufe, zahlreiche Teiche und Wasserfälle fließen und schließlich in der mächtigen Fontäne oberhalb des Schlosses Wilhelmshöhe kulminieren. Die Gesamtlänge des Bergparks mit Herkules und der sich über die Kaskadenanlage den Bergpark bis weit hinunter in die Stadt erstreckenden Barockachse ist weltweit einzigartig.

Das Gewächshaus besticht durch seine filigrane Eisen-Glas-Konstruktion.

Ein Farbenmeer von exotischen Pflanzen im Großen Gewächshaus

Kurfürst Wilhelm II. von Hessen Kassel ließ 1822/1923 durch seinen Hofarchitekten Johann Conrad Bromeis das Große Gewächshaus zur Kultivierung kostbarer exotischer Pflanzen errichten. Es besticht auch noch heute durch seine filigrane Eisen-Glas-Konstruktion, die zu den frühesten ihrer Art in Deutschland gehören. Während des Winterhalbjahres werden frostempfindliche, schon zu Wilhelms Zeiten nachweisbare, demnach »historische« Pflanzen im Großen Gewächshaus überwintert. Dann ist Besuchersaison, und es kann ein Farbenmeer von Orchideen, Palmen, Kamelien, Bananen und anderen exotischen Pflanzen bewundert werden. Im Frühjahr werden die Pflanzen nach altem Vorbild im wahrsten Sinne des Wortes an die Luft gesetzt.

Der Herkules, das Wahrzeichen von Kassel

Landgraf Karl von Hessen Kassel ließ 1700 bis 1717 durch den italienischen Architekten Giovanni Francesco Guerniero das Oktogon (»Riesenschloss«) mit der Figur des Herkules als krönenden Abschluss der 1,5 Kilometer langen Kaskadenstrecke errichten. Über dem achteckigen Unterbau erhebt sich eine steile Pyramide, die von einer 8,20 Meter hohen Statue des Herkules bekrönt wird. Das Werk von dem Augsburger Goldschmied Johann Jakob Anthoni ist eine Nachbildung des antiken Herkules Farnese. Eine Treppe führt hinauf auf eine Besucherplattform, von der man einen einzigartigen Blick auf die gesamte barocke Anlage sowie die Stadt Kassel hat.

Der Herkules, das Wahrzeichen Kassels krönt den weltweit einmaligen Bergpark.

Ein Höhepunkt der Wasserkünste: das Aquädukt mit dem tosenden Wasserfall.

Kassels heitere Seite

Park Karlsaue mit der Insel Siebenbergen

Nur wenige Schritte von Kassels Zentrum entfernt eröffnet sich dem staunenden Besucher eine der heiteren Seiten Kassels. Eingebettet zwischen Rosenhang und Fulda liegt der Schlosspark Karlsaue. Er wurde um 1700 als barocke Parkanlage geschaffen. Mit zahlreichen Wasserbassins und fächerförmig angeordneten Kanälen findet der Park in seiner schier unendlichen Weite seinen Glanzpunkt beim Orangerieschloss, der Sommerresidenz des Landgrafen Karl. Ende des 18. Jahrhunderts wurde die Anlage behutsam und mit Respekt vor der barocken Struktur zum Landschaftspark umgestaltet. Das barocke Gartenkunstwerk mit seinen Sicht- und Bedeutungsachsen erschließt sich dem Besucher bis heute.

Eine Augenweide: die farbenprächtigen Pfauen auf der Insel Siebenbergen

Im Wandel der Jahreszeiten entfaltet die Karlsaue ihr ganz eigenes Flair

Am Ende des Parks liegt die Insel Siebenbergen, welche wegen ihrer in der Frühlings- und Sommerzeit wechselnden Blütenpracht auch »Blumeninsel« genannt wird. Die Karlsaue ist ein bedeutendes historisches Erbe und stellt neben dem Bergpark und Schloss und Park Wilhelmsthal einen wichtigen Bestandteil der Kasseler Anmeldung zum Weltkulturerbe dar. Malerische, botanische Vielfalt wird im Park wie auf der Insel Siebenbergen bewahrt und gepflegt. Im Wandel der Jahreszeiten entfaltet die Karlsaue ihr ganz eigenes Flair.

Der ehemalige »Küchengraben« mit Blick zur Orangerie

Millionen Besucher kamen zu den Bundesgartenschauen

Kassel wurde im Zweiten Weltkrieg fast völlig zerstört. Fast 70 Prozent der alten Residenzstadt waren den Bomben zum Opfer gefallen. Doch schon bald regte sich neues Leben in den Trümmern. Nur zehn Jahre nach Kriegsende richtete die Stadt eine Bundesgartenschau aus. Das ideale Gelände dazu fand sich in der Karlsaue. Auf rund 50 Hektar des barocken Parks entfaltete sich die moderne florale Pracht. Vom 29. April bis zum 16. Oktober 1955 kamen 2,9 Millionen Besucher nach Kassel. Als kulturelles Rahmenprogramm wurde damals eine Ausstellung moderner Kunst angeboten. Die documenta war schon damals ein großer Erfolg. Seither findet die Weltkunstausstellung alle fünf Jahre statt und zieht regelmäßig ein internationales Millionenpublikum an.

1981 eröffnete der damalige Bundespräsident Karl Carstensen die zweite Kasseler Bundesgartenschau, die wieder in der Karlsaue und ihrer Umgebung stattfand. Diese Schau sollte mit 5,5 Millionen Besuchern alle bisherigen Rekorde brechen.

War die erste Buga noch vom Wiederaufbau geprägt, konnten die Planer diesmal weiter ausholen. Sie schufen zusätzlich zur vorhandenen Ausstellungsfläche ein weitläufiges Freizeitgelände mit Badeseen, Inseln und Wasserläufen, die von den Kasselern bis heute intensiv genutzt werden. Der Buga-See zieht im Sommer täglich zehntausende Badelustige an, darunter viele FKK-Freunde. Aber auch Surfer und Segler kommen hier auf ihre Kosten.

Elegant schwingt sich die Brücke über das Wasser.

Das Bolero Kassel

365 Tage schöne Aussicht

Jeden 1. Montag im Monat – Die Afterworkparty

Mediterran, warm, sommerlich, zum Genießen und Wohlfühlen unter Palmen, so präsentiert sich das im September 2005 eröffnete Bolero in Kassel. Architektonisch sehr gut gelungen, schmiegt es sich auf zwei Ebenen in den steilen Hang der Gartenlandschaft »Schöne Aussicht« am Rand der Karlsaue harmonisch ein.

Auf der oberen Ebene befindet sich Bar und Lounge mit circa 100 Plätzen und auf der unteren Ebene das Restaurant mit 110 Plätzen. Im Biergarten und auf der Terrasse stehen circa 400 Plätze zur Verfügung. Die Speisekarte umfasst neben mexikanischen Spezialitäten, Fingerfood, verschiedenen Burgern und leckeren Pasta-Gerichten, auch eine große Auswahl an Salaten und Steaks. Am Wochenende und an Feiertagen verwöhnt das Bolero seine Gäste mit einem reichhaltigen und abwechslungsreichen Brunch.

Das Speisenangebot wird neben einer großen Auswahl an Erfrischungsgetränken und Bieren durch eine Vielfalt von über 100 Cocktails abgerundet und die Weinkarte des Bolero lässt ebenfalls kaum Wünsche offen.

Das Restaurant auf der unteren Etage – Essen mit der »schönsten Aussicht«

Modern – Der Barbereich auf der oberen Etage

Loungesofas im Außenbereich bieten das ganze Jahr Gemütlichkeit

Seit vergangenem Sommer bietet das Bolero seinen Gästen ein zusätzliches Highlight: die einzigartige Möglichkeit, ganzjährig den außerordentlichen Blick über die Karlsaue zu genießen. Der Terrassenbereich wurde mit einer Pergola überdacht, die flexibel bei Bedarf ausgefahren werden kann. Heizstrahler und warme Decken sorgen auf dem mit Polstermöbeln und Loungesofas bestückten Außenbereich das ganze Jahr über für Gemütlichkeit. So wurde auch den rauchenden Gästen eine angenehme Atmosphäre geschaffen, um gemeinsam mit Freunden und Bekannten viele schöne Stunden zu verbringen.

Überdachter und beheizter Loungebereich

Öffnungszeiten:
Montag bis Freitag 10 Uhr bis Open End,
Frühstück 10 bis 15 Uhr,
Mittagstisch 11 bis 17 Uhr,
Samstag und Sonntag 9 Uhr bis Open End,
Wochenend-Brunch Samstag und Sonntag
9 bis 15 Uhr.

PR-Beitrag von:
Bolero Kassel
Schöne Aussicht 1a · 34117 Kassel
Tel. (05 61) 7 66 22 42 · Fax (05 61) 7 66 25 18
kassel@bolerobar.de · www.bolerobar.de

Goldene Äpfel aus dem Garten der Hesperiden

Die Orangerie in der Karlsaue

Das prächtige Orangerieschloss war einst Winterquartier für Orangen- und Lorbeerbäume.

Fast zeitgleich zu den Baumaßnahmen am Karlsberg, dem Herkules-Monument und den Kaskaden schuf Landgraf Karl von Hessen Kassel eine weitere, bedeutende gartenkünstlerische Anlage. In der Fuldaaue ersetzte er zwischen 1701 und 1710 ein kleines, von Wilhelm IV. errichtete Lusthaus durch den Bau eines größeren Orangerieschlosses. Im Mittelbau war der so genannte Apollosaal untergebracht. In den beiden langgestreckten Verbindungsgalerien überwinterten zahlreiche Orangen- und Lorbeerbäume. Auch diese Pflanzensammlung erlaubte die im Barock beliebte Gleichsetzung ihres Besitzers mit dem tugendhaften Helden Herkules, denn die goldenen Äpfel, die Herkules aus dem Garten der Hesperiden holen musste, galten als Früchte einer Zitruspflanze. Die beiden Eckpavillons nutzte das Landgrafenpaar als Sommersitz. Von fünf weiteren, geplanten Pavillonbauten konnte zu Karls Lebzeiten nur das Marmorbad errichtet werden. Mit seiner prachtvollen Innenausstattung war es ein reines Schauobjekt und Bestandteil der fürstlichen Repräsentation.

Himmelsgloben und Kunstuhren halfen den Kosmos zu verstehen

Das Astronomisch-Physikalische Kabinett in der Orangerie

Die landgräfliche Sammlung wissenschaftlicher Instrumente verdankt ihre Entstehung einer kontinuierlichen Förderung der Naturwissenschaften durch die Landgrafen. Die fünf Ausstellungsbereiche Astronomie, Uhren, Geodäsie, Physik und Mathematik/Informationstechnik führen dem Besucher die ganze Bandbreite der entstehenden messenden Naturwissenschaften von der Spätrenaissance bis zum Vorabend der industriellen Revolution vor Augen. Sekundenpendeluhren, Vakuumpumpen, Mikroskope, Elektrisiermaschinen frühe Rechenmaschinen und Quadranten wurden von den Landgrafen für Lehr- und Forschungszwecke angeschafft. Mechanische Himmelsgloben und astronomische Kunstuhren halfen durch ihre uhrwerksgetriebene Simulation der Himmelsbewegungen den Kosmos zu verstehen.

Das Planetarium im 3. Obergeschoss als modernes Pendent zu den astronomischen Kunstuhren nimmt den Besucher mit auf Abenteuerreisen durch die moderne Kosmologie und Astronomie.

Das Marmorbad ist Deutschlands letztes repräsentables Badehaus aus dem Spätbarock.

Die Metamorphosen des Ovid im prachtvollen Marmorbad

Das Marmorbad neben dem Orangerieschloss ist Deutschlands letzte bedeutende und erhaltene repräsentative Badeanlage aus der Zeit des Spätbarock. Es wurde 1722 bis 1728 unter Landgraf Karl errichtet. Der bedeutende römische Bildhauer Pierre Etienne Monnot schuf die prachtvolle Innenarchitektur mit marmornen Skulpturen und Wandreliefs mit Darstellungen aus den Metamorphosen des Ovid, sowie Medaillons mit Porträtbüsten des Landgrafen und seiner Frau, der Landgräfin Marie Amalie von Kurland. Das Kasseler Marmorbad stellt eines der bedeutendsten Ensembles römischer Profanskulptur des frühen 18. Jahrhunderts dar.

Pierre Etienne Monnot schuf die prachtvolle Innenarchitektur des Marmorbads.

Durch den Kosmos reisen im Planetarium des Astronomisch-Physikalischen Kabinetts.

Grußwort

Kunst und Kultur haben in der über 1000-jährigen Geschichte Kassels eine zentrale Bedeutung für die Entwicklung unserer Stadt. In der Kultur zeigen sich der Ursprung, die Seele und die Identität der Stadt. Daniel Barenboim sagt: »Die Kräfte der Kultur stärken, heißt die Gesellschaft bessern«.
Kassel hat immer wieder Energie aus Umbrüchen gewonnen und für Aufbrüche genutzt. Die kulturellen Reichtümer, die Universität, die vitale freie Kulturszene, innovative Unternehmen und eine engagierte Bevölkerung sind die Potenziale und die Energiefelder, die uns mit Vertrauen in die Zukunft blicken lassen.
Damit kulturelle Leistungen auch morgen noch in Anspruch genommen werden können und damit die Gesellschaft sich ihrer Herkunft und ihres kulturellen Erbes versichern kann, sind Investitionen in die kulturelle Bildung unerlässlich.
In den nächsten Jahrzehnten wird es in Deutschland weniger junge Menschen geben und die überwiegende Mehrheit von ihnen wird aufgrund ihrer sozialen und kulturellen Herkunft nicht selbstverständlich in die Teilhabe an Kultur und kultureller Bildung hineinwachsen. Der Kultur- und Bildungspolitik kommt hierbei eine Schlüsselfunktion zu. Es gehört zu unseren Zukunftsaufgaben, die Rahmenbedingungen der Kultur- und Bildungseinrichtungen sowie deren Inhalte so zu verändern, dass mit neuen Themen und Arbeitsformen Nachwuchs gewonnen werden kann.

Es wird darum gehen, unsere Kultureinrichtungen so weiterzuentwickeln, dass sie sich auf die nachwachsenden Generationen einstellen und entsprechende Angebote schaffen, um ihnen einen niedrigschwelligen und altersgemäßen Zugang zu ermöglichen. Mit ihrem in 2008 begonnenen Schwerpunkt »Kinderkultur« leistet die Stadt Kassel hierzu einen wichtigen Beitrag. Vieles ist schon auf den Weg gebracht und es wird wichtig sein, diesen kontinuierlich weiter zu beschreiten.

Thomas Erik Junge
Bürgermeister und Kulturdezernent
der Stadt Kassel

Ein documenta-Kunstwerk wandert durch die Stadt: Wanne von Ricardo Basbaum, documenta 12.

Tangram mit Rasenstück: Kunstwerk von Hildegard Jaekel in der Ausstellungsreihe »Losse – Kunst am Fluss«.

Nachwuchsartisten zeigen ihr Können im Kinder- und Jugendcircus Rambazotti.

Musik kann man mit allem machen. Der Kasseler Künstler Axel Kretschmer spielt auch auf der Satellitenschüssel.

Begegnung der besonderen Art im Henschelmuseum, Kasseler Museumsnacht 2009

Installation von Meschac Gaba, »Museum of Contemporary African Art & More«, Museum Fridericianum, Kassel 2009

Naturkundemuseum der Stadt Kassel

Naturkundliches Gedächtnis Nordhessens

Die naturkundliche Sammlung im Ottoneum hat eine lange, eng mit der Gebäudegeschichte verbundene Tradition. Sie gilt in ihrem Ursprung als eine der ältesten Europas und enthält auch kulturhistorisch bemerkenswerte Kostbarkeiten.

Den Grundstock für die Sammlungen des heutigen Naturkundemuseums legte 1568 Landgraf Wilhelm IV. (Regierungszeit 1567 bis 1592) mit Gründung seiner »Kunstkammer«. Da in dieser Zeit auch die Naturwissenschaften zu den Künsten zählten, enthielt die Kunstkammer neben Kunstgegenständen auch astronomische Instrumente und die verschiedensten Naturalien. Landgraf Karl I. (1670 bis1730) vergrößerte die landgräfliche Kunstkammer weiter und ließ sie 1696 in das vom Theater zum Kunsthaus umgebaute Ottoneum überführen.

1709 gliederte Karl I. das Ottoneum an sein neu gegründetes »Collegium Carolinum« an, das als eine Vorbildungsanstalt für die Universität fungierte und vorwiegend Naturwissenschaften lehrte. Die naturkundlichen Bestände dienten von da an als Schau- und Lehrmittelsammlung und wurden kontinuierlich erweitert. Das Ottoneum sah verschiedenen anderen Nutzungen entgegen bis, über hundert Jahre später im Jahr 1885, die naturkundlichen Sammlungen von den Kunstsammlungen getrennt wurden und ins Ottoneum zurückgebracht wurden. Das Naturalienkabinett hatte sich zum »Königlich Preußischen Naturalienmuseum« entwickelt. Das vom Verfall bedrohte Ottoneum wurde 1928 von der Stadt Kassel mit Inhalt übernommen und nach umfangreicher Sanierung 1929 als Naturkundemuseum der Stadt Kassel wiedereröffnet. Der Krieg führte 1943 zur weitgehenden Vernichtung der Bestände. Von den historischen Kostbarkeiten konnten nur einige gerettet werden

Eine besondere Rarität in der sammlungsgeschichtlichen Abteilung ist das rund 450 Jahre alte Herbar Ratzenberger, das zweitälteste Herbarium Europas. Auch die Schildbachsche Holzbibliothek, diese »Sammlung von Holzarten, so Hessenland von Natur hervorbringt« von Carl Schildbach (gefertigt 1771 bis 1799) mit seinen 530 kunstvollen Holzbüchern ist eine Kostbarkeit.

Im Mittelpunkt des Museums stehen die regionale Natur und ihre Geschichte. Viele aufwendige Landschaftsinszenierungen, Originalfossilien und Präparate zeigen, wie sich die Landschaft Nordhessens mit ihrer Tier- und Pflanzenwelt im Laufe der Jahrmillionen bis zum heutigen Tag verändert hat.

Die halbjährlich wechselnden Sonderausstellungen greifen eine Vielzahl von Themen auf und laden die Besucher ein, in fremde Welten einzutauchen.

Veranstaltungs- und Vortragsreihen, Exkursionen und ein vielfältiges museumspädagogisches Programm komplettieren die Arbeit dieses interessanten Museums, das 2010 sein 125-jähriges Bestehen im Ottoneum feiert.

Öffnungszeiten:
Dienstag bis Sonntag 10 bis 17 Uhr, Mittwoch 10 bis 20 Uhr

Das Ottoneum: 1606 Deutschlands erstes Theatergebäude, heute Naturkundemuseum

Das zweitälteste Herbarium der Welt, das Herbar Ratzenberger, ist in einer Dauerausstellung zu besichtigen.

Detailverliebte Lebensrauminszenierungen laden die Besucher ein, ganz genau hinzuschauen.

Besonders beeindruckend ist das rund vier Meter hohe Skelett des Iguanodon, ein Dinosaurier, der in der Kreidezeit auch in Nordhessen gelebt hat.

Das Stadtmuseum Kassel

Lebendige Stadtgeschichte von der urkundlichen Ersterwähnung bis zur ersten documenta

Das seit 1979 bestehende historische Museum der Stadt am Ständeplatz 16 dokumentiert die Geschichte Kassels seit ihrer ersten urkundlichen Erwähnung im Jahre 913. In einem einleitenden Teil der Dauerausstellung werden die Entstehung der Stadtteile Altstadt, Unterneustadt und Freiheit sowie der Weg zur Haupt- und Residenzstadt der Landgrafschaft Hessen (seit 1277) nachgezeichnet.

Der Schwerpunkt der ständigen Ausstellung liegt auf der Entwicklung Kassels vom 18. bis zum 20. Jahrhundert. Mehrere originalgetreue Modelle zeigen die nach dem Fall der Festungsmauern erfolgte Erweiterung und Umgestaltung der Stadt im späten 18. Jahrhundert mit den noch heute das Stadtbild prägenden Anlagen wie Friedrichsplatz, Königsplatz oder Wilhelmshöher Allee.

Eine eigene Abteilung dokumentiert den Wandel der beschaulichen Residenz der hessischen Landgrafen zu einem industriellen Zentrum mit Textilproduktion, Lokomotiv- und Waggonbau im 19. Jahrhundert einschließlich der damit einhergehenden politischen und sozialen Umwälzungen.

Die Großstadt um 1900, die gründerzeitliche Stadterweiterung und die bis zu den Bombardierungen des Zweiten Weltkrieges noch erhaltene spätmittelalterliche Altstadt werden vor den Augen des Betrachters lebendig.

Das Eingangsportal des früheren Städtischen Kulturhauses, heute Stadtmuseum

Erinnerung an schwere Zeiten in der Abteilung Nationalsozialismus

Blick in die Dauerausstellung, Abteilung Biedermeier

Ein Modell der zerstörten Stadt lässt Besucher ahnen, mit welchen Schwierigkeiten die wenigen nach Kriegsende noch in der Stadt lebenden Menschen zu kämpfen hatten.

Das Schicksal der Stadt in der ersten Hälfte des 20. Jahrhunderts mit den beiden Weltkriegen, Inflation und Nationalsozialismus wird anhand der reichen Sammlungsbestände des Museums sowie durch eindrucksvolle Inszenierungen unter Einbeziehung von Film- und Tondokumenten wirkungsvoll dargestellt.

Ausführlich dokumentiert werden dabei die Bombardierungen des Rüstungszentrums Kassel während des Zweiten Weltkriegs, die verheerende Zerstörung der Innenstadt am 22. Oktober 1943 und die Trümmerwüste des Jahres 1945. Ein Stadtmodell des zerstörten Kassel im Frühjahr 1945 lässt den Besucher ahnen, mit welchen Schwierigkeiten die wenigen noch in der Stadt lebenden Menschen beim Neuanfang nach Kriegsende zu kämpfen hatten.

Die Dauerausstellung endet mit dem beginnenden Wieder- bzw. Neuaufbau und der neuen Präsentation der Stadt mit der Bundesgartenschau und der ersten »documenta« im Jahre 1955.

Das Stadtmuseum versteht sich als ein lebendiges, gegenwartsbezogenes Geschichtsforum, das bei möglichst vielen Bürgern das Interesse an einer fundierten Auseinandersetzung mit der Vergangenheit wecken möchte. Daher präsentiert es in seinen Wechselausstellungen ein vielfältiges Programm stadthistorischer Themen, auch aus der jüngeren und jüngsten Geschichte sowie ein umfangreiches Vortrags- und Veranstaltungsprogramm.

Öffnungszeiten:
Dienstag, Donnerstag bis Sonntag von 10 bis 17 Uhr, Mittwoch von 10 bis 20 Uhr. Jeden zweiten Mittwoch im Monat bis 22 Uhr

Eindrucksvolle Inszenierungen unter Einbeziehung von Film- und Tondokumenten

Stilvolle Korsetts und festliche Abendmode

Die Midinetten verbinden Handwerk und Kreativität

Die Midinetten verstehen sich als moderne Nachfahren der französischen Schneiderinnen der Haute Couture, den »Midinetten«. Sie setzen traditionelles Handwerk mit individueller Kreativität und viel Herzblut um. Sie stellen sich gerne neuen Herausforderungen und gehen flexibel und offen auf die Ideen ihrer Kunden ein. Das Atelier der Midinetten liegt in einem Jugendstilhaus, das mit seinen Stuckdecken, dem Kronleuchter und dem Originalparkett von 1906 dem entspricht, was die Midinetten für eine angemessene Atmosphäre halten, um modebewusste Kundinnen für den besonderen, oder auch alltäglichen Anlass einzukleiden. Vielleicht wandelten schon vor über hundert Jahren Damen im Korsett durch diese Räume.

Die Midinetten fertigen stilvolle Korsetts, festliche Abendmode und Kleidung für jeden anderen besonderen Anlass. Körperliche Vorzüge werden dabei betont und die Einzigartigkeit unterstrichen. Die Midinetten bieten ein unverbindliches Vorgespräch im Atelier, um auf individuelle Wünsche einzugehen. Dabei bemühen sie sich, im Rahmen des Möglichen, auch den finanziellen Vorstellungen der Kunden gerecht zu werden.

Wo der Gast keine Nummer ist

Kultiviert genießen im Restaurant Ilyssia in Bad Wilhelmshöhe

Schon beim Betreten spürt man die freundliche Atmosphäre dieses Lokals. Der familiäre Betrieb um Evangelos Doukas hat es meisterhaft verstanden, diesem Restaurant einen ganz eigenen Stil zu verleihen. Hier ist der Gast keine Nummer und deshalb werden Sie Nummern auf der Speisenkarte vergeblich suchen. Mediterrane Küche mit schmackhaften Fischgerichten, ob Dorade oder Lamm und Kaninchen- mit ausgewählten Speisen wird das Ilyssia dem Anspruch einer gehobenen Gastronomie gerecht und wird so manchen Gourmet begeistern. Erlesene Weine vervollständigen das Angebot. Dieses Restaurant hat zahlreiche Auszeichnungen erhalten: »Essen und Trinken«, »Feinschmecker«, »Merian-Scout«, »Vartaführer« und »Hotel & Gaststätten Magazin«.

(Foto. Dieter Schachtschneider, Kassel)

(Foto: Mario Zgoll, Kassel)

Der Tod gehört zum Leben

Museum für Sepulkralkultur Kassel

Tod und Sterben, Bestatten und Erinnern, das sind die zentralen Themen, mit denen sich das in Deutschland einzigartige Museum für Sepulkralkultur beschäftigt. Es ist das jüngste Museum in Kassel und wurde 1992 eröffnet. Der Begriff »Sepulkralkultur«, der sich vom lateinischen »sepulcrum« ableitet und »Grabkultur« bedeutet, erfährt hier eine thematische Erweiterung, insofern alle kulturellen Erscheinungen, die sich in Zusammenhang mit den »letzten Dingen« entwickelt haben, berücksichtigt werden. Das Museum konzentriert sich geografisch auf den mitteleuropäischen Raum und zeitlich auf die Epoche zwischen dem ausgehenden Mittelalter, der beginnenden Neuzeit und der Gegenwart. Inhaltlich wird historisches Totenbrauchtum in einer Dauerausstellung mit gegenwärtigen Entwicklungen in Beziehung gesetzt, nicht zuletzt, um zu zeigen, dass in jüngster Zeit neben der »Anonymisierung« und »Tabuisierung« individuelle Gestaltung und Selbstbestimmung im Umgang mit Sterben und Tod wieder an Bedeutung gewinnt.

Sehr sehenswert: das Kasseler Museum für Sepulkralkultur (Foto: AFD (AFD Arbeitsgemeinschaft Friedhof und Denkmal))

Ein »florales« Medaillon zum Totengedenken

Äußerst seltene »Zizenhausener Totentanzfiguren«

Im Zuge der Verdrängung und Ausgrenzung von Sterben und Tod sind volkstümliche sepulkrale Zeugnisse und die damit im Zusammenhang stehenden Riten zunehmend aus dem öffentlichen Bewusstsein geraten, so dass das Museum für Sepulkralkultur bemüht ist, diese nicht nur zu sammeln und zu bewahren, sondern auch einer breiten Öffentlichkeit vorzustellen. Beispielsweise zeigt die »Begräbnisszene aus einem Stundenbuch« (um 1480), dass die Beisetzung im Spätmittelalter ohne Sarg üblich war. Eine andere Besonderheit stellt die vollständige, sehr gut erhaltene Folge der bedeutenden und mittlerweile äußerst seltenen »Zizenhausener Totentanzfiguren« von Anton Sohn (1769 bis 1841) dar. Mit ihren liebevoll gestalteten Details, versehen mit Totentanz-Versen tragenden Textstreifen und von Hand mit Ölfarbe bemalt, stellt die insgesamt 42 Figuren umfassende Gruppe ein wichtiges zeitgenössisches Dokument für das Nachwirken und das große Interesse am Baseler Totentanz nach seiner Zerstörung im Jahr 1805 dar.

Ein faszinierendes Museum, auch für Kinder (Foto: AFD)

Die Stiftung Zentralinstitut und Museum für Sepulkralkultur, eine Einrichtung der Arbeitsgemeinschaft Friedhof und Denkmal e.V.

Kann die Dauerausstellung des Museums für Sepulkralkultur die komplexe Thematik des Totenbrauchtums und Totengedenkens in ihrer ganzen Bandbreite nur anreißen, fokussieren die drei bis fünf jährlich stattfindenden Sonderausstellungen Detailaspekte. Hierzu zählen Karikaturen (1992), die Geschichte des Sarges (1993), Trauerschmuck

Fürstliche Leichenkutsche, vermutlich aus Westfalen, letztes Drittel des 19. Jahrhunderts

Bemalter Holzsarg aus Ghana von Paa Joe, 1998 (Foto: AFD)

Im Spätmittelalter waren Beisetzungen ohne Sarg üblich, Miniatur aus einem nordfranzösischen »Stundenbuch« (um 1480). (Foto: AFD)

vom Barock bis zum Art Deco (1995), der Monumentale Totentanz (1998), die Geschichte des Totentransportes (1999), Totenmasken (2000), aber auch last minute – Eine Ausstellung zu Sterben und Tod heute (2003), Spiele, Tod und Jenseits (2003), die Geschichte des Bestatterberufes (2006), Totenkronen und -kränze (2007), dernier cri – Designer gestalten den Abschied (2007) und Todesbilder im Film (2009), um nur einige Beispiele zu nennen.

Miniatursarg als Totengedenken für Ben Huggins, 1825 (Foto: AFD)

Der Verein möchte das Interesse an einer kulturbewussten Gestaltung von Friedhof, Grab und Grabmal wachhalten

Das Zentralinstitut für Sepulkralkultur betreibt Grundlagenforschung durch wissenschaftliche Untersuchungen zu historischen Friedhöfen, Grabzeichen, Ereignis- und Personenbezogenen Denkmälern und Bestattungsbrauchtum ebenso, wie durch prospektive Erforschung von Entwicklungstrends, die zum Teil Niederschlag finden in den »Kasseler Studien zur Sepulkralkultur«. Zudem unterhält sie eine umfangreiche Spezialbibliothek, ein Musik- und Fotoarchiv sowie eine Rechtssammlung mit einschlägigen Gesetzen, Verordnungen und Satzungen. Seit 1956 erscheint fünfmal im Jahr die Zeitschrift »Friedhof und Denkmal«, die sich zu einer anerkannten unabhängigen Fachzeitschrift entwickelt hat und sowohl neue Entwicklungen als auch kulturgeschichtliche Themen vorstellt.

Zentralinstitut und Museum für Sepulkralkultur sind eine Einrichtung der Arbeitsgemeinschaft Friedhof und Denkmal e.V. (AFD), die 1951 gegründet wurde. Dieser gemeinnützig eingetragene Verein möchte die traditionelle Friedhofskultur pflegen, aber auch das Interesse der Allgemeinheit an einer kulturbewussten Gestaltung von Friedhof, Grab und Grabmal wach halten. Nicht zuletzt nimmt die AFD die sich heute verändernden Bedürfnisse wahr, die geprägt sind von der Suche nach neuen Beisetzungs- und Friedhofsformen sowie alternativen Erinnerungsformen.

Ihr Hauptaugenmerk ist hierbei auf die Wünsche und Vorstellungen des Einzelnen gerichtet. Dazu werden neue Möglichkeiten der Trauerkultur und Grabgestaltung gesucht, gesammelt und bekannt gemacht.

Öffnungszeiten:
Dienstag bis Sonntag 10 bis 17 Uhr,
Mittwoch 10 bis 20 Uhr

Zizenhausener Totentanz »der Tod und der Narr«, Terrakotta von Anton Sohn (1769 – 1841) (Foto: AFD)

Ein »eigenthümlicher Charakter«

Adolph Freiherr von Knigge

Wenn es um Umgangsformen geht, kommt der Name »Knigge« ins Spiel. Doch Adolph Freiherr von Knigge wurde nicht durch ein Benimmbuch berühmt, sondern mit seiner 1788 erschienenen Schrift »Ueber den Umgang mit Menschen«. Darin rät er unter anderem einem alten Gelehrten, eine junge »Cocette« nicht mit einer Schilderung seines offenen Beines zu unterhalten und empfiehlt, bei einer Tischgesellschaft seinen benutzten Zahnstocher nicht weiterzureichen. Der Freiherr war keineswegs ein Benimm-Apostel und war strikt gegen affektierte Etikette.

Gut Baumbach bei Nentershausen, hierhin zog sich Knigge nach seinem Abschied vom Kasseler Hof zurück.

Die weibliche Ahnengalerie der Familie von Baumbach, in die Knigge eingeheiratet hatte.

1752 auf Gut Bredenbeck bei Hannover geboren, wurde Knigge schon früh Waise und erbte einen gewaltigen Schuldenberg. Durch Beziehungen einer Kasseler Tante kam er 1772 als Assessor bei der Kriegs- und Domänenkammer des Kasseler Landgrafen Friedrich II. unter und heiratete ein Jahr später eine Hofdame der Landgräfin. Eine steile Karriere bahnte sich an. Doch schon 1775 nahm er seinen Abschied und zog sich mit Frau und Tochter auf das Gut der Schwiegermutter in Nentershausen zurück. Warum er sich von Kassel getrennt hatte, wurde nie ganz geklärt. Sicher ist, dass er sich mit allerhand Streichen und Intrigen bei Hofe unbeliebt gemacht hatte.

Sein unstetes Leben führte ihn schließlich nach Bremen, wo er 1796 starb. Der Kernsatz seines Ratgebers von 1788 aber ist bis heute gültig. Danach soll man sich »mit den Übereinstimmungs-Gesetzen im Umgang bekannt machen, ohne jedoch seine innere Würde und die Eigenthümlichkeit des Charakters zu leugnen«.

Sophie Henschel – Unternehmerin und Wohltäterin

Unter den großen Frauengestalten Kassels nimmt Sophie Henschel einen besonderen Platz ein. Geboren wurde sie 1841 in Minden. Nach dem Tod ihres Vaters 1851 zog sie mit ihrer Mutter nach Kassel, das ihr zur zweiten Heimat wurde und für das sie sich großzügig und umfassend einsetzte. 1862 heiratete sie den Eigentümer der Lokomotivfabrik Oscar Henschel. Ihre Anteilnahme und Offenheit für alles, was um sie herum geschah, ließ sie trotz ihrer vier Kinder für das Gemeinwesen intensiv tätig werden. Selbst der Fabrik galt ihr Interesse. Nach dem Tod ihres Mannes 1894 übernahm sie von zuhause aus die Führung der »Henschelei«, die unter ihrer Regie wuchs und gedieh. Ihr Erfolg als Unternehmerin war für das 19. Jahrhundert außergewöhnlich, ebenso ihr soziales Engagement und Verantwortungsgefühl, für die »Henschelaner«, für die sie verschiedene Wohlfahrtseinrichtungen schuf, und für die Menschen ihrer Stadt. 1869 wurde sie in den Vorstand des Vaterländischen Frauenvereins unter dem Roten Kreuz gewählt. Aus seiner Arbeit ging 1881 das »Krankenhaus zum Roten Kreuz« hervor, dessen Bau sie mit einer großen Spende unterstützte. 1887 wurde ein Schwesternhaus gebaut, zu dem sie ebenfalls die größte Einzelspende beisteuerte. 1900 übernahm sie im Gedenken an ihren Mann, der an einer Lungenentzündung gestorben war, den Großteil der Baukosten für eine Lungenheilstätte in Oberkaufungen. Ihre Bereitwilligkeit zu helfen galt einzelnen Menschen, Vereinen, Schulen, Krippen, städtischen Einrichtungen und Kirchengemeinden. Am 5. Februar 1915 starb sie hochgeehrt in Kassel.

Sabine Scherer

Portrait von Sophie Henschel
von Professor Hubert von Herkomer, 1901, Stadtmuseum Kassel

Stiftung Archiv der deutschen Frauenbewegung

Die Geschichte der deutschen Frauenbewegung von 1800 bis 1968

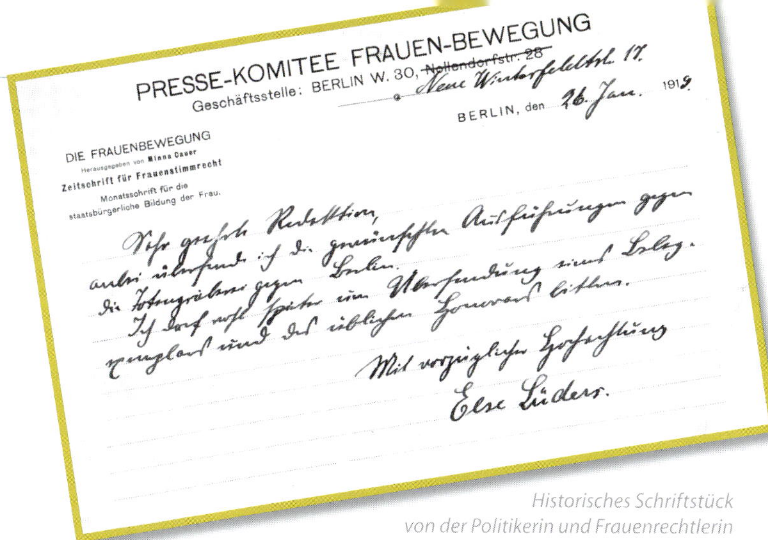
PRESSE-KOMITEE FRAUEN-BEWEGUNG
Geschäftsstelle: BERLIN W. 30, ~~Nollendorfstr. 28~~ Neue Winterfeldtstr. 17
BERLIN, den 26. Jan. 1919

DIE FRAUENBEWEGUNG
Herausgegeben von Minna Cauer
Zeitschrift für Frauenstimmrecht
Monatsschrift für die staatsbürgerliche Bildung der Frau.

Sehr geehrte Redaktion,
[illegible]

Mit vorzüglicher Hochachtung
Else Lüders.

Historisches Schriftstück von der Politikerin und Frauenrechtlerin Else Lüders, Berlin 1919 (Foto: Archiv der deutschen Frauenbewegung)

In Kassel gibt es Einrichtungen, die einmalig in Deutschland sind. So auch die Stiftung Archiv der deutschen Frauenbewegung, die 1984 gegründet wurde. Hinter dem etwas sperrigen Namen verbergen sich eine Spezialbibliothek, ein Archiv, ein Forschungs- und Studienzentrum und eine Kultureinrichtung zur Geschichte der Frauenbewegung in Deutschland. Bücher, Zeitschriften, Bilder und Akten werden hier gesammelt, katalogisiert und erforscht. Die Sammel- und Forschungstätigkeit beginnt um das Jahr 1800 und endet um 1968, in dem Jahr, in dem eine neue Welle der Frauenbewegung in Deutschland wieder Anlauf nahm.

Forscherinnen und Forscher aus der ganzen Welt schätzen die Stiftung

Seit der Gründung sind 25 Jahre vergangen und aus kleinsten Anfängen ist die größte und umfassendste Sammlung zur Frauenbewegungsgeschichte entstanden. Forscherinnen und Forscher aus der ganzen Welt schätzen die Stiftung als Forschungsort, aber auch Studierende, Schülerinnen und Schüler sowie Bürgerinnen und Bürger aus Kassel finden hier Informationen zur Entwicklung der Frauenbewegung in Deutschland, die in all ihren Phasen und Erscheinungsformen dokumentiert wird.

Die Präsenzbibliothek ist ein Ort zum Arbeiten und Forschen und lädt zum Schmökern ein. Neben wichtigen Werken zu und aus der Frauenbewegung gibt es Literatur zu Frauenleben und -alltag, Fachbücher, aber auch Romane, Haushalts- und Benimmbücher sowie Kochbücher. Bedeutend für die Sammlung ist zudem der umfassende Zeitschriftenbestand.

Die Geschichte der Frauenbewegung ist auch für junge Menschen spannend. (Foto: Archiv der deutschen Frauenbewegung)

Nachlass von Elisabeth Selbert, der »Mutter des Grundgesetzes«

Einen besonderen Schatz der Sammlung bildet das Archiv mit seinen Nachlässen von frauenpolitisch bedeutsamen Persönlichkeiten, wie zum Beispiel der Kasselerin Elisabeth Selbert, der als »Mutter des Grundgesetztes« eine bedeutende Rolle bei der Verankerung des Gleichberechtigungsparagraphen im Grundgesetz zukommt. Spannend sind aber auch die Akten von Frauenvereinen und -verbänden, unter anderem dem Deutschen Evangelischen Frauenbund, der 1899 in Kassel gegründet wurde und der inzwischen auf eine über hundertjährige Geschichte zurückblicken kann oder auch dem Casseler Frauenruderverein, der noch heute ein reges Vereinsleben führt. Natürlich dürfen auch ein Bildarchiv zur Frauenbewegung und Emanzipationsgeschichte und ein Pressearchiv nicht fehlen.

Frauenbewegungsgeschichte wird in Kassel nicht nur gesammelt, erforscht und die Ergebnisse unter anderem in der hauseigenen Zeitschrift Ariadne publiziert. Die Stiftung führt auch Stadtrundgänge und Stadtspaziergänge sowie Lesungen und andere Kulturveranstaltungen durch. Denn eines ist in den letzten 25 Jahren deutlich geworden, die beste Bibliothek, das tollste Archiv und das interessanteste Forschungsprojekt nützen nichts, wenn die Erkenntnisse nicht in das heutige Leben integriert werden.

PR-Beitrag von:
Stiftung Archiv der deutschen Frauenbewegung
Gottschalkstraße 57 · 34127 Kassel
Tel. (05 61) 9 89 36 70 · Fax (05 61) 9 89 36 72
info@addf-kassel.de · www.addf-kassel.de

Geballte Frauenpower auf der Reichskonferenz der SPD in Kassel – letzte Reihe, dritte von rechts: Elisabeth Selbert, die Spätere »Mutter des Grundgesetzes«

Erfolgreiche Frauen auch im Sport: Gratulation für die Siegerinnen des Doppelvierer-Rennens in Hannover 1950

Das Glas der Vernunft, Skulptur von Prof. Karl Oskar Blase

Für Freiheit, Menschlichkeit und Frieden

Kasseler Bürgerpreis »Das Glas der Vernunft«

»Das Glas der Vernunft« ist eine Auszeichnung, mit der Politiker, Geisteswissenschaftler oder Künstler geehrt werden, die sich in besonderer Weise um die Maximen der Aufklärung – Überwindung ideologischer Schranken, Vernunft und Toleranz – verdient gemacht haben. Es wird symbolisiert durch eine Skulptur mit einem Prisma, die von dem Kasseler Künstler Prof. Karl Oskar Blase gestaltet wurde. »Glas« steht für Transparenz und Zerbrechlichkeit, das »Prisma« für Aufklärung durch wissenschaftliche Analyse.

Anlass für die Einrichtung des Kasseler Bürgerpreises war die Vereinigung Deutschlands am 3. Oktober 1990 und die damit verbundene Zusammenführung der geschichtlich und kulturell verbundenen Regionen Nordhessen (»Kurhessen«) und West-Thüringen im Zentrum unseres Landes.

Der Preis wurde initiiert von Bürgern der Stadt Kassel und ihrem Umland, welche sich in besonderer Weise mit der kulturellen und geistigen Geschichte der Region verbunden fühlen. Sie haben die »Gesellschaft der Freunde und Förderer des Kasseler Bürgerpreises »Das Glas der Vernunft« gegründet, welche die Idee in Zukunft tragen und die Preisverleihung sichern soll.

Ingeborg Lüscher mit dem Vereinsvorsitzenden Prof. Dr. Hansjörg Melchior

Aus der Präambel

In unserer immer enger werdenden Welt sind Freiheit des Geistes, Überwindung ideologischer Schranken, Demokratie und Toleranz gegenüber Andersdenkenden Voraussetzungen für eine liberale und soziale Gesellschaftsordnung, welche Freiheit, Menschlichkeit und Frieden verteidigt und eine diesen Idealen entsprechende Zukunft sichert.

Der Preisträger 2009 ist Dr. Joachim Gauck

Den Fall der Mauer vor 20 Jahren nahmen Kasseler Bürger zum Anlass, den Preis Das Glas der Vernunft

Dr. Joachim Gauck, Preisträger 2009

an Herrn Dr. Joachim Gauck zu verleihen. Dr. Gauck war Mitglied des Neuen Forums und Pastor in Rostock, wo er vor dem Fall der Mauer die wöchentlichen Gottesdienste leitete und den anschließenden Großdemonstrationen voranging. Als Abgeordneter des Neuen Forums war er Mitglied der letzten Volkskammer der DDR. Mit dem Tag der Wiedervereinigung wurde er für zehn Jahre Bundesbeauftragter für die Unterlagen des Staatssicherheitsdienstes der ehemaligen DDR.
Mit dem Anspruch, die Opfer zu schonen, Täter zu benennen aber auch die Akten als »Apotheke gegen die Nostalgie« zu nutzen, führte er diese Bundesbehörde, um deren Zukunft angesichts der Enthüllungen über die Tötung von Benno Ohnesorg durch einen Agenten der Staatsicherheit neuerlich eine Diskussion entbrannt ist. Dr. Joachim Gauck wurde für die Jahre nach der Wende in dem wiedervereinigten Deutschland eine der großen gestaltenden Persönlichkeiten, was sich auch daran ablesen lässt, dass die Behörde im allgemeinen Sprachgebrauch nur Gauck-Behörde genannt wird.

Prominente Preisträger der vergangenen Jahre

Yehudi Lord Menuhin

Yehudi Menuhin wurde im Jahr 1916 als Kind jüdischer Eltern in New York geboren. Bereits im Alter von sieben Jahren hatte er als Violinvirtuose einen ersten öffentlichen Auftritt. Es folgte eine beispiellose internationale Karriere. Yehudi Menuhin hat immer dort gespielt, wo Musik besonders nottat: Schon im Juli 1945 führte ihn eine Tournee durch das befreite Deutschland. Er gehört zu den großen Interpreten der europäischen Musik und hat immer Menschen miteinander verbunden, wenn Gegensätze unüberbrückbar schienen.

Christo und Jeanne-Claude

Christo und Jeanne-Claude haben als stille Visionäre mit leidenschaftlicher Ernsthaftigkeit das Erkennen der Dinge und unser Sehen verändert. Mit starkem Bewusstsein für Freiheit heben Sie die Trennungslinien von Leben und Kunst erdteilübergreifend auf. Durch Verpacken und Verhüllen entmaterialisieren sie Orte und Dinge und poetisieren unser Leben.

Prof. Dr. Christiaan N. Barnard

Prof. Dr. Christiaan N. Barnard hat es als erster gewagt, mit der Transplantation eines Spenderherzens die bisher gültige Ordnung der Heilkunst zu durchbrechen. Er hat damit an der Grenze zum Tod unwiderruflich eine neue Daseinsstufe eröffnet. Über eigene Zweifel hinweg hat er die Frage nach Sinn und Grenzen des menschlichen Daseins neu gestellt.

Union der Komitees der Soldatenmütter Russlands

»Union der Komitees der Soldatenmütter Russlands« lautet der Name einer 1989 gegründeten Menschenrechtsorganisation und Gruppe von Angehörigen von Militärpersonen, die sich um Missstände in der russischen Armee kümmern. Die russischen Soldatenmütter organisierten die Freilassung von russischen Kriegsgefangenen der tschetschenischen Armee. Wöchentlich demonstrieren Petersburger Soldatenmütter am Newski-Prospekt gegen den Krieg.

Alle bisherigen Preisträger:

2008 Prof. Wladyslaw Bartoszewski
2007 Union der Komitees der Soldatenmütter Russlands
2006 Ayaan Hirsi Ali
2005 Prof. Dr. Harald Szeemann
2004 Dr. Klaus von Dohnanyi
2003 Dipl.-Ing. Hans-Georg Raschbichler und Prof. Dr. Dieter Spethmann
2002 Professor Hilmar Hoffmann
2001 Kai Wessel
2000 Christo und Jeanne-Claude
1999 Lea Rabin
1998 Professor Dr. Christian Barnard
1997 Pavel Kohut
1996 Hans Koschnick
1995 Gyula Horn
1994 Terje Rod Larsen
1993 Yehudi Lord Menuhin
1992 Carl-Friedrich Freiherr von Weizsäcker
1991 Hans-Dietrich Genscher

Pavel Kohut , Preisträger 1997

Ayaan Hirsi Ali, Niederländische Politikerin und Frauenrechtlerin

Die Generalsekretärin der »Union der Komitees der Soldatenmütter Russlands« Valentina Melnikowa, Preisträgerin 2007

Prof. Dr. Christian Barnard, Preisträger 1998

PR-Beitrag von:
Gesellschaft der Freunde und Förderer
des Kasseler Bürgerpreises
Das Glas der Vernunft
Geschäftsführung Doris Homburg
Habichtswaldstraße 13 · 34277 Fuldabrück
Tel. (0 56 65) 92 13 37 · Fax (0 56 65) 92 13 38
doris.homburg@glas-der-vernunft.de
www.glas-der-vernunft.de

Freimaurerei in Kassel seit 1766

»... weder ein engstirniger Gottesleugner, noch ein bedingungsloser Freigeist ...«

Die Freimaurerei in Kassel geht auf das Jahr 1766 zurück, als die Loge »Zum Thale Josaphat« gegründet wurde. Sie gehörte zu einer Provinzialloge in Frankfurt am Main, die der Großloge von England angeschlossen war.

Der Bezug zu England verweist auf die Wurzeln der Freimaurerei, die vor allem in den englischen und schottischen Dombauhütten zu suchen sind. Diese bestanden dort viel länger als auf dem Kontinent. Schon im 17. Jahrhundert wurden nicht handwerklich tätige Mitglieder aufgenommen. Im Jahre 1717 folgte die endgültige Wandlung in einem Zusammenschluss nur geistig und intellektuell arbeitender Bauhütten. In London schlossen sich vier Logen unter dem Dach einer Großloge zusammen. Die Formen ihrer Zusammenkünfte, die Inhalte ihrer Arbeit und ihre Symbole sind den Traditionen der Bauhütten entlehnt. Vor allem sind hier Winkel und Zirkel zu nennen, die als freimaurerische Zeichen bis heute weltweit verwendet werden.

Arbeitstisch des »Meisters vom Stuhl«

Eingang zum Logenhaus in der Kasseler Friedrichsstraße 23

Weltweit 33 000 Logen mit mehr als drei Millionen Mitgliedern

Heute umfasst die Freimaurerei in der Welt über 33 000 Logen mit mehr als drei Millionen Mitgliedern. Sie alle arbeiten in der Tradition der ersten englischen Großloge, die sich im Jahre 1723 eine Ordnung gegeben hatte, deren Inhalte bis heute gelten. In dieser »Die alten Pflichten von 1723« genannten Ordnung heißt es:

»Der Maurer ist als Maurer verpflichtet, dem Sittengesetz zu gehorchen, und wenn er die Kunst recht versteht, wird er weder ein engstirniger Gottesleugner, noch ein bedingungsloser Freigeist sein. In alten Zeiten waren die Maurer in jedem Lande zwar verpflichtet, der Religion anzugehören, die ihrem Lande oder Volke galt, heute jedoch hält man es für ratsamer, sie nur zu der Religion zu verpflichten, in der alle Menschen übereinstimmen und jedem seine Überzeugung zu belassen.«

Dieses Zitat mag vor allem die Attraktivität belegen, die von der Freimaurerei für Menschen unterschiedlicher Religionen, Nationen und Kontinente ausgeht.

Wechselvolle Geschichte zwischen Verboten und Neugründungen

Nach dem ersten Aufschwung der Freimaurerei in Kassel im 18. Jahrhundert erfolgte ein Verbot im Jahre 1794. Dieses Verbot entsprang meist der Sorge der Fürsten, dass Freimaurer Fürsprecher der Französischen Revolution seien.

Eingang zum Haus der Loge »Zur Freundschaft«

Blick in den Tempel der Loge »Zur Freundschaft«

In napoleonischer Zeit wurden die Logen in Kassel wieder gegründet, und ab dem Jahre 1807 sammelten sich bis zum Jahre 1813 neben Angehörigen der hessischen und französischen Eliten erstmals auch Juden in drei Logen unter dem Dach einer Großloge von Westphalen. Mitglieder dieser Logen finden sich dann zum großen Teil in zwei kurhessischen Logen, die schließlich von Kurfürst Wilhelm II. im Jahre 1824 erneut verboten wurden.

Von 1848 bis 1850 kann sich dann für kurze Zeit eine Loge etablieren, die jedoch bis zum Jahre 1866, dem Ende der kurhessischen Souveränität, verboten bleibt. Danach setzten rege Neugründungen ein, so dass bis zum Verbot im Nationalsozialismus 1935 in Kassel sechs Logen arbeiten konnten.

Bereits am 22. Juni 1947 wurde in Kassel wieder eine Loge förmlich in Arbeit gesetzt. Beteiligt an der Gründung war der amerikanische Militärgouverneur und Freimaurer Gustav J. Albrecht. Diese Loge wählte den Namen »Goethe zur Bruderliebe«, was zum Ausdruck brachte, dass die deutsche Klassik als einigendes Band für das neuentstehende Deutschland gesehen wurde. Im Jahre 1948 wurde die Loge »Zur Freundschaft« wieder eingerichtet. Zwei weitere Logen kamen hinzu: Im Jahre 1960 wurde die Loge »Durch Licht zum Frieden« eingerichtet und schließlich 1991 die Loge »Tor zum Osten«.

Goethe, Mozart, Atatürk – viele bedeutende Persönlichkeiten waren Freimaurer

Die Bedeutung der Freimaurerei für die Zeit der Aufklärung und das frühe 19. Jahrhundert in Kassel lässt sich an einer Erfassung der Logenmitglieder für die Zeit von 1766 bis 1824 ablesen. Unter den annähernd tausend Mitgliedern finden sich Georg Forster, die Maler Heinrich Tischbein und Johann Friedrich August Tischbein, Adolph Freiherr von Knigge und Louis Spohr.

Im Verlauf der Logengeschichte hat es immer wieder bedeutende Persönlichkeiten gegeben, die sich von den Zielen der Bruderschaft angezogen fühlten. Unter anderem Goethe, Mozart, Herder, John Wayne, Oscar Wilde, der Preußenkönig Friedrich II., George Washington und viele weitere US-Präsidenten, Roald Amundsen, Louis Armstrong und Mustafa Kemal Atatürk.

In jüngerer Zeit hatte sich mit dem inzwischen verstorbenen hessischen Ministerpräsidenten Holger Börner eine weitere Persönlichkeit der Kasseler Loge Durch Licht zum Frieden angeschlossen.

Mit finanzieller Unterstützung der Loge Durch Licht zum Frieden wurde 1994 der Förderverein Louis-Spohr-Stiftung e.V. von sieben Freimaurern gegründet, um den bedeutenden Musiker Louis Spohr, der sich als Kasseler Freimaurer ebenfalls der Humanität verschrieben hatte, der Öffentlichkeit wieder bekannter zu machen.

Die Kasseler Logen werden als älteste gesellschaftliche Einrichtungen der Stadt auch in Zukunft für Humanität, Toleranz und Freiheit einstehen. Deshalb können sich »freie Männer von gutem Ruf« an die Kasseler Logen wenden, damit gegenseitig geprüft werden kann, ob innerhalb der Bruderschaft der richtige Platz für sie ist.

»Das Allsehende Auge«, ein freimaurerisches Symbol

Winkel und Zirkel werden als freimaurerische Zeichen bis heute weltweit verwendet.

Historischer »Freimaurerschurz«

Es waren einmal zwei Brüder, der eine hieß Jacob, der andere Wilhelm

Kassel und die Grimms

Eigentlich waren es fünf Brüder und eine Schwester, die von den neun Kindern des Hanauer Advokaten Philipp Wilhelm Grimm und seiner Frau Dorothea überlebten: Jacob (geboren 1785) und Wilhelm (1786) – die »Märchensammler«, Carl Friedrich (1787), Ferdinand (1788), Ludwig Emil (1790) und Charlotte (»Lotte«, 1793).

Nach dem Tod des Vaters 1796 geriet die Familie in wirtschaftliche Bedrängnis. Jacob und Wilhelm konnten mit Hilfe einer Tante 1798 nach Kassel auf das Lyceum Fridericianum geschickt werden. Nach dem Schulabschluss 1802 ging Jacob zum Studium der Rechte nach Marburg, Wilhelm folgte ein Jahr später. In Marburg lernten sie Clemens Brentano und durch ihn die Heidelberger Romantiker kennen, die sich der Wiederentdeckung der älteren deutschen Literatur verschrieben hatten. Das war der entscheidende Anstoß für das Schaffen der beiden unzertrennlichen Brüder.

Kreatives Kassel

Nach ihrer Rückkehr nach Kassel 1806 begannen sie mit dem erstmals systematisch-wissenschaftlichen Sammeln volkstümlicher Erzählungen – berühmt geworden ist ihre Kasseler Märchenlieferantin Dorothea Viehmann – und veröffentlichten 1812 den ersten und 1815 den zweiten Band ihrer »Kinder- und Hausmärchen«. 1825 folgte eine »kleine Ausgabe«, die der Malerbruder Ludwig Emil illustrierte. Sie verhalf den Märchen erst zu ihrer Popularität.

Ihr Interesse richtete sich nicht nur auf die deutsche beziehungsweise germanische Volksdichtung, sondern auch auf die anderer Sprachräume. So beschäftigten sie sich zum Beispiel mit der romanischen Märchentradition, altspanischen Romanzen, irischen Elfenmärchen oder auch mit serbischen Volksepen.

Die Kasseler Jahre waren die fruchtbarste Schaffenszeit der Brüder Grimm. Akribisch und kritisch, umfassend und bahnbrechend waren ihre Sprachstudien, die sie hier betrieben. Aus ihren systematischen Untersuchungen entstanden ihre wichtigsten, noch heute bedeutenden Werke: die »Deutsche Grammatik« über die Entwicklung aller germanischen Sprachen (1819 bis 1837), die Sammlung »Deutsche Heldensagen« und »Deutsche Rechtsaltertümer« zur mittelalterlichen Rechtspraxis.

Die Bremer Stadtmusikanten, Illustration aus einem alten Märchenbuch (im Besitz der Herausgeberin)

Göttingen – Kassel – Berlin

Die politisch wechselvolle, finanziell immer wieder instabile Situation in Kassel führte die Brüder 1830 an die Göttinger Universität, wo sie beide Professorenstellen erhielten. Aufgrund ihres politischen Engagements (Göttinger Sieben) gegen die Aufhebung der hannoveranischen Verfassung wurden sie 1837/1838 des Landes verwiesen und kehrten für drei Jahre nach Kassel zurück, wo sie ohne Anstellung lebten. 1838 begann die Arbeit an dem großen »Deutschen Wörterbuch«, das jedoch nur bis zum Stichwort »Frucht« gedieh (vollendet wurde es erst 1960). Aus ihrer finanziellen Misere erlöste sie 1841 die Berufung an die Preußische Akademie der Wissenschaften in Berlin. Hier verbrachten sie die letzten Jahre ihres Lebens, längst hoch angesehen in der auch ausländischen wissenschaftlichen Welt. Wilhelm Grimm starb 1859, Jacob Grimm 1863. Sie wurden in Berlin begraben.

Sabine Scherer

Die Brüder Grimm haben bis heute nichts an Faszination verloren: Kinderveranstaltung des Brüder Grimm-Museums zur Kasseler Museumsnacht 2009

Familiengrab auf dem Kasseler Hauptfriedhof. Hier sind Ludwig Emil, der »Malerbruder«, und Carl Friedrich Grimm beerdigt.

Brüder Grimm-Museum Kassel

Museum, Archiv, Bibliothek

Die Büste von Wilhelm Grimm

Die Büste von Jacob Grimm

Das Brüder Grimm-Museum Kassel ist eine Museums- und Forschungsinstitution mit internationalem Charakter. Den Grundstock der Sammlungen des 1959 gemeinsam von der Stadt Kassel und der Brüder Grimm-Gesellschaft Kassel e.V. gegründeten Museums bilden Handschriften der Brüder Jacob und Wilhelm Grimm, Handexemplare und Manuskripte ihrer Veröffentlichungen, Erinnerungsstücke aus verschiedenen Nachlässen der Familie Grimm und ihrer Nachfahren. Aus den Haushalten der Grimms, die von 1797 bis 1829 und von 1837/1838 bis 1841 in Kassel lebten, stammen Möbel, Glas, Porzellan, Silber und zahlreiche andere Lebenszeugnisse. Bedeutend ist auch der Bestand an Werken des Malerbruders Ludwig Emil Grimm, der das Leben von Jacob und Wilhelm Grimm auf vielfältige Weise zeichnerisch begleitet hat.

Nicht nur Märchen

Weitere Schwerpunkte der Sammlungen sind die Wissenschaftlichen Arbeitsbereiche der Brüder Grimm (Literarische Volkskunde, Germanische Sprach- und Literaturwissenschaft, Rechts-, Geschichts- und Mythenkunde, Romanistik, Slawistik, Keltistik) sowie ihr politisches Wirken (unter anderem Befreiungskriege gegen Napoleon und Wiener Kongress 1813/1815, Protest der »Göttinger Sieben« 1837, Erste Deutsche Nationalversammlung in der Frankfurter Paulskirche 1848). Sehr umfangreich ist die Sammlung der Ausgaben und Übersetzungen der Kinder- und Hausmärchen, die in über 100 verschiedenen Sprachen sowie in Tausenden von künstlerischen Illustrationen aus aller Welt dokumentiert werden können.

Ständige Ausstellung über Leben und Werk der Brüder Grimm

Die Schauräume des Museums befinden sich im historischen Palais Bellevue (1714 von Paul du Ry als Sternwarte für den hessischen Landgrafen Karl erbaut) an der Schönen Aussicht Nr. 2. Die ständige Ausstellung über Leben und Werk der Brüder Grimm dokumentiert chronologisch fortlaufend ihre wichtigsten Lebensstationen im Zusammenhang ihres wissenschaftlichen und politischen Wirkens. Im Stil der Zeit ist ein Raum mit Originalmöbeln und anderen Zeugnissen ausgestattet. Bedeutendstes und wertvollstes Exponat des Museums ist das Grimmsche Handexemplar der Kinder- und Hausmärchen (2 Bände, 1812 bis 1815), das hinsichtlich der Entstehungsgeschichte der Märchen eine Quelle ersten Ranges darstellt. Die Spezialbibliothek und das Archiv des Brüder Grimm-Museums Kassel im Gebäude der Murhardschen Bibliothek bieten Forschern und interessierten Laien aus aller Welt einen umfassenden Zugang zum Lebenswerk der berühmten Märchensammler und Sprachforscher.

Das Kasseler Brüder Grimm-Museum an der schönen Aussicht

Zwei unzertrennliche Brüder: das Denkmal der Brüder Grimm am Brüder Grimm Platz

Theater in Kassel seit mehr als 400 Jahren

... Damit aus frembder Sitt von fern ein jeder sich erkennen lern.

1959 wurde das neue Opernhaus und 1959 das Schauspielhaus feierlich eröffnet.

Mit dem Ottoneum, das der kunstsinnige Landgraf Moritz der Gelehrte nach dem Namen seines Sohnes Otto benennen ließ, bekam Kassel das erste feststehende Theater Deutschlands. Es gilt als eines der ältesten Theatergebäude nördlich der Alpen, wurde aber schon 1690 umgebaut und diente seitdem zur Aufbewahrung der landgräflichen Kunst- und Naturaliensammlung. 1605, also vor mehr als 400 Jahren, führten hier Schüler des Collegium Mauritianum die »Antigone« von Sophokles auf. Englische Komödianten gastierten auf ihren Reisen von London nach Prag im Ottoneum und machten sowohl das höfische als auch das bürgerliche Publikum mit der englischen Schauspielkunst und den Werken von Marlow und Shakespeare vertraut. Auf dem Bühnen- und Zuschauerportal konnte man unter anderem lesen:

Was Menschen-Sitten fahen an /
Guts oder böse Redt gethan /
Was Pracht zu Hof pflegt umbzugehen /
Was Helden für Thaten begehen /
Was Brauch man in den Stäten hat /
So wohl beim Pöbel als beim Rath.
Wie sich der Bauren Weiß verhält
Im Feld und in dem grünen Wald /
Diß alles lehrt diß Schau-Hauß fein
Zusehen / zuhören / zunehmen ein /
Damit aus frembder Sitt von fern
Ein jeder sich erkennen lern.

Das Staatsorchester Kassel zählt zu den ältesten und traditionsreichsten Orchestern Europas

Das Staatsorchester Kassel, hervorgegangen aus der Landgräflichen Hofkapelle, feierte in der Spielzeit 2002/2003 sein 500-jähriges Bestehen und zählt damit zu den ältesten und traditionsreichsten Orchestern Europas. Der Komponist, Geiger und Dirigent sowie Lehrer von über 200 in allen Weltteilen wirkenden Schülern und damit Gründer der letzten großen deutschen Geigerschule – der »Kasseler Schule«, Louis Spohr, hat über viele Jahre in Kassel gewirkt. Schon 1843 brachte er hier, kurz nach der Uraufführung, Richard Wagners »Fliegenden Holländer« heraus. Spohrs politische Einstellung und sein Engagement für das Werk Wagners – der Einsatz für zeitgenössisches Theater war offensichtlich immer schon heikel – führten schließlich 1857 gegen seinen Wunsch und mit teilweiser Entziehung seines Gehalts zu seiner Pensionierung. Dennoch blieb er in Kassel und bis zu seinem Tod am 22. Oktober 1859 eine Persönlichkeit allgemeiner Verehrung.
Der berühmteste Komponist und Dirigent der in Kassel gearbeitet hat, ist aber sicherlich Gustav Mahler, der von 1883 bis 1885 Zweiter Kapellmeister und Chordirigent war und hier unter anderem die »Lieder eines fahrenden Gesellen« komponierte. Noch heute finden sich die Werke Mahlers re-

Das Ottoneum gilt als eines der ältesten Theatergebäude nördlich der Alpen.

Das von Bomben zerstörte Theatergebäude war nicht mehr bespielbar.

gelmäßig auf dem Konzertspielplan und alle zwei Jahre veranstaltet das Staatstheater Gustav-Mahler-Festtage.

Vom Kurfürstlichen Hoftheater zum Preußischen Staatstheater

Durch den Umbau des Palais des Prinzen Maximilian von Hessen entstand in den Jahren 1766 bis 1769 ein respektables Opernhaus: das »Kurfürstliche Hoftheater zu Cassel« in der Oberen Königsstraße. 140 Jahre später, am 26. August 1909, wurde in Anwesenheit Kaiser Wilhelm II., der sich selbst in die Bauzeichnungen eingemischt hatte, am Friedrichsplatz mit Albert Lortzings »Undine«, der Lieblingsoper des Kaisers, ein neuer prächtiger Theaterbau eröffnet: die Königlichen Schauspiele. Mit 1450 Plätzen war das Theater eine der größten deutschen Bühnen. In »Griebens Reiseführer« heißt es 1920 über das Haus, das 1918 in Preußisches Staatstheater Kassel umbenannt wurde: »Die innere Ausstattung des Theaters, das über 1300 Sitzplätze enthält, ist glänzend. Besonders die Ausstattung des Vestibüls, der Treppen und Wandelgänge, sowie der ehem. kaiserlichen Salons zeugt von erlesenem Geschmack.«

»Ein Prachtbau, gedacht für die Ewigkeit: im Oktober 1943 sank er im Bombenhagel ...«

In der Kasseler Bombennacht des Zweiten Weltkrieges, vom 22. auf den 23. Oktober 1943, wurde das Theater so zerstört, dass es nicht mehr zu bespielen war. »Ein Prachtbau, gedacht für die Ewigkeit: im Oktober 1943 sank er im Bombenhagel. Dahin, fortan teilzerstört, durchaus noch reparabel, in den 50er Jahren total abgerissen. Wohl, weil es eine Kaiser-Ruine war«, so schrieb der langjährige Dramaturg Dr. Hans Joachim Schaefer in seinem Buch »Theater in Kassel«.

Die prächtige Kaiserloge im alten Theater

Die Kasseler Stadthalle diente als Behelfstheater, nachdem die Amerikaner das gewünschte Behelfstheater Ballhaus in Wilhelmshöhe als Kasino eingerichtet hatten. Am 11. November 1945 wurde die neue Spielstätte in Anwesenheit von Vertretern der Stadt und der Militärbehörde feierlich mit Goethes »Iphigenie auf Tauris«, dem klassischen Bekenntnis zur Humanität, eröffnet. Die Sänger wurden im ungeheizten Vestibül der Stadthalle heiser und der Plan »Così fan tutte« zur Aufführung zu bringen musste vorerst fallen gelassen werden.
Dr. Hans Joachim Schaefer schreibt in seinem Artikel »Neubeginn in Trümmern«:

»Inzwischen war in gemeinsamer Arbeit das Dach des Eingangsflügels zur Stadthalle gedeckt, die eingestürzten Wände des Blauen Saals neu errichtet, eine behelfsmäßige Bühne (...) und ein respektables Beleuchtungsstellwerk durch Hermann Möltgen installiert, und so konnte in diesem intimen »Opernhaus« (650 Plätze) am 16. Februar 1946 feierlich der Spielbetrieb mit Mozarts ›Così fan tutte‹ aufgenommen werden. (...) die langsam zurückströmenden Einwohner ließen sich auch durch die Kälte nicht abschrecken zu kommen. Sie saßen in Mäntel gehüllt, Decken umgeschlagen, lauschten dankbar den Worten des Schauspiels, den Tönen der Musik.«

Nachkriegstristesse: der Kasseler Friedrichsplatz mit dem zerbombten Theater

1909 wurde in Anwesenheit Kaiser Wilhelm II. ein neuer prächtiger Theaterbau eröffnet. Mit 1450 Plätzen war das Theater eine der größten deutschen Bühnen.

Das Staatstheater Kassel seit 1951

Theater schafft eigene Welten und Wirklichkeiten

1951 wurde zur Planung eines neuen Theatergebäudes ein Wettbewerb ausgeschrieben, an dem sich Architekten mit 117 Arbeiten beteiligten. Auf den ersten Platz wurde einstimmig der Entwurf des bekannten Architekten der Berliner Philharmonie Hans Scharoun gewählt. 1954 war Baubeginn. Der wurde jedoch mit der Begründung abgebrochen, dass Termine und finanzielle Grenzen nicht eingehalten werden könnten – und die Hessische Landesregierung beauftragte Paul Bode aus Kassel mit der Erstellung eines Entwurfs. Sein Büro überwachte die Fertigstellung des Neubaus, der Münchner Künstler Blasius Spreng gestaltete die Foyers und den Zuschauerraum. Angesichts des nicht realisierten Entwurfs von Hans Scharoun sprach man von der »Kasseler Staatstheater-Katastrophe«.

»My Fair Lady«, Ensemble, Spielzeit 2008/2009

Am 12. September 1959 wurde das Opernhaus des jetzigen Gebäudekomplexes Staatstheater Kassel mit der Uraufführung der Auftrags-Oper »Prometheus« von Rudolf Wagner-Régeny nach Motiven von Aischylos und am 13. September 1959 das Schauspielhaus mit »Maria Stuart« von Friedrich Schiller feierlich eröffnet.

»Tanzabend II: ... und raus bist du!«, Ryan Mason, Spielzeit 2008/2009

»Frühlings Erwachen«, Ensemble, Spielzeit 2008/2009

»Der Löwe, der nicht schreiben konnte«, Birte Leest, Spielzeit 2008/2009

Ein moderner Theaterbetrieb, der sich gleichermaßen der Tradition wie der Moderne verpflichtet fühlt

Intendanten wie Hermann Schaffner, Ulrich Brecht oder Gian-Carlo del Monaco und Generalmusikdirektoren wie Christoph von Dohnányi oder Gerd Albrecht verschafften dem Staatstheater Kassel in den vergangenen Jahrzehnten ein überregionales Ansehen.

Mit der Spielzeit 1983/1984 eröffnete der damalige Intendant Manfred Beilharz unter dem Namen »Theater im Fridericianum« – kurz tif – eine Studiobühne mit 99 Plätzen. Schnell avancierte dieses Theater mit seiner besonderen und intimen Atmosphäre zur beliebten dritten Spielstätte. 2008 feierte man das 25-jährige Jubiläum dieser kleinen großen Bühne.

1991, mit Beginn der Intendanz Michael Leinert, war es nötig, das Schauspielhaus wegen Asbestsanierung ein Jahr lang zu schließen. Kurz danach entschied der TÜV, dass die Untermaschinerie des Opernhauses aus sicherheitstechnischen Gründen nicht mehr zu benutzen sei. Als Ausweichspielstätten dienten die Alte Brüderkirche, die Salzmann Fabrik, der Ständesaal, die Orangerie, das Theaterkabinett im Opernfoyer und andere Orte.

Auch Intendant Thomas Bockelmann begann seine Intendanz im September 2004 nicht im Staatstheater, sondern in Ausweichspielstätten. Die Ersatzspielorte konnten bereits vor Beginn der Sanierung bezogen werden. Dem Schauspiel stand die documenta-Halle und das tif zur Verfügung und dem Musiktheater wurde ein riesiges Zelt auf den Friedrichsplatz gestellt, das so genannte »Kuppeltheater.«
Nach fast zweieinhalb Jahren in Ersatzspielstätten konnte das Staatstheater Kassel nach einer umfangreichen Sanierung mit »Tristan und Isolde« von Richard Wagner am 3. Februar im Opernhaus und mit »Don Karlos« von Friedrich Schiller im Schauspielhaus am 4. Februar 2007 feierlich wiedereröffnet werden. Seitdem hat die Stadt Kassel und die Region Nordhessen wieder ein »richtiges« Staatstheater mit einem Opernhaus, einem Schauspielhaus und einer Studiobühne (tif) für die Sparten Musiktheater, Schauspiel und Tanztheater. Mit den zwei großen Bühnen und ihren Verwandlungsmöglichkeiten wird man räumlich und technisch der langen und traditionsreichen Musik- und Theatergeschichte Kassels wieder gerecht.

»Der Ring-Gotterdämmerung«, 1970

Heute versteht sich das Staatstheater Kassel mit seinen 500 Mitarbeitern als ein moderner Theaterbetrieb, der sich gleichermaßen der Tradition wie der Moderne verpflichtet fühlt.
Mit abwechslungsreichen, aber thematisch gebundenen Spielplänen stellt sich das Staatstheater Kassel den Fragen der Gegenwart. 30 Neuinszenierungen in den Sparten Musiktheater, Schauspiel, Tanztheater, Kinder- und Jugendtheater, dazu die Sinfonie-, Sonntags-, Kammer-, Familien-, Schüler- und Sonderkonzerte bilden Jahr für Jahr das große Kulturangebot des Staatstheaters Kassel. Darüber hinaus sorgt ein umfangreiches theater- und konzertpädagogisches Programm für die Vermittlung an Kinder und Jugendliche.

»Familienschlager«, Agnes Mann, Thomas Sprekelsen und Samantha Richter, Spielzeit 2007/2008

Theater kann neue Erlebnis- und Denkräume öffnen

Bei aller Selbstreflexion und Befragung des Theaters mit seinen thematischen und ästhetischen Ansprüchen sollte man nicht vergessen, dass Theater mehr ist als nur Spiegel der Gesellschaft, der uns vor Augen führt, wie wir Menschen leben und was uns ausmacht.
Theater schafft eigene Welten und Wirklichkeiten. Theater kann neue Erlebnis- und Denkräume öffnen. Theater ist sowohl Experimentierraum für Neues und Unbekanntes, als auch ein Ort der geschichtlichen Selbstvergewisserung – und das seit fast 2500 Jahren! Sprechen wir in diesem Zusammenhang von Tradition, sollten wir an Gustav Mahler denken, der es einmal so formulierte:

»Lucia di Lammermoor«, Nicole Chevalier, Spielzeit 2008/2009

»Tradition ist nicht die Anbetung der Asche, sondern die Weitergabe des Feuers.«

So reichen die Theaterspielpläne von der Antike bis zur Gegenwart. Die Werke der Klassik und der klassischen Moderne finden ebenso ihren Platz wie Ur- und Erstaufführungen zeitgenössischer Werke. Über 220 000 Zuschauer im Jahr und steigende Abonnentenzahlen machen stolz. Doch darf es im Bereich von Kunst und Kultur niemals nur um Quantität gehen. Was zählt? Die Qualität der gesellschaftlichen und künstlerischen Auseinandersetzung auf der Bühne!

PR-Beitrag von:
Staatstheater Kassel · Friedrichsplatz 15 · 34117 Kassel
Tel. (05 61) 1 09 40 · info@staatstheater-kassel.de · www.staatstheater-kassel.de

Schule für darstellende Kunst in Kassel

Der richtige Weg zu Theater und Film

Die Schule für darstellende Kunst in Kassel bietet eine umfassende Ausbildung in den Bereichen Schauspiel, Tanz und Gesang in Form einer Vollzeitausbildung an. Auf dem Weg zum/zur BühnendarstellerIn beinhaltet diese Ausbildung weitere Fächer wie Jonglage, Akrobatik, Musik-, Tanz-, und Schauspieltheorie, Notenlehre, Instrumentalkunde, Dramenanalyse, Anatomie, Theatergeschichte, Atem-, Sprech- und Stimmtechnik sowie Bühnenfechten. Auch die Arbeit vor und hinter der Kamera wird in Filmprojekten eingehend beleuchtet. Das fächerübergreifende Unterrichtskonzept ist darauf ausgerichtet, dass die Absolventen vielseitig ausgebildet, teamfähig, aber auch selbständig handelnd, ihren Weg zum Theater oder Film finden. Für alle Schauspielfreudigen, die diese Leidenschaft nicht zum Beruf machen wollen, aber gern seine Faszination erleben wollen, werden Workshops und Fortbildungs-Seminare angeboten, welche eine ideale Möglichkeit zur Grundlagenarbeit und Weiterbildung im Bereich darstellendes Spiel für Lehrer und Pädagogen sind.

Die Teilnehmer des berufsbegleitenden Seminars kommen aus ganz Deutschland und der Schweiz. Die Räumlichkeiten der Schule für darstellende Kunst befinden sich in einem sehr schönen ehemaligen Fabrikgebäude, ruhig gelegen und doch nur wenige Minuten Fußweg von der Innenstadt und dem Hauptbahnhof entfernt.

(Beide Fotos: Peter Hähnlein)

PR-Beitrag von:
Schule für darstellende Kunst in Kassel
Trägerin: Ulrike Matzel
Sickingenstraße 10
34117 Kassel
Tel. (05 61) 8 70 64 16
schule@schule-fuer-darstellende-kunst.de
www.schule-fuer-darstellende-kunst.de

Feierwerk – Feiern mit persönlicher Note

Sinn-volle Genussmomente! Live, professionell und in Farbe! Gruseldinner. Gefährliche Liebschaften. Verbotene Geschichten. Verdorbene Gedichte. Freche Themenabende. Leckere Lesungen. Heimliche Feste. Skurrile Stadtführungen. Musikalische Leckerbissen. Feierwerk lässt Träume wahr werden! – Nicht nur in Kassel.

Feierwerk schafft Gesamtkunstwerke in Zusammenarbeit mit Künstlern, die bekannt sind aus Theater, Film und Fernsehen. Feierwerk gestaltet professionell Events, Theater und Filmproduktionen – Programme, Ideen, Künstler, Licht, Ton, Kostüme, Dekoration, pyrotechnische Effekte, Bühne, Catering, Transporte und Räume inklusive. Individuell auf jeden Anlass zugeschnitten, wird ein Team von professionellen Künstlern und Fachleuten zusammengestellt, damit Träume wirklich wahr werden. Feierwerk schafft unvergessliche Erlebnisse für jeden Anlass. Eintauchen in eine Welt voller (kulinarischer und) künstlerischer Genüsse. Kreativ, humorvoll, fantasievoll, unterhaltend, einmalig und einfach genial – das ist Feierwerk.

Livio Cecini, Schauspieler, war schon mal in Kassel. (Foto: Livio Cecini)

Florian Rexer, Regisseur, war noch nie in Kassel – will aber mal hin. (Foto: Florian Rexer)

Nina Rühlmann , Schauspielerin aus Kassel (Foto: Nina Rühlmann)

PR-Beitrag von:
Feierwerk · Veranstaltungen der besonderen Art
info@feierwerk.ch · www.feierwerk.ch

Frank Bosshammer

Hairdesigner – Cosmetic – Visagist – La Biosthetique

Ob bei Friseurmeister und Visagist Frank Bosshammer persönlich oder bei einem seiner freundlichen und bestens geschulten Mitarbeiter, in dem lichtdurchfluteten, griechisch-römisch gestylten Haartempel in Bad Wilhelmshöhe sind schönheitsbewusste Kunden in den besten Händen. Und das seit nunmehr 25 Jahren.

Biosthetiker Frank Bosshammer bietet mehr als eine neue Frisur. Im eigenen Color-Salon entwickelt er kreative Haarfarben für jeden Kopf und verwöhnt als ganzheitsorientierter Beautyexperte mit individuellen Haar- und Hautpflegeprogrammen. Persönliche Beratung ist hierbei selbstverständlich und Zeit spielt keine Rolle.

Die Haut als Spiegel der Seele und des inneren Wohlbefindens

Wer bewundert nicht das umwerfende Aussehen der Supermodels? Doch was wie ein großzügiges Geschenk von Mutter Natur aussieht, bedeutet sehr viel Arbeit. Denn auch die berühmten Laufsteg-Schönheiten würden ohne professionelle Hilfe längst nicht so toll aussehen. Visagisten und Make-up-Artisten wie Frank Bosshammer verstehen es, Vorzüge zu unterstreichen und Unebenheiten auszugleichen. Frank Bosshammer setzt dabei konsequent auf die Marke LA BIOSTHETIQUE PARIS, deren Produkte auf sorgsamster, fein abgestimmter Rohstoffauswahl basieren und strengsten dermatologischen Verträglichkeits- und Wirksamkeitstests unterliegen.

PR-Beitrag von:
Frank Bosshammer · Hairdesigner & Visagist
Kunoldstraße 29 · 34131 Kassel
Tel. (05 61) 3 56 56 · Fax (05 61) 3 10 29 86
info@friseur-bosshammer.de
www.friseur-bosshammer.de

Das Geheimnis der Schönheit – La Perla Kosmetik Institut

Eintauchen in die fantastische Welt des Make-Up. Ob für das Bewerbungsgespräch, ein Kerzendinner oder eine Party – dem Make-Up sind keine Grenzen gesetzt. Im La Perla Kosmetik Institut bleiben keine Wünsche offen. Einmal richtig alt wirken? Angsteinflößend? Oder einfach mal anders aussehen? Fantasie-Make-Up, ein Renner auf Veranstaltungen, macht es möglich.
Einfach aufstehen und gut aussehen? Die neue Generation des Permanent Make-ups, verleiht Jahre lang natürliche Schönheit ohne Verwischen, schonend und hautfreundlich.
Mit dem La Perla Kosmetik Institut das Geheimnis natürlicher Schönheit entdecken: Augenbrauen werden in typgerechten Farbtönen und völlig natürlich aussehend geformt. Wimpernverdichtung und Lidstrich verleihen den Augen mehr Ausdruck. Lippenkontur, Schattierungen und Lip-Light bringen die Lippen perfekt zur Geltung. Zusätzlich zur klassischen Maniküre geben individuelles Nageldesign oder Nail Art mit über 50 verschiedenen Möglichkeiten gepflegten Händen eine persönliche Note.
Das La Perla Kosmetik Institut bietet außerdem klassische kosmetische Behandlung, Rückenbehandlung, Depilation, Aknebehandlung und vieles mehr in freundlicher Atmosphäre.

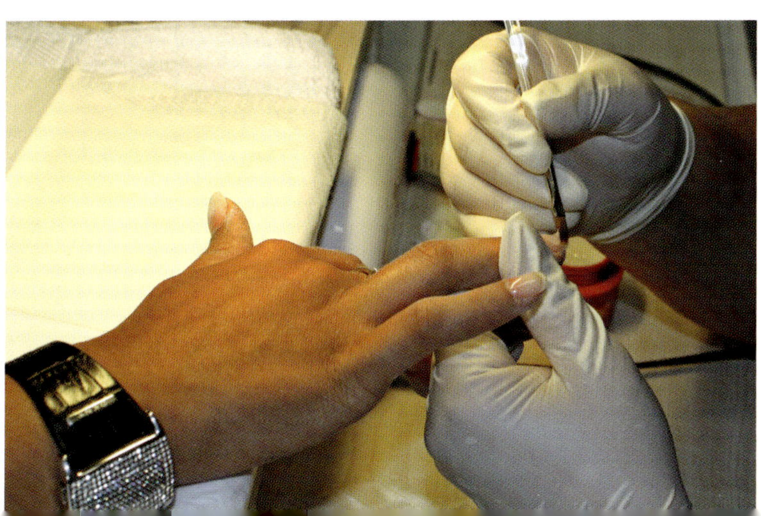

LA PERLA
KOSMETIK-INSTITUT
PR-Beitrag von:
La Perla Kosmetik Institut · Maria Dolores Alcalá Sales
Kunoldstraße 29 · 34131 Kassel · Tel. (05 61) 4 91 70 96 · Mobil (01 60) 3 25 77 88
maria@la-perla-studio.de · www.la-perla-studio.de

Kasseler Musiktage

Eines der ältesten europäischen Musikfestivals

Alljährlich im November ziehen die Kasseler Musiktage mit ihren anregenden Konzertprogrammen ein internationales Publikum an. Im Spannungsfeld von Tradition und Moderne sind die Veranstaltungen angesiedelt, bei denen namhafte Künstler der Klassik-Szene ebenso zu Gast sind wie verheißungsvolle Stars von morgen. Neben der Pflege des klassischen Repertoires lädt man ein zu spannenden musikalischen Entdeckungsreisen, die in faszinierende Klangwelten der Neuen Musik oder ferner Musikkulturen entführen. Der Reiz erwächst dabei nicht zuletzt aus der Konfrontation des scheinbar Widersprüchlichen, das den Blick weitet für neue Sicht- und Hörweisen.

Höchster Musikgenuss in historischem Ambiente: Konzert im Ballhaus von Schloss Wilhelmshöhe (Foto: Bernd Schölzchen, Kassel)

Bis auf den letzten Platz besetzt: Konzert in der Alten Brüderkirche (Foto: Bernd Schölzchen, Kassel)

Die konstruktive Art der Überraschung, einerseits nie so zu sein wie erwartet, andererseits seismographisch auf die großen musikalischen Fragen der jeweiligen Gegenwart zu reagieren, entwickelte sich zum Markenzeichen der im Herbst 1933 ins Leben gerufenen Kasseler Musiktage. Seit 2006 obliegt Dieter Rexroth die künstlerische Verantwortung. Mit ihm haben die Kasseler Musiktage zweifellos eine der innovativsten, kenntnisreichsten und wichtigsten Persönlichkeiten des gegenwärtigen Musiklebens in Deutschland für sich gewinnen können. Seine Programme setzen die Tradition des Nicht-Traditionellen fort, insbesondere mit einer deutlich gesteigerten Zahl von Auftragswerken an junge Komponisten.

Lebendige Vergangenheit und zeitgenössisches Schaffen

Vom »Arbeitskreis für Hausmusik« initiiert, sollten die Kasseler Musiktage lebendige Vergangenheit mit zeitgenössischem Schaffen verknüpfen und dazu anregen, »in der Musik wieder vom bloßen Genießen zu eigenem Urteil und zum Mitgestalten zu kommen.« In über 75 Jahren hat das Festival seitdem einen weiten Weg hinter sich gebracht. Kurzfristige Kooperationen wurden eingegangen, es entwickelten sich aber auch dauerhafte Partnerschaften.

Der Hessische Rundfunk und sein Sinfonieorchester wurden ab 1955 zu wichtigen Partnern. Seit 1977 sendet der Hessische Rundfunk regelmäßig Aufzeichnungen der Kasseler Musiktage, seit 1994 ist er offizieller Mitveranstalter. Auch das Orchester des Staatstheaters beteiligt sich seit Mitte der 1950er Jahre jährlich mit einem Konzert. Die Kantorei an St. Martin sowie das Vocalensemble Kassel zählen ebenfalls zu den festen Größen unter den Interpreten.

1982 haben die Kasseler Musiktage einen gemeinnützigen Trägerverein gegründet, dem Persönlichkeiten, die dem kulturellen Leben verpflichtet sind,

Das Sinfonieorchester des Hessischen Rundfunks gastiert in der Kasseler Martinskirche (Foto: Bernd Schölzchen, Kassel)

das Hessische Ministerium für Wissenschaft und Kunst, der Hessische Rundfunk, die Stadt Kassel, die Kasseler Sparkasse, der Evangelische Stadtkirchenkreis Kassel, die Evangelische Akademie Hofgeismar, die Universität Kassel, der Internationale Arbeitskreis für Musik sowie die Musikverlage Bärenreiter-Verlag, Merseburger, Furore und die Alkor-Edition angehören.

PR-Beitrag von:
Kasseler Musiktage
Heinrich-Schütz-Allee 33 · 34131 Kassel
Tel. (05 61) 9 88 39 30 · Fax (05 61) 98 83 93 33
info@kasseler-musiktage.de
www.kasseler-musiktage.de

Ein besonderes Konzerterlebnis für Kunstgenießer. Die Alte Brüderkirche stammt aus dem 13. Jahrhundert. (Foto: Thomas Rosenthal, Kassel)

Louis Spohr – eine Kasseler Persönlichkeit

Geboren 1784 in Braunschweig, gestorben 1859 in Kassel

Louis Spohr nach seinem Selbstbildnis von 1806, lavierte Pinselzeichnung von Albert Schindehütte, Louis-Spohr-Stiftung

Als Louis Spohr am 14. Januar 1822 in Kassel einzog, fand er eine lange Musiktradition vor. Die ihm anvertraute Kasseler Hofkapelle war das älteste Orchester in Deutschland. Er verwandelte das Ensemble durch seine intensive Arbeit mit den Musikern innerhalb kurzer Zeit in ein »europäisches Spitzenorchester«.

Spohrs kompositorische Arbeit ist in annähernd 300 Werken, darunter viele Opern, Konzerte und Kammermusikliteratur überliefert. Seine »Violinschule« ist ein noch heute viel beachtetes Werk. Über dreißig Jahre hat der hervorragende Violinvirtuose, Dirigent, Komponist und Musikpädagoge Louis Spohr in Kassel gewirkt.

Louis Spohr war ein humanitär handelnder, nach sozialen Verbesserungen strebender homo politicus. Seine Schüler wurden an alle wichtigen Opernhäuser und Musiktheater der Welt engagiert.

Die Stadt Kassel verlieh ihrem berühmten Generalmusikdirektor Louis Spohr am 4. Februar 1847 die Ehrenbürgerwürde.

Der Förderverein Louis-Spohr-Stiftung e.V.

Der Förderverein wurde 1994 mit dem Ziel gegründet, den weitestgehend in Vergessenheit geratenen Violinvirtuosen und Komponisten Louis Spohr wieder bekannter zu machen und im Sinne des Kasseler Musikpädagogen »humanitär« tätig zu werden. 2004 errichtete der Verein die Louis-Spohr-Stiftung unter dem Dach der Bürgerstiftung Kassel.

Der Förderverein ist Träger der Louis-Spohr-Stiftung. Er widmet sich vor allem der Förderung des begabten musikalischen Nachwuchses. Dafür werden Wettbewerbe durchgeführt, Konzerte veranstaltet, Druckschriften und Tonträger verlegt. Der Förderverein Louis-Spohr-Stiftung e.V. betreibt die Nachwuchsförderung nach dem Prinzip der »Bestenauslese«. Im Jubiläumsjahr 2009 wurde der 15. Internationale Louis-Spohr-Wettbewerb für Geiger ausgeschrieben.

Hugo-Staehle-Festival für junge Pianisten

Hugo Staehle, einer der Schüler Spohrs, starb 1848, erst 22 Jahre alt, an einer Hirnhautentzündung. Im Jahr zuvor war die Oper Arria des hoffnungsvollen Komponisten unter der Leitung seines Lehrers Louis Spohr in Kassel uraufgeführt worden. Ihm zu Ehren führt der Förderverein 2010 das Internationale Hugo-Staehle-Festival für Junge Pianisten durch. Zum 4. Mal werden Teilnehmer aus über sieben Nationen von Dänemark über England, Russland, Italien, Griechenland bis Korea erwartet. Die renommierten Professoren und Dozenten geben Meisterkurse und Konzerte. Sie werden mit den Nachwuchsmusikern auch Gotha besuchen; die Stadt, in der Louis Spohr im November 1805 seine erste Anstellung als Konzertmeister und Dirigent erhielt.

Das Spohrdenkmal auf dem Opernplatz wird vielfältig wahr- und angenommen.

Im Musensaal von Schloß Wilhelmsthal, III. Wilhelmsthaler Schlosskonzert mit dem New Pražák Quartett (Alle Fotos: Dr. Lorenz B. F. Becker

Der Förderverein Louis-Spohr-Stiftung e.V. finanziert sich durch Erträge der Louis-Spohr-Stiftung, Spenden und Mitgliedsbeiträge. Die Arbeit im Verein erfolgt ehrenamtlich.

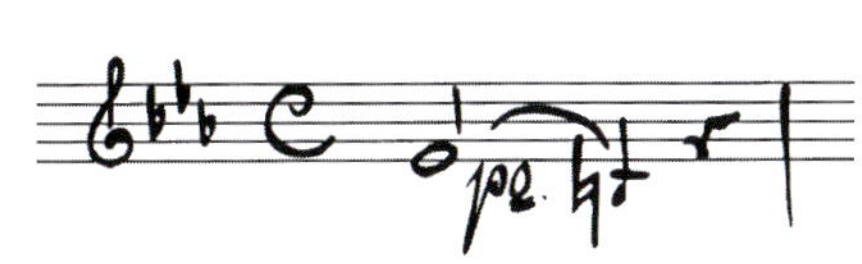

PR-Beitrag von:
Förderverein Louis-Spohr-Stiftung e.V.
Nordshäuser Straße 6 · 34132 Kassel
Tel. (05 61) 9 40 29 00 · Fax (05 61) 40 87 88
info@louisspohr.de · www.louisspohr.de

Von Louis Spohr bis zum Klangpfad

Kassel ist eine Stadt mit Musiktradition

Kassel blickt auf eine über 500-jährige Orchesterkultur zurück. Hier wurde der berühmte Organist und Komponist Heinrich Schütz von Landgraf Moritz von Hessen Kassel entdeckt. Der Landgraf förderte den Musiker mit einem Stipendium von 1609 bis 1613 bei dem Organisten Gabrieli in Venedig. Die dort genossene Ausbildung prägte den jungen Organisten auch kompositorisch.
Landgraf Moritz der Gelehrte sammelte eine große Zahl namhafte Musiker an seinem Hof. Mit der 1594 von Wilhelm Wessel eröffneten Druckerei, die sich besonders der Herausgabe der Hofmusik widmete, wurde er der Begründer einer herausragenden Musikverlegertradition in Kassel.
Das erste Monumentaldenkmal der Stadt Kassel, das Spohrdenkmal, erinnert an die Glanzzeit des Kasseler Orchesters. Das war die Zeit unter dem ersten Generalmusikdirektor der Stadt, dem berühmten Geiger, Komponisten, Musikpädagogen und Dirigenten Louis Spohr. Spohr wurde am 5. April 1784 in Braunschweig geboren und starb am 22. Oktober 1859 in Kassel. Die Stadt errichtete ihrem Ehrenbürger anlässlich seines 100. Geburtstags ein Denkmal auf dem Opernplatz, der zeitweise Spohrs Namen trug.

Mausoleum und Ehrengrablege Spohrs auf dem Hauptfriedhof

Louis Spohr vermittelte seinen Musikschülern auch Fremdsprachen und sorgte für ihre körperliche Ertüchtigung

Der 1,92 Meter große Geiger Louis Spohr und seine hübsche, zierliche Frau Dorette, eine bedeutende Harfenistin, waren die Publikumslieblinge jener Zeit. Die speziell für Auftritte mit ihr geschriebenen Harfenkonzerte gehören heute zu der in diesem Genre oft gespielten Musikliteratur. Von seiner anstrengenden Tätigkeit entspannte sich Louis Spohr gerne mit Zeichnen und Malen. Musik und soziales Engagement prägten das Leben Ludwig Spohrs, der sich erst später dem damaligen Zeitgeist entsprechend »Louis« nannte.
Louis Spohr unternahm viele Konzertreisen durch Deutschland und Europa.
Auch als Musikpädagoge war er sehr erfolgreich. Zu den knapp 200 Schülern, die er in seinem Leben ausgebildet hatte, gehörten der spätere Leipziger Thomaskantor Moritz Hauptmann sowie die Komponisten und Pianisten Norbert Burgmüller und Hugo Staehle. Beide starben leider viel zu früh. Hugo Staehle war erst 22, als er 1848 an einer Hirnhautentzündung in Kassel verstarb. Er hinterließ einige sehr schöne Miniaturen für Klavier, die soeben im Kasseler Verlag Merseburger erschienen sind. Spohrs Unterricht bestand nicht allein in Violin-Lektionen. Er vermittelte seinen Schülern auch Fremdsprachen sowie ästhetische Bildung und sorgte für ihre körperliche Ertüchtigung. Er gab den Violinunterricht gerne im Freien. Auch lernten die angehenden Geiger von ihrem kaum älteren Lehrer Schwimmen und Ballspiele. Spohr führte sie in Bergwerke und Fabriken. So erweiterte er deren Wissen über Musik und Bildende Künste recht vielgestaltig.
Am 22. Oktober 1859 starb Louis Spohr. Er ist in einem Ehrengrab auf dem Kasseler Hauptfriedhof beigesetzt. Sein musikalisches Schaffen ist uns in nahezu 300 Werken überliefert. In jüngerer Zeit beschäftigen sich zunehmend wissenschaftliche Arbeiten mit Spohrs Werk. Einige entstanden mit Unterstützung der in Kassel ansässigen Internationalen Louis Spohr Gesellschaft e.V.. Diese widmet sich dem wissenschaftlichen Erbe des großen Kasseler Komponisten, der auch einer der Wegbereiter des Taktstocks war. Das 2009 im Südflügel des Hauptbahnhofs eingerichtete neue Spohrmuseum ist sehenswert.

Enthüllung des von Ferdinand Hartzer geschaffenen Denkmals zum 100. Geburtstag von Louis Spohr am 5. April 1883.

Auch Gustav Mahler und Ernst Krenek hatten ihre Kasseler Zeit

1606 entstand in Kassel mit dem Ottoneum das erste freistehende Theatergebäude Deutschlands. Eine kleine Gasse zwischen dem Ottoneum, heute Na-

Der Klangpfad im Park Schönfeld bildet eine fruchtbare Beziehung zwischen Kunst und Natur.

Einladung zur musikalischen Entdeckungsreise: Klangpfad-Objekt aus Stein

turkundemuseum, und dem Staatstheater erinnert an Ernst Krenek. Der österreichische Komponist – geboren 1900 in Wien, gestorben 1991 in Palm Springs, Kalifornien – feierte als Assistent von Paul Bekker, dem damaligen Intendanten der Staatsoper Kassel, große Publikumserfolge. Die so genannte Jazz-Oper »Jonny spielt auf« war eine der meistgespielten Opern der 20er Jahre und brachte ihm internationale Anerkennung.

Die Gustav-Mahler-Treppe, die vom Friedrichsplatz in die Karlsaue hinunterführt, ist Gustav Mahler gewidmet. Der große Komponist (geboren 1860 im böhmischen Kaulitsch, gestorben 1911 in Wien) war von 1883 bis 1885 Kapellmeister und Dirigent in Kassel. Nachdem er im Alter von 25 Jahren Kassel verlassen hatte, führte ihn sein Weg in die großen Opernhäuser der Welt. Mahlers Sinfonien und Liederzyklen gehören zu den großen Werken der Musikliteratur. Er war auch einer der berühmtesten Dirigenten seiner Zeit und als Operndirektor ein bedeutender Reformer des Musiktheaters.

Ein Klangkunstwerk aus jüngster Zeit

Eines der jüngsten Klangwerke der Musikstadt Kassel ist der nach einer Idee von Professor Walter Sons entstandene Klangpfad im Park Schönfeld. Schon zu Beginn des 19. Jahrhunderts war das im Park gelegene Schloss Schönfeld ein Treffpunkt für Kunstschaffende. Der Klangpfad ist ein Projekt, das Musik, Kunst und Natur, öffentlichen Raum, Bewegung und Begegnung miteinander verbindet. Zehn »bespielbare« Objekte aus Stein, Holz und Metall, die an verschiedenen Stellen im Park installiert sind, sollen Besucher dazu einladen, sich selbst auf eine musikalische Entdeckungsreise zu begeben. Der Klangpfad stellt ein bedeutendes Glied in der Kette der durch den Bergpark Wilhelmshöhe und der Karlsaue bestehenden fruchtbaren Beziehungen zwischen Kunst und Natur dar.

Dr. Lorenz B. F. Becker

Hier wohnte Spohr 1822: das Mansbachsche Haus an der Schönen Aussicht.

Kassels Generalmusikdirektor Patrik Ringborg probt anlässlich der 5. Nordhessischen Kindermusiktage 2009 unter dem Spohrdenkmal.

Die andere Konzertreihe

KOMPONISTINNEN UND IHR WERK

Die in Kassel beheimatete Konzertreihe »Komponistinnen und ihr Werk« wurde 1990 von Christel Nies gegründet, um das auch heute noch unterrepräsentierte Schaffen von Komponistinnen aus Vergangenheit und Gegenwart in kontinuierlicher Folge vorzustellen. Mit bisher mehr als 150 Konzerten in Kassel und anderen europäischen Städten, mit der Aufführung von hunderten von Komponistinnen-Werken, darunter zahlreichen Ur- und Erstaufführungen, bildet die mehrfach ausgezeichnete Konzertreihe einen besonderen Schwerpunkt im Musikleben der Stadt Kassel.
Komponistinnen wie Frangis Ali-Sade, Sofia Gubaidulina, Jacqueline Fontyn, Violeta Dinescu, Susanne Erding, Jelena Firsova, Adriana Hölszky, Myriam Marbe, Younghi Pagh-Paan und Grete von Zieritz kamen zu Porträt-Konzerten nach Kassel.

Mit dem Sonderprojekt »Komponistinnen und ihr Werk – Blickpunkt Europa« wird der Fokus auf ein europäisches Land gerichtet

Hochqualifizierte Künstler und Ensembles lassen durch die adäquate Wiedergabe der Kompositionen die Konzerte für viele Besucher zu einem Erlebnis werden. Ausführliche Programmhefte geben Auskunft über die Komponistinnen und ihre Werke. In Rundfunkmitschnitten, Ton- und Videoaufnahmen sowie bisher drei Buchdokumentationen ist die Konzertreihe dokumentiert. Eine vierte Buchdokumentation wird im Jahr 2010 erscheinen.

Ensemble für frühe Musik, Augsburg

Das Dauprat-Hornquartett

Christel Nies und die Komponistin Sofia Gubaidulina

Mit dem Sonderprojekt »Komponistinnen und ihr Werk – Blickpunkt Europa« wird der Focus auf ein europäisches Land gerichtet (bisher Rumänien und Tschechien). In Konzerten mit Interpreten aus Deutschland und dem jeweils ausgewählten Land, in Workshops, Vorträgen und Diskussionsrunden stellen sich die Komponistinnen vor und berichten über ihre spezielle Situation im Zusammenhang mit der landeseigenen Musikgeschichte. Im Rahmen eines weiteren regen Austauschs finden die Veranstaltungen in beiden Ländern statt.

Dörte Nienstedt und Anne Horstmann vom Ensemble Neue Flötentöne

Veröffentlichungen:
Komponistinnen und ihr Werk
Dokumentation I, 1990/1991,
Hrsg. Christel Nies, Heinrich-Böll-Stiftung,
ISBN 3-927760-11-0
Unerhörtes Entdecken, Dokumentation II,
1992 – Mai 1995, Hrsg. Christel Nies,
Bärenreiter-Verlag, ISBN 3-7618-1214-0
Gut zu hören – gut zu wissen, Dokumentation III,
Oktober 1995–2002 Hrsg. Christel Nies, Bärenreiter-Verlag, ISBN 3-7618-1514

CD *Die Landschaft in meiner Stimme*, Werke für Stimme und Instrumente von acht Komponistinnen. Christel Nies Sopran, Instrumentalisten. ARS 38445
Erhältlich im Fachhandel und bei Christel Nies.

Christel Nies studierte Gesang, Klavier und evangelische Kirchenmusik. Seit 1980 beschäftigt sie sich intensiv mit Leben und Werk vergessener und unbeachteter Komponistinnen. Sie war Mit-Initiatorin und Leiterin der drei Internationalen Komponistinnen-Festivals »Vom Schweigen befreit« und ist Verfasserin zahlreicher Artikel und Aufsätze zum Thema Komponistinnen und Neue Musik für Stimme. Einladungen zu Vorträgen, Seminaren und Konzerten führen sie in viele Städte Europas und in die USA. Für ihre Arbeit wurde Christel Nies mehrfach ausgezeichnet, darunter 1996 mit der Ehrenurkunde für Kultur und Kunst des Landes Hessen.

Kassel – eine Hauptstadt der Frauenmusik

»Männer und Frauen sind gleichberechtigt«

Der Kasseler Politikerin und Juristin Elisabeth Selbert (1896 bis 1966) ist es zu verdanken, dass dieser Satz 1948 in das Grundgesetz der Bundesrepublik Deutschland aufgenommen wurde. Der Grundsatz gilt auch für Komponisten und Komponistinnen, bis heute sind jedoch Namen von Komponistinnen in Konzertprogrammen und Spielplänen kaum zu finden. Viele Orchesterwerke und Opern von Komponistinnen aus Vergangenheit und Gegenwart warten weiterhin auf Entdeckung und Aufführung.

»Kassel, Stadt der Frauenmusik«, unter dieser Überschrift berichtete eine Kulturzeitschrift von den zahlreichen Aktivitäten zum Thema Komponistinnen in Kassel seit den frühen 1980er Jahren. Es waren einzelne Kasseler Musikerinnen, die, vom Virus der Entdeckung weiblicher Schöpferkraft angesteckt, Aufsehen erregende Konzerte mit Komponistinnen-Werken gaben. Auf der Suche nach Noten und Informationsmaterial fanden sie in Bibliotheken, Archiven und Privathäusern Erstaunliches: Werke von Barbara Strozzi, Alma Mahler, Fanny Hensel, Clara Schumann und vielen anderen.

Jubiläumskonzert 20 Jahre »Vom Schweigen befreit« im Rathaus Kassel

Die Komponistin Lili Boulanger (1893 bis 1918)

Erstmals gab es nun neben den zahlreichen Festivals für einen großen Komponisten jetzt auch ein Festival für eine große Komponistin

Weit über Kassel hinaus ging die Strahlkraft der drei Internationalen Komponistinnen-Festivals »Vom Schweigen befreit« in den Jahren 1987, 1990 und 1993, initiiert und unter der künstlerischen Leitung von Roswitha Aulenkamp und Christel Nies. Machte das erste Festival mit vielen Konzerten, einer Opernaufführung, Vorträgen und Diskussionsrunden zunächst auf die Existenz von Komponistinnen aufmerksam, so lag der Schwerpunkt des zweiten Festivals auf der Musik osteuropäischer Komponistinnen und der legendären Hildegard von Bingen. Eine weitere Steigerung und Intensität brachte 1993 das dritte Festival, das der französischen Komponistin Lili Boulanger (1893 bis 1918) mit der Aufführung fast aller ihrer Werke gewidmet war. Erstmals gab es nun neben den zahlreichen bekannten Festivals für einen großen Komponisten jetzt auch ein Festival für eine große Komponistin. Auf Initiative von Christel Nies und Roswitha Aulenkamp wurde das Archiv des Internationalen Arbeitskreises Frau und Musik 1989 als Leihgabe in die Kasseler Murhard-Bibliothek/Universität Kassel übernommen. Die beiden Musikerinnen leiteten das Archiv zwei Jahre lang, bauten es auf und machten es zur Anlaufstelle für Interessierte aus aller Welt. 1990 gründete Christel Nies in Zusammenarbeit mit der Heinrich-Böll-Stiftung die Konzertreihe Komponistinnen und ihr Werk, die sie seitdem leitet. Die Aufklärungsarbeit in Form von Konzerten, Vorträgen, Wochenendseminaren und Veröffentlichungen wird intensiv fortgesetzt, damit Komponistinnen für allezeit Vom Schweigen befreit sein werden.

Christel Nies

Veröffentlichungen:
Drei Festivalkataloge »Vom Schweigen befreit« (1987, 1990, 1993) – zu beziehen über christel.nies@gmx.net oder ra@musikwerkstatt-klavier.de

Plakate zum Festival »Vom Schweigen befreit«, Kassel 1990 und 1993

Die documenta

Kassel ist alle fünf Jahre Weltstadt in Sachen zeitgenössische Kunst

Wurde sie vom Herkules hinunter in die Stadt geschleudert? »Spitzhacke« von Claes Oldenburg, documenta 7, 1982

Es begann 1955, als eine Bundesgartenschau helfen sollte, die in Kassel noch immer vorhandenen Spuren der Zerstörung durch den Krieg zu beseitigen. Für das Begleitprogramm konzipierte der Kasseler Maler, Raumkünstler und Hochschullehrer Arnold Bode mit Freunden eine internationale Kunstausstellung: die »documenta«. Die Klassische Moderne, von den Nazis als entartete Kunst verfemt, sollte dem Publikum als Akt ihrer Legitimierung zugänglich gemacht werden. Als Ausstellungsort wählte Bode das ausgebombte Fridericianum, bis heute Hauptstandort jeder documenta. In einer eleganten Inszenierung der ruinösen Räume mit einfachsten modernen Mitteln (Heraklitplatten, PVC-Vorhänge) konnten sich die Kunstwerke voll entfalten. Es kamen 130 000 Besucher – ein überwältigender Erfolg.

Die documenta wurde zu einer Institution und fand international Anerkennung

Die documenta 2 im Jahr 1959 hatte die Nachkriegskunst zum Thema, mit mehr als doppelt so vielen Künstlern, so dass die zum Abriss bestimmte Orangerie und das Palais Bellevue zusätzlich Ausstellungsorte wurden. Neben Skulptur und Druckgrafik war erstmals auch amerikanische Kunst breit vertreten – der globale Charakter der documenta kündigte sich an. Die documenta war auf bestem Weg, eine Institution zu werden und fand international zunehmend Anerkennung; heute ist sie die bedeutendste internationale Ausstellung zeitgenössischer Kunst. Auf der documenta 3 1964, Bode kreierte für sie den Slogan »Museum der 100 Tage«, kam erstmals die wieder aufgebaute Neue Galerie als Ausstellungsort hinzu. Die dort präsentierten Handzeichnungen wurden zu einer Sensation. Die documenta 4 von 1968, mit ausschließlich aktueller Kunst, ist die letzte von Bode inszenierte Ausstellung. Auf ihr ertönte erstmals der Ruf nach »sozial relevanter Kunst«, der alle folgenden documenten mitbestimmen sollte. Mit der documenta 5 im Jahr 1972 wurde das Prinzip eines externen »künstlerischen Leiters« eingeführt, der sein persönliches Konzept für die Überschau erstellt. Die Pause zwischen den Ausstellungen wurde endgültig auf fünf Jahre festgelegt.

Mohnfeld von Sanja Ivekovic vor dem Fridericianum, documeta12, 2007

Viel Platz für aktuelle Kunst: die documenta-Halle

documenta – Kunst kennt keine Grenzen

Nach den 1950er Jahren begann sich der Kunstbegriff rasant zu erweitern. Neue Medien hielten Einzug in die Kunst und damit in die documenten: Fotografie, Film, Video, Raum- oder Klanginstallationen und Performances, ebenso die künstlerische Umsetzung sozialer und politischer Positionen. Die Besucherzahlen nahmen von Mal zu Mal zu. 2007 waren es bereits über 750 000.

Die endgültige Globalisierung der documenta vollzog sich 2002 auf der documenta 11 von dem Afro-Amerikaner Okwui Enwezor, der Künstler aus Teilen der Welt einlud, die noch nie auf der documenta vertreten waren.

Fünf Jahre sind eine lange Pause, aber Kassel hat ja seinen Himmelstürmer und Erdkilometer, seine Spitzhacke und Laserskulptur, »Die Fremden«, 7000 Eichen und weitere Kunstwerke, nicht nur im öffentlichen Raum. Es ist wahrhaftig »documenta-Stadt«.

Die nächste documenta findet 2012 statt, unter der künstlerischen Leitung der Amerikanerin Carolyn Christov-Bakargiev.

Die Kunsthalle Fridericianum

Vom ersten öffentlichen Museumsbau in Europa zur Kunsthalle für aktuelle Kunst

Nicht ein Residenzschloss ließ sich Landgraf Friedrich II. am neu entstandenen Paradeplatz in Kassel erbauen, sondern ein öffentliches Museum. Die Säle im Erdgeschoss wiesen eine Antikensammlung und eine »Galerie der modernen Statuen« auf. Zusätzlich wurden ein Medaillenkabinett, ein Automaten- und Uhrenkabinett sowie Nachbildungen römischer Bauten aus Kork präsentiert. In der Beletage war die hessische Landesbibliothek beheimatet und im Obergeschoss befanden sich ein Kupferstichkabinett, ein Handschriftenraum und ein Kartensaal sowie Säle, die naturwissenschaftliche Instrumente beherbergten. Am 23. Mai 1779 wurde die Eröffnung gefeiert – die Eröffnung des ersten öffentlichen Museumsbaus auf dem europäischen Festland. Rund dreißig Jahre später formte Jérôme Bonaparte, damaliger König von Westphalen, das Museum Fridericianum in ein Parlamentsgebäude mit Repräsentationsräumen um. Nach seiner Vertreibung im Jahr 1813 wurde daraus wieder ein Museumsgebäude. Doch unter preußischer Herrschaft wanderten die Sammlungsgegenstände nach und nach in das preußische Zentrum nach Berlin, weshalb das Museum Fridericianum ab 1913 keinen musealen Auftrag mehr hatte. Von nun an war es nur noch Bibliothek bis diese 1941 vollständig ausbrannte.

Kasseler Kinder als Protagonisten in Pavel Althammers Ausstellungsprojekt »Frühling«; Kunsthalle Fridericianum 2009

Mit jungen, internationalen Künstlern wird auf Menschlichkeit in allen Facetten gesetzt

1955 wurde die Ruine zum Mittelpunkt der ersten documenta. Die Erfolgsgeschichte der documenta ist bekannt. Seit 1988 werden die Perioden zwischen den Weltkunstausstellungen für permanente und Wechselausstellungen genutzt. Das Museum Fridericianum wurde zur Kunsthalle, deren Neuerscheinung von Veit Loers, dem ersten künstlerischen Leiter des Hauses, mit dessen Ausstellung Schlaf der Vernunft (1988) etabliert wurde. Der Titel war grandios gewählt, bedenkt man, dass es sich um eine Gegenüberstellung von Museumsobjekten der Aufklärungsepoche mit aktueller Kunst handelte und somit ein wunderbarer Übergang von der Geschichte des Hauses zur jungen Kunsthalle geschaffen wurde. Nach der documenta X übernahm René Block 1998 die künstlerische Leitung des Fridericianums und veranlasste im Jahr 2001 die Umbenennung in Kunsthalle Fridericianum. Thematisch fokussierte er die Internationalität des

Die Künstlerin Micol Assaël verbindet in ihrem Werk »Fomuska« Kraft mit äußerster Zartheit, Kunsthalle Fridericianum 2009

Hauses in Form einer Auseinandersetzung mit der Peripherie des globalen Kunstgeschehens. Neben Ausstellungen, die seiner engen Zugehörigkeit zur Fluxus-Bewegung gewidmet waren, zentrierte er sein Interesse auf Themenausstellungen sowie auf groß angelegte Gruppenausstellungen.

Seit 2008 steht die Kunsthalle Fridericianum unter der Leitung von Rein Wolfs. Mit einer Konzentration auf Einzelausstellungen von jungen, internationalen Künstlerinnen und Künstlern wird auf Menschlichkeit in allen Facetten gesetzt, auch mal auf Provokation und Unangepasstheit. Es werden vor allem die künstlerischen Haltungen sein, denen das Hauptaugenmerk gilt. Der gesellschaftliche und politische Hintergrund der Kunst soll und wird nach vorne treten.

Christine Messerschmidt

Soziale und politische Themen provokativ in Szene gesetzt: »Burning Peace« von Marc Bijl, Kunsthalle Fridericianum 2009

Projektion von Cyprien Gaillards Video »Desniansky Raion«. Kunsthalle Fridericianum 2009.

Ausstellungseröffnung »2 aus ... Erfurt: Thomas Nicolai | Carsten Weitzmann«, Kasseler Kunstverein 2009 (Foto: Sven Heine)

Ausstellung »2 aus ... Dresden: Sebastian Hempel | Stefan Lenke«, Kasseler Kunstverein 2008 (Fotos: Stefan Daub)

Der Kasseler Kunstverein

»Das Verschwinden der Kunst wird auf unbestimmte Zeit verschoben.«

Der Kasseler Kunstverein, 1835 als einer der frühesten in Deutschland gegründet, ist mit seinen 500 Mitgliedern bis heute eine Bürgerinitiative. Er versteht sich als ein Forum für Gegenwartskunst, eine meist junge Kunst, die sich der gesellschaftlichen Wirklichkeit stellt und am aktuellen Kunstbegriff arbeitet. Ausstellungen und Veranstaltungen bieten die Möglichkeit, aktueller Kunst und künstlerischen Positionen zu begegnen, sich darüber auszutauschen und mit den Künstlern ins Gespräch zu kommen. Sitz des Kasseler Kunstvereins ist die Kunsthalle Fridericianum.

Ausstellungseröffnung »Prêt-à-porter«, Kasseler Kunstverein 2008 (Fotos: Stefan Daub)

»Schöne Bilder« nach dem »Geschmack« des Publikums zu zeigen ist nicht Ziel des Kasseler Kunstvereins. Vielmehr richtet sich die Auswahl und Abfolge der Ausstellungen nach der Neugier auf neue, aufregende und fragliche künstlerische Positionen. Maßstab ist eher die Gegensätzlichkeit der aufeinander folgenden künstlerischen Positionen und das produktive Unverständnis als das Mitmachen in der aktuellen Kunstmarktszene.

Viele, manchmal auch leise Ausstellungen des Kasseler Kunstvereins sind im besten Sinne anstößig gewesen

Die wechselvolle Geschichte des Vereins erzählt von republikanischen Auseinandersetzungen aufgeklärter Bürger in der Gründungszeit, vom Aufbau überregionaler und internationaler Kontakte und der Konkurrenz der regionalen Kunstszene, den Herbst- und später Frühjahrsausstellungen des ausgehenden 19. und des frühen 20. Jahrhunderts mit Künstlern wie beispielsweise Max Beckmann, Lovis Corinth oder Käthe Kollwitz, die bereits Mammutschauen im documenta-Format waren, vom kläglichen Niedergang in der Nazizeit und schließlich der Zerstörung des eigenen Hauses. Bereits 1948 neu gegründet, stützte der Kasseler Kunstverein die Rehabilitation der Moderne und wendete sich den turbulent entwickelnden neuen Avantgarden zu. Gleichzeitig sieht er sich der künstlerischen Entwicklung der Kunsthochschule Kassel verpflichtet, denn schließlich wurde er einmal von Lehrenden der Kunstakademie gegründet.

Viele, manchmal auch leise Ausstellungen des Kasseler Kunstvereins, wie die von Silvia Bächli (2000), sind im besten Sinne anstößig gewesen, von den Bildmotiven her: Marlene Dumas (1998), Anton Henning (1998), in dem Fokus auf ein Werk: Erste Retrospektive der Zeichnungen von Tony Oursler (1996/1997), der Komplexität der Installation: Claude Lévêque (1997), Daniel Spoerri (1998), Simone Westerwinter (1999), Franz Ackermann (1999), Aernout Mik (2000), Penny Yassour (2001) oder durch das auf die Spitze getriebene Thema: Surfing Systems (1996), solo mortale (2003/2004) und Poetische Positionen (2004, 2006, 2009).

Preisträgerausstellungen des Arnold-Bode-Preises der Stadt Kassel (Hans Schabus »Innere Sicherheit«, 2006), und Kooperationen (regelmäßig mit der Medienkunstausstellung »MONITORING« des Kasseler Dokumentarfilm- und Videofestes) ergänzen das Programm.

Bis auf Weiteres hält der Kasseler Kunstverein daran fest: »Das Verschwinden der Kunst wird aus gesellschaftlichen Gründen auf unbestimmte Zeit verschoben« (Ausstellung der Klasse von Urs Lüthi an der Kunsthochschule Kassel im Kasseler Kunstverein 1998).

PR-Beitrag von:
Kasseler Kunstverein
Fridericianum, Friedrichsplatz 18 · 34117 Kassel
Tel. (05 61) 77 11 69 · Fax (05 61) 77 94 21
info@kasselerkunstverein.de
www.kasselerkunstverein.de

(Alle Fotos: Nelli Stürmer, Kassel)

KORKFABRIK – Malerei Objekte Kurse Galerie Vorträge

Ein Ort für Kunst und Kultur im Vorderen Westen

Carmela Di Giacomo

Malerei und Performance

Carmela Di Giacomo, wohnhaft in Kassel und Apulien, verbindet in ihrer Malerei Gegensätzliches zu einer eindrücklichen, spannungsvollen, neuen Liaison.

In kreativer, zum Teil musikalischer Auseinandersetzung mit Farben, Linien und abstrakten Formen entwickelt sie ihre ganz eigenen, unverwechselbaren Farbdichtungen.

PR-Beitrag von:
Carmela Di Giacomo · Atelier Korkfabrik
Elfbuchenstraße 24/Hi-Haus · 34119 Kassel
Tel. (05 61) 28 607 77 · Mobil (01 76) 82 17 88 70
Ca.di.gi@web.de
www.di-giacomo.info · www.korkfabrik.de

Helmut Laurentius

Malerei/Skulptur/Installation

Helmut Laurentius arbeitet als Künstler und Kunsttherapeut.

Er gestaltet Fass- und Unfassbares in Farben und Formen.

PR-Beitrag von:
Helmut Laurentius · Atelier Korkfabrik
Elfbuchenstraße 24/Hi-Haus · 34119 Kassel
Tel. (05 61) 31 35 26
www.l-Artelier.de
www.korkfabrik.de

Brigitte Gryselka

Malerei, Plastik

Malerei zwischen Gegenständlichkeit und Abstraktion erzeugt mystisch-verrätselte Welten mit den Mitteln von Collage, Sand, Wachs, Pigmenten, Acryl und Ölfarben.

Kurse: Antike und neue Maltechniken wie Fassmalerei, Marmor, Stuccolustro, Encaustik und vieles mehr

Musterbeispiel

PR-Beitrag von:
Anna-Brigitte Gryselka · Atelier Korkfabrik
Elfbuchenstraße 24/Hi-Haus · 34119 Kassel
Tel. (05 61) 3 23 10 · Mobil (01 76) 20 18 12 75
b.gryselka@web.de
www.gryselka-art.de · www.korkfabrik.de

Jonathan Borofsky: »Man Walking to the Sky«, Vorplatz Kulturbahnhof

Thomas Schütte: »Die Fremden«. Portikus Modehaus Sinn Leffers am Friedrichsplatz

Spuren der documenta

Außenobjekte der Weltkunstausstellung im Kasseler Stadtgebiet

Seit ihren Anfängen hat die documenta konsequent auch den öffentlichen Stadtraum genutzt. Verstärkt ab der documenta 6 im Jahr 1977 haben – in Abhängigkeit von den jeweiligen Ausstellungskonzepten – Künstlerinnen und Künstler mit Objekten oder Installationen in das städtische Umfeld kommentierend oder intervenierend eingegriffen. Da es aber zum Prinzip der Ausstellungsreihe gehört, jedes Mal alle Spuren im Stadtgebiet hinter sich zu verwischen, konnten im Laufe der Institutionsgeschichte lediglich 13 künstlerische Maßnahmen von sehr unterschiedlicher Größe und Aussage an ihren Standorten im urbanen Raum gesichert werden. Als Schenkungen beziehungsweise Erwerbungen aus documenta 6, 7, 9 und 10 geht ihr Verbleib auf das Engagement der documenta-Künstler, aber auch der Kasseler Bürgerinnen, Bürger und Institutionen zurück.

Die Kunstwerke und ihre Standorte:

Walter De Maria: »Der Vertikale Erdkilometer«. documenta 6, 1977. Messing. Länge ein Kilometer, Durchmesser zwei Zoll; Einfassung: Sandstein 200 x 200 Zentimeter. Friedrichsplatz.

Haus-Rucker-Co: »Rahmenbau«, An der Gustav-Mahler-Treppe, Schöne Aussicht

Horst H. Baumann: »LASERSCAPE KASSEL«. documenta 6, 1977. Zwehrenturm – Hessisches Landesmuseum – Herkules – Orangerie – Karlsaue.

Haus-Rucker-Co: »Rahmenbau«. documenta 6, 1977. Stahl, Stahlgitter. 14 x 16,5 x 31 Meter. Schöne Aussicht, Gustav-Mahler-Treppe.

Claes Oldenburg: »Spitzhacke«. documenta 7, 1982. Stahl. Höhe 12 Meter. Fulda-Ufer.

Ulrich Rückriem: »Ein Granitblock 330 x 180 x 100 Zentimeter in drei Teile gespalten. Der mittlere Teil ist in vier Teile geschnitten. Alle Teile wurden zur ursprünglichen Blockform zusammengefügt. Der untere Teil als Fundament in die Erde eingelassen«. documenta 7, 1982. Museumslandschaft Hessen Kassel, Neue Galerie, Freigelände.

Joseph Beuys: »7000 Eichen – Stadtverwaldung statt Stadtverwaltung«. documenta 7 bis documenta 8, 1982 bis 1987. 7000 Bäume und 7000 Steine. Stadtgebiet.

Jonathan Borofsky: »Man Walking to the Sky«. documenta 9, 1992. Stahl, Fiberglas, Aluminium. Höhe circa 25 Meter. Kulturbahnhof, Vorplatz.

Thomas Schütte: »Die Fremden«. documenta 9, 1992. Keramik, glasiert. Lebensgröße. Portikus Modehaus SinnLeffers (ehemals Rotes Palais), Friedrichsplatz.

Max Neuhaus: »Three to One«. documenta 9, 1992. Klanginstallation. AOK-Gebäude, Treppenhaus, Friedrichsplatz.

Per Kirkeby: »Raumskulptur«. documenta 9, 1992. Ziegelmauerwerk. 875 x 1074 x 399 Zentimeter. Du-Ry-Straße/An der Karlsaue.

Per Kirkeby: »Raumskulptur«, Du-Ry-Straße/An der Karlsaue

Anatol: »Das Traumschiff Tante Olga«. documenta 6, 1977. Polyester. Höhe circa drei Meter. Heinrich-Schütz-Schule, Freiherr-vom-Stein-Straße, Freigelände.

Jimmie Durham: Ohne Titel. documenta 9, 1992. Sandstein, zwei Teile. Je circa 50 x 50 x 50 Zentimeter. Karlsaue, Gustav-Mahler Treppe.

Lois Weinberger: »Das über die Pflanzen / ist eins mit ihnen«. documenta 10, 1997. Bahngleis, Bepflanzung mit heimischer Vegetation und Neophyten. Länge circa 100 Meter. Kulturbahnhof, Gleis 1.

Die documenta-Kunstwerke sind öffentlich zugänglich und mit Ausnahme von Horst H. Baumanns »LASERSCAPE KASSEL« ganzjährig zu besichtigen.

Dr. Harald Kimpel

Im Enchilada treffen sich die Schönen der Nacht

Mitten in der City, Neue Fahrt/Ecke Opernstraße, liegt das Trendlokal Enchilada. Es vereint in seinem ästhetischen, mexikanischen Ambiente nicht nur Restaurant und Bistro, sondern auch, selbst bei vollem Haus, ein echtes Bar-Flair. Der perfekte Service bietet neben der sehr umfangreichen Speisekarte mit »Especialidades Mexicanas«, leckeren Köstlichkeiten aus der mexikanischen Küche, auch über 100 verschiedene, exotische Cocktailspezialitäten. Ganz auf die Wünsche der Gäste ausgerichtet, zaubern die erfahrenen Barkeeper immer wieder gerne ein ganz besonderes Geschmackserlebnis. Da fällt die Entscheidung nicht leicht.

Täglich von 18 bis 20 Uhr herrscht Happy Hour: alle Cocktails zum halben Preis. Ab 23 Uhr beginnt die Enchilada-Hour, bei der alle Margeritas zum halben Preis und die Jumbo-Cocktails für 5 Euro zu haben sind. Jeden ersten Donnerstag im Monat ist Raggae-Night angesagt, ebenfalls mit Special-Cocktail-Angeboten. Im Enchilada treffen sich die Schönen der Nacht aller Altersgruppen. Die gute Laune der Gäste liegt offensichtlich am Wohlfühl-Ambiente des Trendlokals. Kommen, sehen und es ganz einfach erleben.

Öffnungszeit: täglich ab 17 Uhr

PR-Beitrag von:
Enchilada
restaurant y bar mexicano
Opernstraße 9 · 34117 Kassel
Tel. (05 61) 7 03 37 91 · www.enchilada.de

Freude am Kreativen

Das Kaleidoskop der Malerin Christa Purschke

Im Jahr 2000 eröffnete die Malerin Christa Purschke das Kaleidoskop im Kasseler Stadtteil Harleshausen. In einem liebevoll restaurierten Fachwerkhaus befinden sich heute das Atelier von Christa Purschke und die von ihr geleitete Malschule für experimentelles und gegenständliches Malen und Zeichnen. In kleinen Gruppen, in denen Anfänger und Fortgeschrittene je nach ihren Fähigkeiten malen, wird die Freude am kreativen Arbeiten geweckt. Die Ergebnisse der Kurse werden regelmäßig in einer gemeinschaftlichen Ausstellung der Öffentlichkeit vorgestellt.

(Alle Fotos: Jürgen Purschke, Kassel)

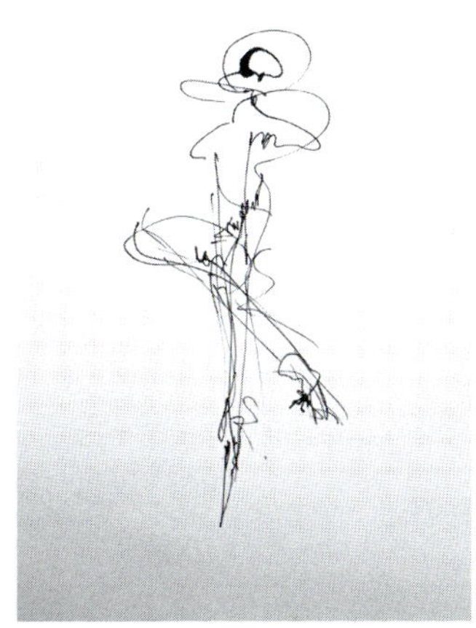

»Tango«

Miniatur aus Blattgold und Blattsilber

Seit 2005 gibt es auch eine Galerie im Kaleidoskop, in der wechselnde Ausstellungen und Lesungen stattfinden. Abgerundet wird das Angebot durch einen kleinen Laden mit einem attraktiven Angebot an ausgewähltem Schmuck, Uhren, Mineralien und Kunsthandwerk.

Die künstlerische Laufbahn von Christa Purschke begann 1992. Studienreisen führten sie nach Island, Griechenland, in die Provence, die Toskana, nach Usbekistan und Istanbul. Ihre Werke waren in zahlreichen Einzel- und Gruppenausstellungen zu sehen und können auch im Kaleidoskop besichtigt werden. Christa Purschke hat sich nicht nur als Malerin einen Namen gemacht, sondern auch als Autorin. So veröffentlichte sie Lyrik, Prosatexte und ein Kinderbuch.

Öffnungszeiten: Dienstag bis Freitag 15 bis 19 Uhr, Samstag 10 bis 12 Uhr

PR-Beitrag von:
Kaleidoskop · Malschule & Galerie
Karlshafener Straße 13 · 34128 Kassel
Tel. (05 61) 31 44 21
info@chr-purschke-art.de
www.chr-purschke-art.de

Das documenta Archiv

Gedächtnis der Weltkunstausstellung und Forschungsstelle für internationale Kunst

Das documenta Archiv ist eine wissenschaftliche Einrichtung der Stadt Kassel und besteht heute aus einer Spezialbibliothek zur Gegenwartskunst, einer breit gefächerten Presse- und Aktendokumentation und einem großen Medienarchiv. Es wurde 1961 aufgrund einer Initiative von Arnold Bode zur Archivierung und Präsentation der documenta-Geschichte gegründet. Neben dieser zentralen Aufgabenstellung war von Anfang an die Erweiterung des Archivs zu einer Forschungsstelle für die internationale Kunst des 20. und 21. Jahrhunderts vorgesehen.

Die Bibliothek des documenta Archivs ist mit ihrem derzeitigen Bestand von rund 90 000 Büchern, Katalogen und internationalen Kunstzeitschriften (circa 150 Titel) eine der umfangreichsten Spezialbibliotheken für die aktuellste Kunst in Deutschland. Mit einer Sammlung von etwa 150 000 Einladungskarten und sonstigen Kleinschriften besitzt das Archiv zusätzlich seltene Forschungsmaterialien, die den gewohnten Sammlungsbestand einer Bibliothek weit übertreffen.

Reichhaltiges Material zum Studium des Ausstellungswesens nach 1945

Eine Besonderheit ist der umfassende Bestand an Zeitungsausschnitten mit Fokus auf speziellen Presseinformationen zur documenta, beziehungsweise zu Gegenwartskünstlern. Diese beinahe 50 Jahre umfassende Pressesammlung ist ein einzigartiges Zeugnis der sich im Laufe der Zeit wandelnden Kunstkritik.

Die grundlegende Aufgabe des Archivs ist die Akten- und Materialdokumentation der kuratorischen Arbeit der documenta. Hierzu gehört der Schriftverkehr zwischen allen an der Vorbereitung und Durchführung der Ausstellung beteiligten Personen und Institutionen, insbesondere auch der Künstler und Kunstkritiker. Diese Archivalien, die auch Ausstellungskonzepte, Rechnungsführungen und Pläne beinhalten, bieten reichhaltiges Material zum Studium des Ausstellungswesens nach 1945.

Im Medienarchiv sind etwa 30 000 Dias und Fotos, vornehmlich von Werken und Aktionen von Künstlern der documenta 1 bis 12 sowie Aufnahmen von Außen- und Innenrauminszenierungen zu finden. Hier können auch 3000 Videomitschnitte mit dem Schwerpunkt allgemeine Berichte über die documenta, Reportagen über Kunstaktionen, Künstlerporträts und Kunstvideos eingesehen werden.

Nachlässe des documenta-Gründers Arnold Bode

Eine wertvolle Ergänzung des Gesamtbestandes bilden die Nachlässe des documenta-Gründers Arnold Bode und des Kasseler documenta-Künstlers Harry Kramer sowie die Werke der Arnold-Bode-Stiftung, die 120 Originale von documenta-Künstlern sowie Graphiken und Gemälde von Arnold Bode umfasst. Parallel zu seiner Sammlungstätigkeit erarbeitet das documenta Archiv dokumentarische Ausstellungen und Publikationen, die in einer eigenen Schriftenreihe erscheinen. Durch ein aufwändiges, von der Deutschen Forschungsgemeinschaft finanziertes Digitalisierungsprojekt ist seit Juni 2009 in einem Mediencluster der online-Zugang in den Bibliotheksbestand und damit vernetzt in die Bild-, Video- und Pressesammlung möglich (www.mediencluster-documenta.de).

Mittelformat Dias im Medienarchiv.

Blick in das documenta Archiv, Kassel, Untere Karlsstraße 4

Fundgrube nicht nur für Kunsthistoriker: die Akten- und Materialdokumentation der kuratorischen Arbeit

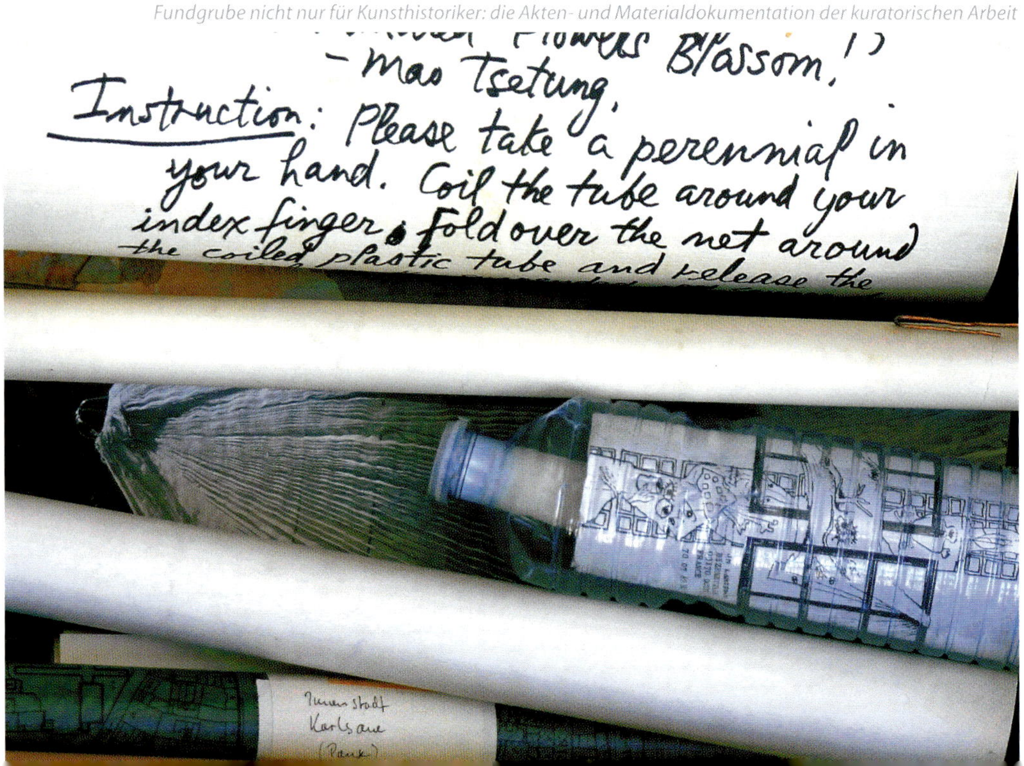

cassel creative competence ev – Verband kreativer Berufe Nordhessen

Das Netzwerk der Kreativen

»Kreativ zu sein, bedeutet, produktiv gegen Regeln zu denken«, heißt es auf der Website des cassel creative competence ev (cccev). Und produktiv gegen Regeln gedacht wird in der Region in zahlreichen Berufsfeldern. Vom Architekturbüro über die komplette Werbebranche bis zum Designer reicht die Klientel des cccev. Rund 150 regional, national und international tätige Mitglieder zählt der deutschlandweit wohl einzigartige Verein.

Der selbsternannte Verband für kreative Berufe Nordhessen hat es sich zur Aufgabe gemacht, die professionell tätigen Kreativen der Region zu vernetzen und sich für ihre Interessen einzusetzen. Kreative Lobbyarbeit lautet die Devise. Der Austausch mit anderen Organisationen und Institutionen ist nur ein Teil davon.

Das übergeordnete Ziel: Angebot und Nachfrage kreativer Leistungen bedarfsgerecht zusammenzuführen. Das Augenmerk liegt entsprechend darauf, Synergien unter den Mitgliedern zu fördern, Aufträge in der Region zu binden und Kunden von außerhalb zu gewinnen.

Kreativität trifft Wirtschaft

Knotenpunkt der Kommunikation ist die Website des Vereins und dort insbesondere die Kreativdatenbank. Hier sind alle Mitglieder fein säuberlich nach ihren Tätigkeitsbereichen gelistet. Sie können ihr Profil darstellen, Arbeitsproben präsentieren und auf ihre eigenen Websites verlinken. Das ist effektive Eigenwerbung. Denn: Potentielle Auftraggeber nutzen das Angebot, um benötigte Dienstleister komfortabel zu finden, schnell miteinander zu vergleichen – und direkt zu kontaktieren.

Auf andere Weise rücken die Kreativtage des cccev den Kreativstandort Nordhessen ins Bewusstsein – bei kleinen und mittleren Unternehmen ebenso wie bei Entscheidern großer Unternehmen. Alle ein bis zwei Jahre bietet dieser Kongress Ausstellungen und Vorträge zu Teilbereichen der Kreativszene wie etwa Fotografie oder Architektur. Den persönlichen Austausch inklusive praxisbezogener Kurzberatungen nutzen Auftraggeber ebenso wie Nachwuchskräfte der Kreativszene.

Aktivitäten in allen Facetten

Der cccev ist darüber hinaus in vielerlei Hinsicht aktiv. So gestalten Mitglieder oder externe Gastreferenten Offstage-Veranstaltungen zu Fachthemen. Unter dem Motto »Hausbesuche« eröffnen einzelne Mitglieder immer mal wieder einen authentischen Blick hinter die Kulissen Ihre Agenturen, Büros und Galerien. Und über Wanderausstellungen, Anzeigen und PR-Beiträge wirbt der Verband regional wie überregional für sich, seine Mitglieder sowie die kreative Hochburg Hessen Kassel. Um nur einige Beispiele zu nennen.

Alle Aktivitäten vermitteln eine bei der Verbandsarbeit ungewohnte Lockerheit: Dem cassel creative competence ev gelingt es tatsächlich, seine Ziele zu verfolgen, indem er Regeln bricht, ohne sie zu verletzen.

PR-Beitrag von:
ccc – cassel creative competence ev · Wolfsschlucht 18 A · 34117 Kassel
Tel. (05 61) 50 61 22 80 · Fax (05 61) 31 67 94 22
info@cccev.de · www.cccev.de

Kostenloser Service für Mitglieder: Offstage-Veranstaltungen zu allen erdenklichen kreativen Themen (Foto: Michael Rechl, Kassel)

Ausstellung, Kongress und Kontaktbörse: die Kreativtage des cccev bringen Angebot und Nachfrage zusammen. (Foto: Michael Rechl, Kassel)

Der ehrenamtliche Vorstand des ccc ev will die Kreativen vernetzen und das kreative Potential der Region transparent machen. Von links: Achim H. Unger, Michael Rechl, Andreas Wiege

Sulperknochen, Duckefett & Co.

Traditionsreiche Kasseler Hausmannskost

Die Einwohner Kassels sind von jeher Feinschmecker. Exquisite Fleisch- und Wurstwaren haben es ihnen besonders angetan. So durften schon um 1900 »Sulperknochen mit Sauerkraut« auf keiner Speisekarte fehlen. Diese deftige Spezialität besteht aus eingesalzenen Schweinefüßen, -ohren und -schnauzen. Das Weckewerk aus gekochten Schwarten, Hackfleisch und Fleischbrühe und das Duckefett, eine Sauce aus Speck, Zwiebeln und Schmand (saure Sahne), gehören noch heute zur Kasseler Hausmannskost. Die genauen Rezepturen sind streng gehütete Geheimnisse.
Neben der gut abgehangenen »Ahlen Worschd« (Alte Wurst), eine Rohwurst aus durchgedrehtem Schweinefleisch und Speck kommt auch die »angereichelte (leicht geräucherte) Bradworschd« regelmäßig auf den Tisch. Leider fast in Vergessenheit geraten ist die Kasseler Weißwurst, der zur Verfeinerung schon mal eine gute Portion »Schbannschlauch« (Porree) zugesetzt wurde. Wer Lust auf ein »Schmeggewöhlerchen« (Appetithappen) verspürt, geht zum Hausmetzger und ersteht eine »Musdenwegge«, ein Hackfleischbrötchen, früher wurde es zur besseren Handhabung in ein »Worschdeblatt« eingewickelt, wie die Kasseler Tageszeitung von Einheimischen liebevoll genannt wurde.

Die Schbannschlauchbiedel aus Wolfsanger

»Wagenrungen«, »Ossen«, »Schbannschlauchbiedel«, die Kasseläner (Bezeichnung für Bürger, die in Kassel geboren, aufgewachsen und immer noch ansässig sind) kennen viele Kosenamen für die Einwohner ihrer Stadtteile. Die Herkunft der Bezeichnung »Schbannschlauchbiedel« für die Bewohner von Wolfsanger gibt nicht nur Ortsfremden Rätsel auf. Eines ist aber sicher, mit »Schbannschlauch« bezeichnet man dort keinen gespannten Schlauch, sondern den Lauch, auch Porree genannt.
Ob mit »Biedel« (Beutel) die Behältnisse der Bauersfrauen gemeint waren, die darin das damals kostbare Gemüse zu Markte trugen, oder die Bewohner selbst, die sich überwiegend von Lauch ernährt haben sollen, ist unbekannt.
Die Fuldaauen bei Wolfsanger sind als besonders fruchtbar bekannt und seit alter Zeit Anbaugebiet für Gemüse. Noch heute wird hier Lauch angebaut. Wegen seiner südlichen Abstammung wurde der Lauch hierzulande auch »Spanischer Lauch« genannt, womit man der Lösung des »Schbannschlauch«-Geheimnisses näher kommt, denn die sprachliche Verwandtschaft zum »Spanischen Lauch« ist unverkennbar.

Die »Ahle Worschd« ist das Beste, was Nordhessen kulinarisch zu bieten hat.

Wolfsanger ist Kassels Hauptanbaugebiet für »Schbannschlauch«.

»Sulperknochen« sind eine rustikale Leckerei und machen richtig satt.

Ein märchenhaftes Mahl: Illustration zu »Tischlein deck dich« aus einem alten Märchenbuch

»Schokolade, wie ich sie auf dem Hermannchen seiner Taufe gekocht habe...«: aus einer solchen Biedermeier-Tasse hat sie sicher köstlich geschmeckt.

Wie es heißt, war der in Wolfsanger angebaute Lauch schon immer länger und dicker, als der in anderen Gegenden angebaute. Vielleicht zogen die Lauchanbauer aus Wolfsanger den Neid anderer Gärtner aus Kassel auf sich und kamen so zu ihrem Spitznamen, der bis heute gültig ist.

Entenbürzel und Schneckenkuchen – Gaumenkitzel im Hause Grimm

»Nimm Hühner, denselben schneide den Hals ab, vierteile sie und siede sie in Butter, hernach Morcheln, Champignon, Ochsengaumen, Gänseleber, Entenbürzel und Kälberhirn. Hernach macht man Klößchen. Damit werden Krebsnasen gefüllt und in Wasser abgekocht, wie auch gesottene Krebse und Laubfrösche dazu kommen.« Was heute nach Hexenzauber klingt, war ein beliebter Gaumenkitzel auf der gutbürgerlichen Kasseler Tafel im frühen 19. Jahrhundert. Die deftige Speise trug den Namen »Eine krachende Alapoterie Pastete« und ist verzeichnet im Rezeptbuch der Dorothea Grimm, genannt »Dortchen«. Die Tochter des Kasseler Apothekers Wild hatte 1825 den neun Jahre älteren Wilhelm Grimm geheiratet und führte seither den Haushalt der Brüder Grimm. Nicht nur Wilhelm und Jacob, auch der »Malerbruder« Ludwig Emil und die beiden unbekannten Brüder Carl und Ferdinand ließen es sich oft bei ihr schmecken. Nach dem frühen Tod der Grimm-Mutter Dorothea hatte die erst 15 Jahre alte Schwester Lotte den Haushalt geführt. Nach ihrer Heirat mit Ludwig Hassenpflug lebten die Brüder vollends in einem »halbstudentischen Haushalt«, wie Jacob es ausdrückte. Eine Hausfrau musste also dringend her. Da Bruder Jacob dem weiblichen Geschlecht gegenüber eher abgeneigt war, oblag es Wilhelm für einen Haushaltsvorstand zu sorgen. Seine Wahl fiel auf Dorothea Wild. Sie trug nicht nur den Namen der geliebten Mutter, sie war auch seine »älteste und liebste Freundin«, wie er in einem Brief schrieb.

Nach dem frühen Tod der Mutter übernahm die 15-jährige Lotte die Küche der Grimms. Grabstein der Grimm-Mutter auf dem »Totenhof«.

»Eine Milch so sehr kühlet und erfrischet aus der Mutter Kochbuch«

Außer ihrem Rezeptbuch und einigen Briefen hat Dorothea Wild kaum etwas hinterlassen. »Kunst und Mirakelbuch, Marburg 1810« steht auf dem Vorsatzblatt der beiden Heftchen, in die sie zahlreiche Rezepte von ihrer Mutter, Großmutter und von namentlich genannten Damen der Kasseler Gesellschaft eintrug. So wurde ihr das Rezept für »Ein Fleischkloß« von »Fr. v. Malsburg auf der Straße beschieden den 17. Dezember 1829«. Manches fand sie auch in den Taschen der Brüder, wie das Rezept für »Schneckenkuchen aus dem Jacob Grimm seiner Brieftasche abgeschrieben Sonntag, d. 6. Februar 1825«. Seltsame Gerichte wie Leberkuchen, Nudelpudding, oder Salami von Feldhühnern verlocken ebenso zum Nachkochen wie die »Schokolade, wie ich sie auf dem Hermannchen seiner Taufe gekocht habe den 27. Januar 1828« oder »Eine Milch so sehr kühlet und erfrischet aus der Mutter Kochbuch«. Die Milch bereitete sie mit Rosenwasser, Eischnee, Zucker und Zitrone zu und servierte sie als ein »dünn Breilein«. Kein Wunder, dass Gatte Wilhelm angesichts solch märchenhafter Speisen nicht müde wurde »Gott für das Glück und Segensreiche dieser Ehe« zu danken. Die gute Dorothea überlebte alle sechs Grimm-Geschwister und starb 1867 hoch betagt in Eisenach.

International orientiert – regional zu Hause

Universität Kassel baut Nordhessen als Forschungsstandort aus

International orientiert und regional zuhause versteht sich die Universität Kassel. Sie arbeitet eng mit Partnern aus Gesellschaft und Wirtschaft, Kultur und Wissenschaft in Nordhessen zusammen. Mit etwa 3400 Beschäftigten ist die Kasseler Uni einer der großen Arbeitgeber in der Region, ein Haushaltsvolumen von rund 200 Millionen Euro inklusive 32 Millionen Drittmittel fließen allein durch die Universität selbst in die Region. Dazu kommen die Ausgaben für Lebenshaltung der rund 20 000 Studentinnen und Studenten, der Haushalt des Studentenwerks Kassel und anderes mehr. Über 2000 internationale Studierende aus 120 Ländern und zahlreiche namhafte internationale Universitätskooperationen bereichern Stadt und Region Kassel und verknüpfen die Universität Kassel und ihr Umfeld weltweit.

Vielfältiges Lernen

An der Universität Kassel gibt es 13 Fachbereiche, darunter die Kunsthochschule Kassel, die ein breites Spektrum an Studien- und Weiterbildungsmöglichkeiten bieten. Rund 300 Professoren bringen ihre Fachkompetenz in Forschung und Lehre ein. Das Fächerspektrum der Hochschule reicht von den Agrarwissenschaften über die Lehrerbildung, die Natur- und Technikwissenschaften bis zu den Geistes- und Sozialwissenschaften und den gestalterischen Angeboten der Kunsthochschule Kassel. Mehr als 50 000 Absolventinnen und Absolventen haben die Universität mit ihrem Studienabschluss verlassen und wirken heute in ihrem beruflichen Umfeld in der Region und weltweit. Zahlreiche Unternehmen in Kassel und Umgebung wurden von Absolventinnen und Absolventen der Universität gegründet. Die Beiträge der Universität sind in vieler Hinsicht gefragt und allerorten sichtbar – etwa in der Verkehrsplanung oder Architektur, in der Unterrichts- und Schulforschung, der Umweltpädagogik oder als kultureller Initialzünder. Auch der Landkreis Kassel ist mittlerweile Heimat für universitäre Institutionen geworden: Zum Beispiel mit der Hessischen Staatsdomäne Frankenhausen und dem Technologiezentrum METAKUS.

Fast 20 000 Studierende lernen an der Universität Kassel.

Der Bibliotheksvorplatz der Universität Kassel auf dem Campus am Holländischen Platz

Betrieb für ökologische Landwirtschaft

Die Hessische Staatsdomäne wurde 1998 von der Universität Kassel gepachtet und als Lehr-, Versuchs- und Transferzentrum für Ökologische Landwirtschaft und nachhaltige Regionalentwicklung aufgebaut. Der 320 Hektar große, zwischen Kassel und Hofgeismar gelegene Betrieb wird seitdem nach den Richtlinien des Ökologischen Landbaus bewirtschaftet. Die Förderung und Weiterentwicklung des Ökologischen Landbaus und die Schaffung von Arbeitsplätzen im landwirtschaftlichen und sozialen Bereich sind zentrale Anliegen des Projektes. Die Domäne stellt als »gläserner« Betrieb ein Modell für ökologisch, ökonomisch und sozial nachhaltiges Wirtschaften in der Region dar. Dabei wird sie in die universitäre Forschung und Lehre eingebunden und gleichzeitig der interessierten Öffentlichkeit zugänglich gemacht.

Im Inneren der Universitätsbibliothek

METAKUS in Baunatal

Mit METAKUS entstand im »Linnfeld« in Baunatal, in der Nähe zum VW-Werk Kassel, ein international operierendes Technologiezentrum mit regionalem Bezug: Durch METAKUS soll Nordhessens Position als einer der international schlagkräftigsten Forschungsstandorte in der Metallformgebung weiter ausgebaut werden. Das Anwendungszentrum METAKUS entstand im Jahr 2008 als Einrichtung der UniKasselTransfer. Es wurde auf einem von der Stadt Baunatal zur Verfügung gestellten Grundstück gebaut und entstand aus einer Gemeinschaftsinitiative namhafter Unternehmen aus Mittelstand und Industrie, der Universität Kassel sowie regional- und landespolitischer Institutionen des Bundeslandes Hessen. Im Zentrum der Tätigkeiten steht die Entwicklung und Optimierung neuartiger thermo-mechanisch gekoppelter Prozessvarianten. Ziel von METAKUS ist, Metall verarbeitende Unternehmen in ihrer Wettbewerbsfähigkeit auf globalen Märkten durch innovative Produkte und Fertigungsprozesse zu stärken. Ein Team von Ingenieuren, Technikern, Elektronikern, Informatikern und Wirtschaftswissenschaftlern wirkt als Schnittstelle zwischen Wissenschaft und Wirtschaft.

Schwerpunkt Umweltforschung

Angewandte Forschung findet auch im CliMA, Kompetenzzentrum for Climate Change Mitigation and Adaptation, statt: Das erste Kompetenzzentrum für Klimaschutz und Klimaanpassung in Deutschland hat die Universität Kassel jetzt eröffnet. Entsprechend ihrer hohen Umweltkompetenz betreibt die Universität Kassel seit vielen Jahren Forschung zum Schutz des Klimas und zur Anpassung an Folgen des Klimawandels. So werden derzeit über 70 Forschungsprojekte der Universität Kassel mit Klimaschwerpunkt oder Klimabezug und bewilligten Drittmitteln von rund 18,5 Millionen Euro sowie acht weitere Projekte in Zusammenarbeit mit dem Fraunhofer-Institut für Windenergie und Energiesystemtechnik, dem Zentrum für Umweltbewusstes Bauen sowie dem Umweltforschungszentrum Leipzig-Halle GmbH bearbeitet.

Solarenergie als Technologie der Zukunft: Kasseler Studenten entwerfen Minisolarmobil.

Die Kunsthochschule bildet in den Studiengängen Bildende Kunst, Kunstpädagogik, Kunstwissenschaft, Produktdesign und Visuelle Kommunikation aus.

UNI KASSEL VERSITÄT

PR-Beitrag von:
Universität Kassel
Mönchebergstraße 19 · 34109 Kassel
Tel. (05 61) 80 40 · Fax (05 61) 8 04 23 30
poststelle@uni-kassel.de · www.uni-kassel.de

Gringos, Nachos, gute Laune – das El Sol in Kassel

Im Dezember 1997 eröffnete das El Sol als erstes »Tex-Mex«-Restaurant in Kassel seine Pforten.
Die mexikanische Küche ist geprägt von indianischen Kulturen Mittelamerikas und den Einflüssen der spanischen Eroberer. Als Grundlagen dienen Weizen- oder Maismehlfladen, die als Enchiladas, Tostadas, Tacos oder Nachos in unzähligen Variationen auftreten. Neben den mexikanischen Speisen überrascht das El Sol vor allem mit einer Auswahl von über 100 verschiedenen Cocktails. Von »Acapulco« bis »Zombie« sind der Fantasie und dem Geschmack keine Grenzen gesetzt.
Die farbenprächtige Inneneinrichtung des El Sol erinnert an einen vom Dschungel überwucherten Palast. Mit der Theke und der Bar im Mittelpunkt wird dem Gast die Möglichkeit geboten, bei der Zubereitung der Cocktails zuzuschauen. Raucher bekommen keine kalten Füße, da das El Sol über eine gemütliche Raucherlounge verfügt sowie über drei abgetrennte Räumlichkeiten, die jeweils Plätze für 70 Personen bieten. Ein besonderes Highlight ist der Biergarten für circa 150 Personen. Das El Sol bietet auch die Möglichkeit, Räume zu mieten – ganz gleich ob für Tagungen, Seminare, Besprechungen, einen Junggesellenabschied, Geburtstag oder eine Konfirmation.
Neuerdings bietet das El Sol Kassel zusätzlich sein erfahrenes Personal für private Veranstaltungen an. Dieses Angebot richtet sich an Interessierte, die zwar Räumlichkeiten besitzen, aber keinen Catering-Service haben.
Alles in allem ist das El Sol Kassel eine Lokalität für Jung und Alt. Keiner kommt bei dieser Auswahl an köstlichen Spezialitäten und besonderen Serviceleistungen zu kurz.

E.ON Mitte – »Landwerk« für über 200 Kommunen

Unter dem Motto »Wir verbinden Menschen mit Energie« sorgt die E.ON Mitte AG mit Sitz in Kassel seit acht Jahrzehnten für die sichere und zuverlässige Energieversorgung von rund 1,5 Millionen Menschen im Herzen Deutschlands.
Das E.ON Mitte-Netzgebiet erstreckt sich über weite Teile Hessens sowie über Südniedersachsen und Teile von Ostwestfalen und Westthüringen. Zu den Aktionären des Unternehmens zählen zwölf Landkreise innerhalb dieses Gebiets, die Göttinger Sport und Freizeit GmbH & Co. KG sowie die E.ON Energie AG.

Vor über 80 Jahren begannen die Pioniere von E.ON Mitte das Energienetz in der Region aufzubauen. Diese Erfahrung ist heute eine wichtige Basis, um die Herausforderungen eines intelligenten Netzbetriebes zu bewältigen.

Gegründet am 6. September 1929, hat das Unternehmen in partnerschaftlicher Zusammenarbeit mit den Landkreisen und Kommunen seitdem die Strom- und Erdgasversorgung in der Region auf- und ausgebaut. Bis heute sorgt E.ON Mitte mit hohen Investitionen in ihre Netze dafür, dass die Menschen sicher mit Energie verbunden werden.
Um eine stets zuverlässige Energieversorgung gewährleisten zu können, sind hochqualifizierte Mitarbeiterinnen und Mitarbeiter rund um die Uhr im Einsatz: E.ON Mitte beschäftigt über 1000 Mitarbeiter. Die Ausbildung des eigenen Nachwuchses nimmt traditionell einen hohen Stellenwert bei E.ON Mitte ein. Über 2000 junge Menschen wurden seit Gründung des Unternehmens in der Region ausgebildet
Unmittelbar beziehungsweise mittelbar sind über 200 Stadt- und Landgemeinden in das Netz von E.ON Mitte eingebunden. Das Stromnetz ist 44 000 Kilometer lang, das Erdgas-Leitungsnetz hat eine Länge von 4700 Kilometer. Unter dem Motto »Wir verbinden Menschen mit Energie« sorgt die E.ON Mitte AG mit Sitz Vertriebsgesellschaft der E.ON Mitte AG ist seit September 2008 die E.ON Mitte Vertrieb GmbH.

Die zentrale Leitstelle von E.ON Mitte ist 24 Stunden am Tag im Schichtbetrieb besetzt.

Die Kasseler Markthalle – eine der schönsten Markthallen Deutschlands

Über 70 Marktbeschicker und ein riesiges Angebot

Im Zentrum der Altstadt, zwischen Königsplatz und Fulda liegt, eingehüllt in die dicken Mauern des historischen Marstalls, Kassels zentraler Wochenmarkt. Über 70 Marktbeschicker, aus allen Teilen Nordhessens, Südniedersachsens, Thüringens und Ostwestfalens, machen sich drei Mal wöchentlich auf den Weg, um hier ihre Waren feil zu bieten. Seit mehr als 40 Jahren bieten die Bauern, Gärtner, Bäcker, Metzger, Obst- und Gemüse-, Fisch-, Käse-, Wein und Gewürzhändler auf zwei Etagen und einer großzügigen Freifläche Woche für Woche ihre zumeist selbst hergestellten Produkte an. Das Angebot und die Auswahl in der Markthalle sind riesengroß und vielfältig und umfassen nahezu das gesamte Frischesortiment, das hier in einer besonderen Qualität und zu fairen Preisen angeboten wird.

Die ganze Markthalle ist erfüllt von einer bunt leuchtenden Farbenpracht und feinen Düften

Wer die Markthalle zum ersten Mal betritt, wird überrascht sein von dem reichhaltigen und preiswerten Angebot von überwiegend regionalen Produkten. Die ganze Markthalle ist erfüllt von einer bunt leuchtenden Farbenpracht und feinen Düften, die einem schon beim Betreten genussvoll in die Nase steigen. Stand für Stand reihen sich die Fleischer im Untergeschoss auf eine Gesamtlänge von fast 100 Metern aneinander. Hier gibt es eine Auswahl an selbst hergestellten Fleisch- und Wurstwaren von Schwein, Rind, Kalb, Lamm, Geflügel oder Wild, wie man sie im Umkreis von mehr als 100 Kilometern nicht findet. Ein Dutzend Bäcker wetteifern darum, wer das leckerste Brot, den schönsten Kuchen oder die frischesten Brötchen hat und die mehr als zehn Obst- und Gemüsehändler in der Markthalle und auf der Freifläche versuchen sich dabei gegenseitig zu übertrumpfen, an welchem Stand es die süßesten Früchte und das knackigste Gemüse gibt. Groß ist auch die Auswahl an aromatischen Tees und exotischen Gewürzen, sowie an mediterranen Spezialitäten und Waren aus biologischer Erzeugung. Wer gerne Käse ist, findet aus einer Fülle von über 300 verschiedenen Käsesorten bestimmt auch seinen Lieblingskäse. Den dazu, oder zu anderen Gelegenheiten passenden Wein halten die Weinhändler für sie bereit.

Stand für Stand reihen sich die Fleischer auf eine Gesamtlänge von fast 100 Metern aneinander.

Auch auf der großzügigen Freifläche bieten Händler Woche für Woche ihre zumeist selbst hergestellten Produkte an.

Eingehüllt in die dicken Mauern des historischen Marstalls liegt Kassels zentraler Wochenmarkt.

Es gibt wohl nur wenige Markthallen in Deutschland an einem schöneren Ort

Die Gastronomiebetriebe in der Markthalle laden dazu ein, in einer Atmosphäre von Gelassenheit und Entspannung zu verweilen und das Markttreiben bei einer Tasse Kaffee, einem frisch gepressten Obstsaft, einem Glas Wein oder einem leckeren Imbiss, zu genießen.
Die Markthalle umgibt eine besondere Atmosphäre und wer das Flair dieses Ortes noch nicht geatmet hat, sollte sie unbedingt einmal besuchen. Es gibt wohl nur wenige Markthallen in Deutschland an einem stimmungsvolleren Ort und kaum ein Ort in dieser Stadt lädt mehr zum Verweilen und Genießen ein, wie die Kasseler Markthalle.
Öffnungszeiten: Donnerstag und Freitag von 7 bis 18 Uhr, Samstag von 7 bis 14 Uhr

Berufsköche des Kasseler Kochclubs schälen Spargel in der Markthalle.

An welchem Stand gibt es wohl die süßesten Früchte und das frischeste Gemüse?

PR-Beitrag von:
Markthalle Kassel GmbH
Wildemannsgasse 1 · 34117 Kassel
Tel. (05 61) 78 03 95 · Fax (05 61) 1 46 26
mail@markthallekassel.de
www.markthallekassel.de

Den Studenten steht eine Multifunktionswerkstatt zur Verfügung. (Alle Fotos: Barbara Eiffert)

Handwerklich technische Fertigkeiten im Einklang mit zeitgemäßer Formgebung verbessern die Bedingungen am Markt, Regalentwurf von M. Ruchhöft.

Gestalterische Kompetenz professionalisieren

Kasseler Werkakademie für Gestaltung bietet Weiterbildung für kreative Handwerker

Die 1990 gegründete Kasseler Werkakademie für Gestaltung ist eine in Hessen einzigartige Bildungseinrichtung des Handwerks. Ziel ist die Entwicklung gestalterischer Kompetenz für die handwerkliche Praxis. Formfindung, Farbe, plastisches Gestalten, Zeichnen, Kunst- und Kulturgeschichte, das sind die Hauptfächer des Studienangebotes. Handwerklich technische Fertigkeiten im Einklang mit zeitgemäßer Formgebung verbessern die Bedingungen am Markt. Verbunden mit betriebswirtschaftlichen Kenntnissen, die ebenso vermittelt werden, kann dies auch die Grundlage einer erfolgreichen Unternehmensführung sein.

Das Angebot der Werkakademie richtet sich an Gesellen und Meister gestaltender Gewerke. Die Studenten müssen gegenüber neuen Arbeitstechniken aufgeschlossen sein und die Fähigkeit zu kreativem und selbstbestimmtem Handeln mitbringen. Für zwei Jahre wird die gewohnte Arbeitsumgebung mit dem Lernen in einem angenehmen Umfeld getauscht. Die Studiengruppe setzt sich aus Teilnehmern unterschiedlicher Berufe zusammen. Gelernt wird nicht nur miteinander, sondern auch voneinander. Fachübergreifende Bezüge und der Blick über gewerkespezifische Grenzen sind selbstverständlich und gewollt.

Vielfältige Projektarbeiten stellen den Praxisbezug her und schulen das Einfühlungsvermögen in Kundenwünsche

Gestaltungskompetenz wird praxisorientiert vermittelt, von der Ideenfindung über Konzeption und Präsentation, bis hin zur Vermarktung. Dozentenbetreuter Unterricht ist kombiniert mit experimentellen Arbeiten in der Werkstatt. Den Studenten steht eine Multifunktionswerkstatt (Holz und Metall, Schweißplätze, Schmiede und Bildhaueratelier) zur Verfügung. Der EDV-Raum entspricht dem neuesten Stand der Technik.

Das Lehrsystem, das Grundlagen und Anwendungen in prozesshafter Weise verzahnt, führt über systematische Vorgehensweisen zu beispielhaften Ergebnissen und eine über den kurzfristigen Effekt hinausreichende Qualität.

In den Studienplan sind zahlreiche Exkursionen, Messe- und Museumsbesuche integriert. Zu Beginn des dritten Semesters findet eine längere Studienreise statt. Vielfältige Projektarbeiten stellen den Praxisbezug her und schulen das Einfühlungsvermögen in Kundenwünsche.

Neben der beruflichen Qualifizierung, die mit dem Titel »geprüfte/r Gestalter/-in im Handwerk« abgeschlossen wird, ist diese umfassende gestalterische Ausbildung auch ein Gewinn an persönlicher Allgemeinbildung. In jedem Jahr werden nur maximal 25 Studierende aufgenommen, diese werden sehr individuell betreut. Studienbeginn ist Oktober. Aus den unterschiedlichen Ansätzen der verschiedenen Berufe lässt sich hier, gemeinsam mit den Lehrenden, Elan schöpfen um Leidenschaft für gestalterisches Tun zu entwickeln und Begeisterung für die Suche nach neuen Wegen zu wecken.

Kasseler Werkakademie für Gestaltung

PR-Beitrag von:
Kasseler Werkakademie für Gestaltung
Falderbaumstraße 18 – 20 · 34123 Kassel
Tel. (05 61) 9 59 63 33 · Fax (05 61) 9 59 63 32
werkakademie@hwk-kassel.de
www.werkakademie-kassel.de

Für zwei Jahre wird die gewohnte Arbeitsumgebung mit dem Lernen in einem kreativen Umfeld getauscht.

Ein Zentrum für Kirche, Kunst und Kultur

Die Lutherkirche

Der Lutherkirchturm ist mit seinen 76 Metern Gesamthöhe das höchste Bauwerk Kassels. Wenn Besucher über 156 Stufen bis auf eine Höhe von 65 Metern hinaufgestiegen sind, bietet sich ihnen ein fantastischer Rundblick über die Stadt und das gesamte Kasseler Becken. Auch wenn der Turm vergleichsweise jung ist – er wurde 1897 gebaut – so symbolisiert er doch Bürgersinn und Bürgerstolz in der Stadt Kassel, der die alte Lutherkirche nach seinem Stifter Dr. Gottlieb Ferdinand Fiedler »zur Zierde gereichen« sollte. Historisch ist auch der alte Totenhof im Umfeld der Lutherkirche. Hier sind noch viele wertvolle Grabsteine von Kasseler Persönlichkeiten erhalten. Darunter auch Ehrengräber für Mitglieder der berühmten Familie Grimm und das Grabmal des letzten Hessischen Kurfürsten Friedrich Wilhelm I.

Moderne Gastronomie im alten Kirchturm

1943 wurde das Kirchenschiff, wie fast die gesamte Kasseler Altstadt, bei einem Bombenangriff zerstört. 1970 entstand ein moderner Kirchenbau neben dem alten Turm, der wie durch ein Wunder stehen geblieben war. Der Platz des zerstörten Schiffes blieb frei. Heute genießen hier die Gäste des Café Luther, das im Lutherkirchturm eingerichtet wurde, das besondere Ambiente und die Vorzüge moderner Gastronomie. Der Café-Betrieb ist eine gemeinnützige, diakonisch geprägte Einrichtung, mit der behinderte Menschen in den ersten Arbeitsmarkt integriert werden. Regelmäßig veranstaltet der Förderverein Lutherkirchturm e V. Turmbesteigungen und Turmführungen sowie gelegentliche Kunstaustellungen.

Der alte Totenhof im Umfeld der Lutherkirche mit vielen Ehrengräbern: Grabstelle der Elisabeth Grimm, geborene Böttner.

Das Evangelische Forum – fester Bestandteil des kulturellen Lebens in Kassel

Auch das Evangelische Forum mit Sitz im Gemeindezentrum auf dem Lutherplatz ist ein fester Bestandteil des kulturellen Lebens in der Stadt. Die Bildungseinrichtung der Evangelischen Kirche in Kassel ist in unterschiedlichen Veranstaltungsformen aktiv. Bei Themenreihen, Vorträgen, Lesungen, Ausstellungen und Städtereisen werden sowohl Fragen des aktuellen Stadtgesprächs wie auch Themen von gesamtgesellschaftlicher Brisanz aufgegriffen und diskutiert. Insbesondere in den Gesprächsforen werden gesellschaftliche, politische, ethische und soziale Fragen debattiert, wobei die Kirche auch ihre christlichen Fragestellungen und Traditionen ins Gespräch einbringt. Besondere Aufmerksamkeit richtet das Evangelische Forum auf die Themen Stadtentwicklung, Kultur, Soziales, Kunst und Literatur sowie auf den Dialog zwischen Theologie und anderen Wissenschaften, Religionen und den Künsten. Viele Veranstaltungen werden in enger Zusammenarbeit mit anderen gesellschaftlichen und kulturellen Einrichtungen sowie Initiativen geplant und durchgeführt. Jeweils im Herbst erscheint ein Jahresprogramm.

Lutherkirche

evangelisches forum kassel

PR-Beitrag von:
Evangelisches Forum Kassel
Pfarrerin Gabriele Heppe-Knoche
Mauerstraße 15 · 34117 Kassel
Tel. (05 61) 2 87 60 21 · Fax (05 61) 2 87 60 26
ev.forum.kassel@ekkw.de
www.ev-forum.de · www.lutherkirchturm.de

Der Platz des zerstörten Schiffes blieb bis heute frei. Nur die Säulen erinnern an die alte Kirche.

Christlich geprägt, aber offen für alle Menschen

Das Evangelische Fröbelseminar des Diakonischen Werkes in Kurhessen Waldeck

Friedrich Fröbel (1782 bis 1852), der Namensgeber des Evangelischen Fröbelseminars, gilt als ein Begründer des ganzheitlichen Denkens und Handelns in der Pädagogik und als Initiator der Kindergartenbewegung sowie einer entsprechenden Ausbildung für Fachkräfte, die seinerzeit Kindergärtnerin hießen und heute Erzieherin. Seine Pädagogik genießt bis heute internationale Aufmerksamkeit und Anerkennung.

Bertha von Mahrenholz-Bülow lernte Friedrich Fröbels Pädagogik kennen und warb dafür zusammen mit anderen Frauen. Sie initiierte 1890 die Gründung eines Kindergärtnerinnenseminars in Emden, das unter Leitung von Hanna Mecke geführt wurde. 1951 übernahm Prof. Dr. Erika Hoffmann, als bedeutende Fröbelforscherin und führende Elementarpädagogin in Deutschland, die Leitung des Hauses.

Seit 2001 ist Eckehard Zühlke Direktor des Evangelischen Fröbelseminars in Kassel und Korbach.

Seit 2002 erfuhr das Evangelische Fröbelseminar eine besonderse Prägung, was bedeutet, dass sich die Fröbelpädagogik in unterschiedlichen Aspekten und im Kontakt ergänzenden pädagogischen Theorien und Konzepten in der Ausbildung wieder findet. Die Ausbildungsstätte ist Mitglied der Internationalen Fröbelsociety und arbeitet eng mit dem Fröbelarchiv in Bad Blankenburg zusammen.

Das Evangelische Fröbelseminar ist eine traditionsbewusste und moderne sozialpädagogische Ausbildungsstätte

Das Evangelische Fröbelseminar ist eine traditionsbewusste und moderne sozialpädagogische Ausbildungsstätte, welche seit Jahrzehnten SozialassistentInnen, ErzieherInnen, HeilpädagogInnen und in Kooperation mit der Evangelischen Fachhochschule Darmstadt KindheitspädagogInnen auf Bachelorebene ausbildet. Träger des Evangelischen Fröbelseminars ist das Diakonische Werk in Kurhessen-Waldeck.

Die Standorte der Evangelischen Fröbelseminare:
In der Höheren Berufsfachschule für Sozialassistenz in der Hugo-Preuß-Straße können junge Menschen nach dem mittleren Bildungsabschluss einen ersten Berufsabschluss als Sozialassistentin oder zum Sozialassistenten und parallel dazu die Fachhochschulreife erwerben.

Die Fachschulen für Sozial- und Heilpädagogik befinden sich in der Sternbergstraße. Hier werden die Fachkräfte für die Erziehung und Bildung in Kindertagesstätten, in der Schulkindbetreuung, für die Arbeit in Wohngruppen und Kinder- und Jugendheimen ausgebildet. Die Heilpädagogenausbildung erfolgt nach der ErzieherInnenausbildung und qualifiziert für die Arbeit mit Menschen mit Behinderungen.

Der bekannteste deutsche Pädagoge Friedrich Fröbel (1782 bis 1852) (Foto: Archiv Fröbelseminar)

In Kassel in der Sternbergstraße, befinden sich die Fachschulen für Sozial- und Heilpädagogik, das Arbeitszentrum Fortbildung und seit Sommer 2007

Historische Lern- und Spielmittel im Sinne Fröbels

Seit 2001 ist Eckehard Zühlke Direktor des Evangelischen Fröbelseminars in Kassel und Korbach.

Kugel, Walze und Würfel symbolisieren die wesentlichen Aspekte von Fröbels Erziehungslehre. (Foto: Ev. Fröbelseminar)

der Verbundstudiengang »Bildung und Erziehung in der Kindheit« (in Kooperation mit der Ev. Fachhochschule Darmstadt).

Der Lehrkindergarten »Kindertagesstätte des Evangelischen Fröbelseminars« in der Ahrensbergstraße in Kassel hat seine konzeptionellen Schwerpunkte in der Religionspädagogik, der Fröbelpädagogik und modernen Bildungsansätzen.

Seit 1996 mit Umzug 2004 hat das Evangelische Fröbelseminar eine Außenstelle in Korbach am Westwall/ Friedrich-Fröbel-Platz. Hier werden SozialassistentInnen, ErzieherInnen und KindheitspädagogInnen im Bachelor Studiengang ausgebildet.

Internationale Arbeit und Kontakte

Seit 2002 hat das Evangelische Fröbelseminar eine Partnerschaft mit der Universität Cherson in der Südukraine. Zu der Partnerschaft gehört auch der St. Elisabethverein in Marburg. Gemeinsam wird in Cherson ein Straßenkinderhaus betreut und unterstützt, in dem neun Kinder mit Pflegeeltern leben. Ein weiteres Kinderhaus soll aufgebaut werden. Unser Förderverein »Antonovka« sammelt in Deutschland Gelder für die diakonische Arbeit mit Kindern in der Ukraine. Unsere Partnereinrichtung in Tokio, das Shukutokuseminar, hat uns im Februar 2009 mit fünf Studierenden besucht und sich über 3 Wochen mit Theorie und Praxis der Kinderpädagogik in Deutschland befasst. Ein weiterer Kontakt besteht zum Fröbelarchiv der Universität Sjaeland in Roskilde, Dänemark.

In der Kasseler Sternbergstraße befinden sich die Fachschulen für Sozial- und Heilpädagogik, das Arbeitszentrum Fortbildung und der Verbundstudiengang »Bildung und Erziehung in der Kindheit«.

Die Außenstelle in Korbach am Friedrich-Fröbel-Platz (Foto: Ev. Fröbelseminar)

Das Evangelische Fröbelseminar, eine traditionsbewusste und moderne sozialpädagogische Ausbildungsstätte: Lehrerkonferenz in der Sternbergstraße.

Qualitätsentwicklung an der Fachschule und im Kindergarten

Die Schulen in privater Trägerschaft können und wollen sich der Entwicklung und Sicherung von Qualität nicht verschließen. Das Evangelische Fröbelseminar hat sich im Bundesverband Evangelischer Ausbildungsstätten für eine Qualitätsentwicklung mit einem abgestimmten Referenzrahmen stark gemacht. Nun lassen sich bundesweit evangelische Ausbildungsstätten für Erzieher und Erzieherinnen nach einem diskursiv entwickelten Verfahren qualitätsmäßig überprüfen. Mit einem der renommiertesten Schulforscher Deutschlands, Prof. Dr. Hans-Günter Rolff, führen sie schrittweise das so genannte Peer-Review ein. Der Pilotlauf fand dazu in Kassel statt.

Das Evangelische Fröbelseminar gehört der weltweiten Fröbelbewegung, der internationalen Fröbelsociety, an, ist in seiner Ausbildung christlich geprägt, aber offen für alle Menschen, die eine anerkannte sozialpädagogische Fachausbildung erwerben möchten.

PR-Beitrag von:
Evangelisches Fröbelseminar
des Diakonischen Werkes
Fachschulen für Sozial- und Heilpädagogik
Sternbergstraße 29 · 34121 Kassel
Tel. (05 61) 81 64 00
kassel@ev.froebelseminar.de
www.froebelseminar.de

Das Gesundheitszentrum Marbachshöhe

Heil- und Erholungsangebote für Groß und Klein

In einem Heil- und Nutzpflanzengarten liegt das Gesundheitszentrum Marbachshöhe (GZM). Hier finden kleine und große Patienten ein umfangreiches Heil- und Erholungsangebot, das moderne Medizin, eine ganzheitliche Betrachtung und kompetente Behandlungen auf Grundlage Anthroposophischer Heilkunst vereint.

Frau Dr. med. Sabine Schäfer, Gründerin der Initiative, ist Fachärztin für Allgemeinmedizin, international anerkannte Anthroposophische Ärztin und Ernährungsmedizinerin DGEM/DAEM. Die Anthroposophische Medizin ist Grundlage ihrer Tätigkeit, weil bei allen Krankheiten der ganze Mensch betroffen ist. Es reicht nicht, nur das Symptom zu behandeln, um eine Gesundung oder zumindest Linderung zu ermöglichen. Deshalb richtet sie sich nach den Erkenntnissen von Rudolf Steiner, dem Begründer der Anthroposophischen Medizin und der Waldorfpädagogik. Das individuelle Wesen des Menschen mit seinen körperlichen, seelischen und geistigen Bedürfnissen steht im Mittelpunkt.

Dr. med. Sabine Schäfer, anthroposophische Ärztin und Ernährungsmedizinerin

Psychisch und physisch stark werden: Kinder des Iakchos Kinder- und Jungendhauses.

Heileurythmie bewirkt durch rhythmische Bewegungen einen Zustand innerer Harmonie.

Heileurythmie, Sprachgestaltung, Kunsttherapie

Die Physiotherapiepraxis im GZM bietet neben der klassischen Physiotherapie entspannende Öldispersionsbäder, Rhythmische Massage und Sporttherapie.

Ebenfalls bietet das GZM Heileurythmie, Sprachgestaltung, Logopädie, Biographieberatung, Kunsttherapie und Kosmetik. Was bedeutet das alles? Die Heileurythmie bewirkt durch rhythmische Bewegungen einen Zustand innerer Harmonie und wirkt ordnend auf die Organfunktionen. In der therapeutischen Sprachgestaltung wird das Ich des Menschen unmittelbar angesprochen. Die Biographieberatung zeigt Wege zu den tieferen Zusammenhängen unseres Schicksals und gibt neue Lebensimpulse. In der Kunsttherapie können verschüttet geglaubte oder nie entdeckte kreative Fähigkeiten ans Tageslicht kommen. Und weil zum Wohlfühlen auch eine schöne Haut gehört, werden zusätzlich Kosmetikbehandlungen mit Naturprodukten angeboten.

Neu sind Kur- und Medical-Wellness-Wochenenden. Die Kuren wirken sowohl prophylaktisch als auch therapeutisch bei Krankheiten und werden von den Krankenkassen bezuschusst.

Selbst gesundes Gemüse ernten

Zur Gesunderhaltung und -werdung gehört eine gute Ernährung. Produkte aus biologisch-dynamischem Landbau können gleich im Eingangsbereich erworben werden. Das hier angebotene Gemüse stammt von einem Feld, welches biologisch-dynamisch bewirtschaftet wird. Jedes Jahr im Frühjahr können darüber hinaus interessierte Mitbürger bepflanzte Parzellen pachten, um selbst gesundes Gemüse zu ernten. Gerade für Kinder ist es ein Erlebnis, Gemüse wachsen zu sehen, ein Stück Feld zu bewirtschaften und selbst zu ernten.

Auch die Kinder des Iakchos Kinder- und Jugendhauses können hier mitarbeiten. Der integrative Waldorfkindergarten und Hort steht Kindern im Alter von 1 bis 14 Jahren ganztägig offen. Die Kinder werden mit biologisch-dynamischen Produkten verpflegt und zu Kreativität und gesunder Bewegung angehalten. Sie sollen psychisch und physisch stark werden, denn die Kinder sind unsere Zukunft.

Natura Heilpflanzenschule

In den Seminaren der Natura Heilpflanzenschule erlernen Interessierte alles Wissenswerte über Heilpflanzen und deren Einsatz bei Krankheiten.

PR-Beitrag von:
Gesundheitszentrum Marbachshöhe e.V.
Ludwig-Erhard-Straße 34 · 34131 Kassel
Tel. (05 61) 3 14 97 06 · Fax (05 61) 3 94 55
info@gzm-kassel.de · www.gzm-kassel.de

Kasseler Hospital – Verein für Palliativ- und Hospizarbeit

Den letzten Lebensabschnitt würdevoll gestalten

Der Verein für Palliativ- und Hospizarbeit e.V. wurde 1998 gegründet und orientiert sich an den Grundsätzen der Hospizbewegung. Als unabhängiger, überkonfessioneller Verein steht er Bürgerinnen und Bürgern der Stadt Kassel und der Region Nordhessen zur Verfügung. Der Verein will dazu beitragen, dass Menschen mit einer nicht heilbaren, fortschreitenden Erkrankung ihren letzten Lebensabschnitt im häuslichen wie im stationären Bereich möglichst geborgen und beschwerdefrei verbringen können.

Die Arbeit der Ehrenamtlichen umfasst auch die wichtige Trauerarbeit mit den Hinterbliebenen. Der Verein ersetzt jedoch keine ambulanten Pflegedienste oder Haushaltshilfen. Die Hilfe für die Betroffenen ist mit keinerlei Kosten verbunden. Der Verein freut sich jedoch über jede finanzielle Unterstützung.

Begleitung auch zu Hause

Die ehrenamtlichen Begleiterinnen und Begleiter sind für die Betroffenen da, im Gespräch und im Schweigen. Sie hören zu, um zu erfahren, was die Kranken bewegt und was sie sich wünschen. Mit den Ehrenamtlichen kann über Abschied, Trauer, Ängste, Zweifel und Hoffnungen gesprochen werden. Sie unterstützen auch diejenigen, die dem schwer kranken Menschen nahe stehen, seine Angehörigen und Freunde. Als ein Teil des Netzes, das den Betroffenen trägt, entlasten sie die Familie. Sie spenden Trost und tragen dazu bei, dass der letzte Lebensabschnitt individuell und würdevoll gestaltet werden kann.

Die ehrenamtlichen Begleiterinnen und Begleiter des Hospizdienstes werden sorgfältig auf ihre Aufgabe vorbereitet. Sie unterliegen der Schweigepflicht und nehmen regelmäßig an Fortbildungen teil.

Umfassende Informationen in der Beratungs- und Geschäftsstelle

Der Verein für Palliativ- und Hospizarbeit e.V. unterhält auch eine Beratungs- und Geschäftsstelle. Hier wird über häusliche oder stationäre Versorgung von schwer kranken und sterbenden Menschen beraten. Für Betroffene und ihre Angehörigen wird ehrenamtliche Begleitung zu Hause, in Alten- und Pflegeeinrichtungen und in Krankenhäusern vermittelt.

Weiterhin informiert die Beratungs- und Geschäftsstelle über Vorbereitungskurse für ehrenamtliche Begleiterinnen und Begleiter, Angebote für Trauernde, über die Kooperation mit Ärzten, Kliniken, Pflegediesten und Hospizeinrichtigungen sowie über Patientenverfügung und Versorgungsvollmacht.

Kooperationspartner des Vereins für Palliativ- und Hospizarbeit sind das Palliativ-Team Rotes Kreuz Krankenhaus Kassel, die Rotes Kreuz Krankenhaus Kassel Gemeinnützige GmbH und der DRK Kreisverband Kassel-Wolfhagen e.V.

Auch der geschäftsführende Vorstand arbeitet ehrenamtlich.

Palliativbereich im Roten Kreuz Krankenhaus

Ehrenamtliche Begleiterinnen und Begleiter sind für die Betroffenen da.

PR-Beitrag von:
Kasseler Hospital
Verein für Palliativ- und Hospizarbeit e.V.
Beratungs- und Geschäftsstelle
Bergmannstraße 32 · 34121 Kassel
Tel. (05 61) 6 02 58 48 und 6 02 73 44
Fax (05 61) 6 02 58 47
info@kasseler-hospital.de · www.kasseler-hospital.de

Ein Ort zum Leben und Lernen

Das Heil- und Erziehungsinstitut Lauterbad

(Foto: Thomas Rink, Kassel)

Wer den Habichtswald erkundet, kommt fast automatisch am Heil- und Erziehungsinstitut Lauterbad vorbei. Nur einen Kilometer vom Herkules entfernt, im Volksmund noch immer als »Erholungsheim« bekannt, ist hier seit 1959 eine heilpädagogische Einrichtung zu finden. Hier leben und lernen Kinder und Jugendliche im Alter von sechs bis 18 Jahren.

Der Esel ist der allerliebste Lehrer.
(Foto: Thomas Rink, Kassel)

Das Institut mit anthroposophischer Ausrichtung besteht aus einem Heim mit 46 Plätzen und einer Waldorf-Förderschule für die erste bis zwölfte Klasse. Die Kinder und Jugendlichen bringen unter anderem Entwicklungs- oder psychische Störungen und Verhaltensauffälligkeiten mit. Einige Kinder sind autistisch oder haben das Down-Syndrom, andere leiden an den Folgen einer frühkindlichen Hirnschädigung. Auf dem dreieinhalb Hektar großen Gelände wachsen sie in einem beschützten Umfeld mit Natur, Nutztieren und eigenen Gärten auf. In liebevoll gestalteten Wohnhäusern leben sie zunächst in familienähnlichen, altersgemischten Wohngruppen. Mit 16 Jahren ziehen sie in die so genannte Werkstufe um, in der sie zwei Jahre lang unter anderem auf die Arbeit in Werkstätten für behinderte Menschen vorbereitet werden.

Im Umgang mit Eseln und anderen Tieren werden Selbstvertrauen, Geschicklichkeit und Einfühlungsvermögen trainiert

Ein wesentlicher Bestandteil des Lauterbader Konzeptes ist die anthroposophische Konstitutionstherapie: ein Ineinanderwirken von Medizin und Pädagogik, das sich im Begriff »Heilpädagogik« widerspiegelt. So wird den Jungen und Mädchen eine Fülle von Behandlungen angeboten, darunter Logopädie, rhythmische Massage sowie Musik- und Kunsttherapie. Als neuer therapeutischer Schwerpunkt befindet sich seit 2008 die Tiergestützte Pädagogik im Aufbau: Im aktiven Umgang mit Eseln und anderen Tieren werden verschiedene Fähigkeiten der Kinder trainiert, etwa Selbstvertrauen, motorische Geschicklichkeit und Einfühlungsvermögen.

Unterrichtet werden die Kinder in der Waldorf-Förderschule Lauterbad. Diese hat die doppelte staatliche Anerkennung – als Schule für Praktisch Bildbare und als Schule für Erziehungshilfe. Dadurch kann sie, als einzige Einrichtung in der Region, auch solche Kinder aufnehmen, die Förderbedarf in beiden Bereichen haben. Das Bildungskonzept der Schule orientiert sich an der Pädagogik Rudolf Steiners und ist somit auf Ganzheitlichkeit ausgelegt. Es wird nicht nur das kindliche Denkvermögen angesprochen, sondern durch künstlerische und handwerkliche Arbeiten soll zugleich die Ausbildung des Gefühls und des Willens unterstützt werden.

Seit 2004 werden auch externe Kinder und Jugendliche beschult, die im Kasseler Stadtgebiet und den umliegenden Landkreisen wohnen. Aufgrund des zunehmenden Bedarfs erhielt die Schule im Jahre 2008 einen zweistöckigen Erweiterungsbau. Seitdem können 90 Mädchen und Jungen unterrichtet werden.

Der Name »Lauterbad« hat seinen Ursprung in dem Schwarzwaldort Lauterbad, wo die heilpädagogische Einrichtung 1950 gegründet wurde. Als man einen größeren Standort brauchte, fiel die Wahl auf das frühere Beamtenerholungsheim in Kassel. Nach dem Umzug der gesamten Einrichtung 1959 wurde die Bezeichnung Lauterbad beibehalten.

PR-Beitrag von:
Heil- und Erziehungsinstitut
für Seelenpflege-bedürftige Kinder und
Jugendliche Lauterbad e.V.
Ehlener Straße 27 · 34131 Kassel
Tel. (05 61) 93 89 60 · Fax (05 61) 9 38 96 66
mail@institut-lauterbad.de
www.institut-lauterbad.de

Der großzügige Innenhof lädt zu Spiel und Sport ein: Volkstanzeinlage zum Johannifest.
(Foto: Richard Klöker, Kassel)

Großer Andrang bei einem Fest vor dem Haupthaus (Foto: Thomas Rink, Kassel)

Dynamo Windrad – Wassersport

Nordhessens Nummer 1 in der Sportbootausbildung

Dynamo Windrad zählt zweifellos zu den »etwas anderen« Vereinen. Dies gilt auch für die Wassersportabteilung. Sie wurde vor 22 Jahren gegründet und ist seit über sieben Jahren verstärkt in der Ausbildung tätig. Nach und nach kamen, neben der Ausbildung zu den Sportbootführerscheinen Binnen und See, die Ausbildung aller Seefunkzeugnisse und aller Segelscheine dazu. Seit vier Jahren tragen eigene Räumlichkeiten zu den überdurchschnittlichen Erfolgen bei. So ist Dynamo Windrad auf dem Deutschen Seglertag 2007 für vorbildliche Ausbildung als einer von 27 Vereinen bundesweit ausgezeichnet worden.

Im Jahr 2008 wurde erstmals für den Hessischen Seglerverband eine Weiterbildungsmaßnahme zum Fachübungsleiter C/Trainer C organisiert und in Zusammenarbeit mit dem Landessportbund Hessen auch fachlich erfolgreich durchgeführt. Die Ausbilder von Dynamo Windrad unterziehen sich ebenfalls einer regelmäßigen Qualifikation und Weiterbildung. Mit sieben vom Deutschen Motoryachtverband (DMYV) zertifizierten Ausbildern besitzt der Verein in der Region eine Ausnahmestellung.

Einmal Steuermann sein: Bei Dynamo Windrad ist das möglich.

Mitsegelmöglichkeiten für Familien, Einsteiger und Ambitionierte

Ergänzt wird das Angebot durch viele Mitsegelmöglichkeiten. Vom Familientörn in den Herbstferien oder Schnuppertörns für Einsteiger bis hin zu ambitionierten Törns von St. Malo zu der Isle of Wright, oder auch zu exotischen Zielen wie Thailand, bietet Dynamo Windrad neben Ausbildungstörns und Skippertraining ein breites Programm.

Jollensegler können die Ausbildung zum Segelgrundschein am Edersee absolvieren und haben in Zusammenarbeit mit dem Universitätssegelclub Kassel die Möglichkeit diese Form des Segelns zu erlernen. Seit 2009 besitzt die Wassersportabteilung zwei Jollen (Geschenk von ehemaligen Kursteilnehmern) auf dem Edersee. Sie können von Vereinsmitgliedern genutzt werden.

Neben diesen Grundaktivitäten bildet das jährliche Zisselprogramm auf dem Gelände des Kurbades Jungborn einen kulturellen Höhepunkt. 2009 konnten hier über 4000 Besucher begrüßt werden. Hinzu kommen Messeauftritte und vielfältige andere Events.

Bei allen Aktivitäten steht der nette Umgang mit den Menschen im Mittelpunkt. Die Tatsache, dass eine zunehmende Anzahl von Kursteilnehmern auf Empfehlung früherer Absolventen den Weg zu Dynamo Windrad findet, zeigt, dass der Verein mit seinem Konzept richtig liegt. Das starke soziale Engagement von Dynamo Windrad findet in der Region hohe Anerkennung.

Wasser, Wind und Gischt: ein unvergessliches Segelerlebnis.

Traditionelles Segeln auf dem Plattbodenschiff: besonders geeignet für Familientörns.

Segeln macht in jedem Alter Spaß.

Auch in Zukunft die Nummer Eins im Bereich Sportbootausbildung in Nordhessen zu bleiben und in den anderen Bereichen weiter zu arbeiten ist das erklärte Ziel.

PR-Beitrag von:
Dynamo Windrad Wassersport e. V.
Gräfestraße 43a · 34121 Kassel
Tel. (05 61) 2 88 93 63 · Fax (05 61) 6 30 54 61
Dk9fh@aol.com · www.dynamosegeln.de

Die Fulda

Lebensader der Stadt Kassel

Leben am Fluss: das Fuldaufer ist eine begehrte Wohnlage.

Liest man die Chronik von Kassel, fällt auf, dass die Fulda schon immer eine wichtige Rolle in der Stadtentwicklung gespielt hat. Woher der Name stammt ist nicht genau geklärt, möglicher Ursprung ist die altsächsische Bezeichnung »folda« für Gewässer.
Die Kasseler Geschichtsschreibung beginnt im Jahr 913, als König Konrad I. sich in dem Königshof »Chasella« am Fuldaufer aufhielt und hier eine Urkunde hinterließ. Sie ist das älteste Dokument der Stadt Kassel. 1277 errichtete Landgraf Heinrich I. an exponierter Stelle über dem Fluss eine neue Burg und gründete am gegenüberliegenden Ufer die »Unterneustadt«. Beide Stadtteile wurden vermutlich mit einer Holzbrücke verbunden, die 1512 durch eine Steinbrücke ersetzt wurde. Noch heute bildet an dieser Stelle eine Brücke die Hauptverbindung zwischen den westlichen und östlichen Stadtteilen.
Jahrhunderte lang spielte sich ein Großteil des Stadtlebens am Fuldaufer ab. An der »Schlagd«, einem befestigten Uferstreifen, der wohl so alt ist wie die Stadt, legten die Frachtschiffe an und viele Handwerksbetriebe, wie Schlachtereien oder Gerbereien, hatten hier ihren Sitz. Erst 1895 wurde ein neuer Hafen östlich des Stadtkerns in Betrieb genommen, der sich zum wichtigen Güterumschlagplatz entwickelte. 1963 wurden hier 100 000 Tonnen Fracht umgeschlagen. Mit der zunehmenden Güterverlagerung vom Wasser auf die Schiene kam das Ende des Kasseler Hafens. 1977 wurde der Betrieb endgültig eingestellt.

Dokument der Wasserflut von 1538: Wasserstandzeiger an der alten Unterneustädter Mühle.

Der »Zissel«, das traditionelle Wasserfest, zieht jährlich Tausende Besucher nach Kassel.

Segen und Fluch des Wassers

Trotz der Besiedelung im respektvollen Abstand zur Fulda, kam es immer wieder zu Hochwasserkatastrophen. Die erste, die dokumentiert wurde, ereignete sich 1343. Die gesamte Unterneustadt stand damals unter Wasser. Auch 1552 und 1643 wird über verheerende Überschwemmungen berichtet. Menschen und Tiere ertranken in den Fluten und Häuser stürzten ein.
Die schlimmste Katastrophe ereignete sich am 17. Mai 1943, als die Staumauer der Edertalsperre infolge eines britischen Fliegerangriffs brach. 160 Millionen Kubikmeter Wasser ergossen sich in einer bis zu sieben Meter hohen Flutwelle in das Edertal und weiter durch das Fuldatal nach Kassel bis in die Weser. Wie viele Menschen damals den Tod fanden, kann nur vermutet werden, da unter den Opfern auch viele »namenlose« Zwangsarbeiter waren.
Trotz der immer wieder vorkommenden Überflutungen lieben die Kasseler ihre »Fulle« und veranstalten jedes Jahr ein Fest zu ihren Ehren: den »Zissel«. Es ist eines der größten traditionellen Heimatfeste in der Region. Höhepunkt der Feierlichkeiten ist der große Wasserumzug, an dem sich zahlreiche Wassersportvereine beteiligen. Mit der jährlich neu gewählte Zisselkönigin und ihren Begleiterinnen, die in prächtigen Gewändern in einem geschmückten Schiff über die Fulda gleiten, wird die Verbundenheit der Kasseler mit ihrem Fluss immer wieder aufs Neue besiegelt.

Die Fulda ist ein Paradies für Wassersportler.

Flanieren, Handeln, Genießen – das besondere Flohmarkterlebnis

In Deutschland gibt es mittlerweile unzählige Flohmärkte. Der auf dem Kasseler Georg Stockplatz, von den Kasselern auch liebevoll »Stockplätzchen« genannt, dürfte jedoch zu den schönsten Trödelmärkten in der Region zählen. Das finden auch die zahlreichen Besucher, die sich Woche für Woche auf dem kleinen Platz im Stadtteil Wehlheiden einfinden. Hier kann man gemütlich durch die Standreihen flanieren, schöne, kuriose oder brauchbare Dinge entdecken und anschließend in einer der umliegenden Gaststätten entspannen. Auch die Händler kommen gerne hierher. Die Standmieten sind moderat und die Stellflächen werden nicht mit dem Zollstock abgemessen.

Die Werbe- und Veranstaltungsagentur Jürgen H. Hanke veranstaltet regelmäßig weitere Flohmärkte in Vellmar, Göttingen oder Stadtallendorf. Den Standbetreibern wird für die überdachten Veranstaltungen die Möglichkeit geboten, einen Stellplatz zu reservieren. Verkauft werden dürfen alle Artikel und Gebrauchtwaren des täglichen Lebens sowie selbst Gemachtes, Antiquitäten, Blumen oder Kitsch. Neuware ist nur nach vorheriger Absprache mit dem Veranstalter erlaubt. Lebende und präparierte Tiere, Nahrungsmittel sowie jugendgefährdende Artikel sind vom Verkauf ausgeschlossen.

(Alle Fotos: Martina und Joachim Gries, Kassel)

Nach dem Bummeln und Handeln gibt es auf allen Flohmärkten ein reichhaltiges Gastronomie-Angebot. Ob belegte Brötchen, Bratwurst, Kuchen, Crepes oder Pizza, die Verkaufswagen haben (fast) alles was das Herz begehrt.

Mit dem Kanu unterwegs auf Fulda und Eder

Die Kanustation Fulle-Marie liegt nahe einer großen Flussschleife direkt an der Uferpromenade der Fulda – in Kassel liebevoll »Fulle« genannt – in Fuldabrück-Bergshausen, etwa zehn Kilometer südlich von Kassel. Sie ist für Erholungssuchende mit dem Fahrrad, zu Fuß oder mit dem Auto bequem zu erreichen.

Die Kanuvermietung bietet verschiedene Kanutouren an, wie zum Beispiel nach Guxhagen-Büchenwerra (circa 3,5 Stunden), nach Melsungen

(Tagestour circa sechs Stunden), nach Felsberg an der Eder (Tagestour) oder nach Bergshausen. Bei allen Touren ist der Transfer inklusive.

Es ist ein unvergleichliches Naturerlebnis, das immer wieder überraschende Ein- und Ausblicke in die dahin gleitende Flusslandschaft an Fulda und Eder verspricht. Wer vom Paddeln erhitzt ist, kann nach der Tour am Bootssteg der Kanustation Fulle-Marie Abkühlung in der Fulda finden und anschließend im gemütlichen Bistro oder im Biergarten hessische Spezialitäten nach Hausmannskost und erfrischende Getränke genießen. Außerdem besteht die Möglichkeit, sich im Garten der Kanustation Fulle-Marie niederzulassen und ein leckeres Picknick zu zweit, mit Freunden oder der ganzen Familie zu machen.

Für Veranstaltungen wie Familien- oder Firmenfeiern bietet die Kanustation Fulle-Marie einen Gastraum für circa 30 Personen an.

Die Diakonischen Werke Kassel und Hofgeismar-Wolfhagen

»Zusammen weiterkommen«

Die Diakonischen Werke Kassel und Hofgeismar-Wolfhagen entwickeln und pflegen soziale Strukturen in der Region. Sie bieten Beratung und Unterstützung in den unterschiedlichsten Bereichen. »Zusammen weiterkommen« ist dabei der Leitgedanke.

Zentren für Menschen mit Demenz und Angehörige

Das Zentrum für Menschen mit Demenz und Angehörige (ZEDA) in Kassel, das AltenBeratungscentrum in Hofgeismar sowie die Einrichtung Zeitlos in Wolfhagen sind zentrale Anlauf- und Beratungsstellen des Diakonischen Werks rund um das Thema Demenz. In Hofgeismar und Wolfhagen wird zusätzlich Beratung geboten zu allen Fragen des Altwerdens. Erkrankte und Angehörige erhalten dort allgemeine Informationen und Beratung. In Einzelgesprächen werden individuelle Lösungen für aktuelle Probleme aufgezeigt. Spezielle Fortbildungsangebote unterstützen Angehörige bei der praktischen Pflege und dem täglichen Umgang mit den Erkrankten. Die »Helferagentur« vermittelt den Angehörigen stundenweise Entlastung durch geschulte Kräfte. Bei zahlreichen Angeboten und Gruppen finden sich vielfältige Möglichkeiten für Austausch, Information und Geselligkeit.

Soziale Strukturen pflegen, auch im Alter.

HAFEN 17 – Treff für Kinder

Das Kasseler Projekt HAFEN 17 richtet sich an Kinder deren Lebenssituation durch soziale Benachteiligung und erhöhtes Armutsrisiko gekennzeichnet ist. Ziel ist, dass sie ein positives Bild von sich selbst entwickeln. Dabei stehen zwei Grundwerte im Mittelpunkt: Bildung und die ausreichende Versorgung mit Essen. Bildung ist der Schlüssel zur Integration und die ausreichende Versorgung mit Essen eine Grundvoraussetzung für das Leben. Von Montag bis Freitag werden den Kindern ein warmes Mittagessen und verschiedene Nachmittagsaktivitäten angeboten. Mit Hilfe von ehrenamtlichen Kräften hat sich ein ausdifferenziertes, an den Bedürfnissen der Kinder orientiertes Unterstützungsangebot entwickelt.

Real Life – Medienkompetenz und Medienschutz

Das Diakonische Werk Kassel bietet im Rahmen des Projekts »Real Life« die Vermittlung von Medienkompetenz und Medienschutz sowie die Beratung bei exzessiver Computer- und Internetnutzung an. Das Angebot richtet sich an Jugendliche und junge Erwachsene, die exzessive Verhaltensweisen im Umgang mit den Medien aufweisen, aber auch an deren Eltern, Angehörige und andere Bezugspersonen. Rat und Unterstützung finden die Betroffenen in verschiedenen Einzel- und Gruppengesprächen. Die Beratung ist kostenlos und vertraulich.

Das Projekt »Real Life« bietet Hilfe bei exzessiver Computer- und Internetnutzung.

Durch kontinuierliche Fortbildungen haben die Mitarbeitenden die unterschiedlichsten Lebenslagen der Menschen im Blick. (Foto: Klaus Wagner)

Gemeinsam ist man nicht einsam.

Der Lernhof Natur und Geschichte des i-Punkt/Familientreffpunkt international

Der Lernhof Natur und Geschichte bietet für Schulen, Jugend- und Familiengruppen sowie freie Gruppen einen Lern- und Erfahrungsraum, der einen Bezug zu Landwirtschaft und Geschichte herstellt und konkrete Erfahrungen im Umgang mit Pflanzen und Tieren ermöglicht. Der Lernhof verfügt über ein großes Außengelände mit Frei- und Nutzflächen, Stallungen für Tierhaltung, Werkstatt sowie Gruppenräume und Küche.

Die Wäscherei am Steinweg erledigt zuverlässig Auftragsarbeiten für Einrichtungen und Privatkunden. (Foto: Klaus Wagner)

Glückliche Eltern – Glückliche Kinder. Mit den Beratungsangeboten des Diakonischen Werks Kassel finden alle die richtige Hilfe. (Foto: Klaus Wagner)

Kinder und Jugendliche gewinnen hier einen Einblick in die landwirtschaftliche Arbeitswelt, in Anbau und Verarbeitung von Nahrungsmitteln. Ökologische Zusammenhänge von Boden, Pflanzen und Tieren, zwischen Pfanzenanbau und Landwirtschaftspflege werden vermittelt und durch aktive Teilnahme erlebbar. Die Kinder können Tiere versorgen, Zäune bauen, pflanzen, ernten, Obst keltern, in der Werkstatt arbeiten, Brot backen und Essen zubereiten. Sie machen Beobachtungen in der Natur, spinnen und weben, flechten und färben.
Hier kommen Kinder mit und ohne Migrationshintergrund, die in der Stadt leben mit der Natur in Kontakt lernen den Ursprung unserer Lebensmittel kennen.

Betrieb in Not – Schuldner und Insolvenzberatung in Hofgeismar

Die Beratungsstelle hilft Selbstständigen bei ökonomischen und den daraus resultierenden persönlichen und/oder familiären Problemen. Sie klärt die Problemlage, sichtet die Unterlagen und vermittelt die Selbstständigen bei Bedarf an die Betriebsberatung der Kreishandwerkerschaft, den »Runden Tisch« der Handwerkskammer oder an ehrenamtliche Fachleute (Paten) weiter oder führt selbst eine Beratung durch. So wird den Betroffenen ein Netz geboten, das sie individuell bei der Problemanalyse unterstützt, aber auch dabei, welche Schritte und Maßnahmen nötig sind, um die Probleme zu lösen.

Vertraute Gegenstände helfen zu Erinnern.

Palliativ- und Hospiznetz Hofgeismar

In Kooperation mit dem Roten Kreuz Krankenhaus in Kassel und vielen lokalen Partnern wie Ärzten, Pflegediensten, Kliniken, Pfarrern sowie dem Hospizdienst hat das Diakonische Werk Hofgeismar-Wolfhagen ein Model zur palliativen Versorgung im ländlichen Bereich entwickelt und in der Region Hofgeismar umgesetzt. Schwerkranke und todkranke Menschen und ihre Angehörigen werden von einem multiprofessionellen Team begleitet, um den Betroffenen ein weitgehend schmerzfreies Leben und Sterben in der häuslichen Umgebung zu ermöglichen.

Zahlreiche Angebote für Austausch, Information und Geselligkeit (Foto: Klaus Wagner)

PR-Beitrag von:
Diakonisches Werk Kassel · Hermannstraße 6 · 34117 Kassel
Tel. (05 61) 71 28 80 · Fax (05 61) 7 12 88 88
info@dw-kassel.de · www.dw-kassel.de

Diakonisches Werk Hofgeismar-Wolfhagen · Große Pfarrgasse 1 · 34369 Hofgeismar
Tel. (0 56 71) 92 08 21 · Fax (0 56 71) 92 08 25
diak.werk.hofgeismar@ekkw.de · www.dw-hog-woh.de

Nordhessen – eine Kulturlandschaft die bewegt

Erholsame Natur, interessante Museen, sehenswerte Kirchen

Das Dorf St. Ottilien wurde 1699 von Hugenotten gegründet.

Ausgedehnte Laubwälder, idyllische Fluss- und Bachtäler, sanfte Hügel und romantische Fachwerke prägen den Landkreis Kassel und verführen zu manchem reizvollen Ausflug. In den Naturparken Habichtswald und Meißner-Kaufunger-Wald, aber auch im Reinhardswald kann man nach Herzenslust wandern und die Natur genießen. Für Radfahrer, Angler und Kanufahrer erstrecken sich entlang der Flüsse Fulda, Weser und Diemel ganz besondere Freizeit- und Urlaubserlebnisse. Von den Burgen und Bergkuppen bieten sich atemberaubende Ausblicke, die bei schönem Wetter nicht selten weit über die Grenzen des Landkreises reichen. Die Weidelsburg bei Wolfhagen, der Bilstein bei Nieste, die Krukenburg bei Bad Karlshafen oder der Dörnberg bei Zierenberg sollen hierfür nur einen kleinen Anreiz bieten.

Zu den bekanntesten landschaftlichen Kleinoden gehört sicherlich der Urwald im Reinhardswald mit seinen uralten, imposanten Eichen. Direkt angrenzend, am Fuß des Dornröschenschlosses Sababurg liegt der gleichnamige Tierpark, der ganzjährig für Groß und Klein ein abwechslungsreiches Programm vorhält. Doch auch die Eberschützer Klippen im Diemeltal, das Naturschutzgebiet Hoher Dörnberg oder das Gläsnertal bei Nieste begeistern mit ihrem Reichtum an Flora und Fauna und ihren imposanten Landschaftsformationen nicht nur den interessierten Fachmann.

Ebenso bewegend und vielfältig wie die Landschaft ist auch die reichhaltige und bedeutende Kulturgeschichte des Landkreises Kassel. Sie reicht von der frühgeschichtlichen Besiedelung über die Einwanderung und Niederlassung der Hugenotten bis hin zur jüngeren Geschichte. Manche Aspekte dieser Kulturgeschichte sind nicht unbedingt offensichtlich. Ihre Entdeckung bedarf nicht selten eines zweiten Blicks, der jedoch meist die Lust auf mehr regionale Kulturgeschichte weckt.

Die romanische Klosterkirche in Lippoldsberg

Einst ein stolzer hessischer Bauernhof: Fachwerkhaus in Breuna-Oberlistingen.

Zeitreisen in die regionale Kulturgeschichte

Zu Zeitreisen in die regionale Kulturgeschichte laden auch die zahlreichen und liebevoll eingerich-

Idyllische Dörfer prägen den Landkreis Kassel: Breuna-Oberlistingen im Naturpark Habichtswald.

Bauliches Zeugnis aus dem Hochmittelalter: die Klosterkirche Lippoldsberg.

teten Regional- und Heimatmuseen ein. Die Regionalmuseen in Kaufungen und Wolfhagen, wie auch das Stadtmuseum in Hofgeismar bieten landschaftsraumbezogen ein umfangreiches Spektrum an Ausstellungen und Sammlungen. Daneben sind einige Museen und Heimatstuben besonderen Themenstellungen gewidmet. So informieren das Deutsche Hugenottenmuseum in Bad Karlshafen, aber auch die Waldenserstuben in Oberweser-Gottstreu und das Hugenottenstübchen in Wolfhagen-Leckringhausen über die Verfolgung der Hugenotten und Waldenser in Frankreich sowie über ihre Flucht und Ansiedelung in Hessen Kassel. Das Museum der Währungsreform in Fuldatal berichtet über ein nationales, vielleicht sogar international wichtiges Ereignis: das Konklave von Rothwesten, das zur Währungsreform von 1948 geführt hat. Auch das Glasmuseum in Immenhausen bezeugt ein wesentliches Stück Regionalgeschichte, das mit einer Vielzahl an wissenschaftlich nachgewiesenen Standorten von Wanderglashütten im Reinhardswald und Kaufunger Wald begann und nicht zuletzt mit der Glashütte Süßmuth in Immenhausen auf die erhebliche wirtschaftliche Bedeutung der Glasherstellung für die Region verweist. Zum Reigen der thematisch besonderen Museen gehören sicherlich auch das Landmuseum Wasserschloss Wülmersen bei Trendelburg, das Hessische Kutschen- und Wagenmuseum in Lohfelden, das Apothekenmuseum in Hofgeismar oder das Stadtmuseum in Baunatal.

Einzigartige Kirchen

Auch andere historische Zeugnisse in der Region sind nicht zu übersehen: es sind die Kirchen der Dörfer und Kleinstädte im Landkreis Kassel. Viele von ihnen sind auch außerhalb der Gottesdienstzeiten für eine Einkehr geöffnet. Kirchen sind Räume der Besinnung, sie werden aber auch mit ihrer klaren Gestaltung und ihrer Ruhe als einzigartig empfunden. Nicht selten sind sie auch historisch beeindruckend. So lohnt sich ein Blick auf die herausragenden Wandmalereien der Kirchen in Zierenberg, Immenhausen, Balhorn (Bad Emstal), Trendelburg (Deisel) oder Vaake (Reinhardshagen). Die hugenottischen und waldensischen Kirchen in Gottstreu und Gewissenruh (Oberweser) Carlsdorf, Kelze und Schöneberg (Hofgeismar), Mariendorf (Immenhausen), Leckringhausen (Wolfhagen) oder auch St. Ottilien (Helsa) sind – ebenso wie die Dörfer selbst – bis heute Zeugnis der religiösen Tradition ihrer französischen Gründer. Baugeschichtlich sind die romanischen Kirchen in Lippoldsberg (Wahlsburg) und Wilhelmshausen (Fuldatal) oder die im gotischen Stil erbauten Stadtkirchen in Grebenstein und Wolfhagen ebenso bemerkenswert wie der Komplex um die Stiftskirche in Kaufungen. Die Zahl der kulturgeschichtlich besonderen Kirchen ist groß, sie alle zu benennen würde jeden Rahmen sprengen.

Ute Raband

Liebevoll eingerichtetes Heimatmuseum: Hugenottenstübchen in Leckringhausen.

Hauseingang von 1702 in Lippoldsberg

»Man sieht nur, was man weiß«

Die Ecomuseen Reinhardswald und Habichtswald

Ecomuseen gehören in Frankreich fast schon zum Landschaftsbild und auch in Dänemark, Schweden und der Schweiz sind sie verbreitet. In Deutschland stellen sie eine Ausnahme dar, obwohl ihre Idee und ihre Konzeption auch hier geeignet sind, die landschaftstypische Geschichte und Kultur zu verdeutlichen und einen respektvollen Umgang mit der Landschaft und der Natur zu fördern. Deshalb ist es umso erstaunlicher, dass im Landkreis Kassel Ecomuseen gleich in zwei Landschaftsräumen erfolgreich umgesetzt werden.

In der nördlichen Spitze des Landkreises gibt es seit mehr als zehn Jahren das Ecomuseum Reinhardswald; im benachbarten Landschaftsraum befindet sich seit dem Jahr 2000 das Ecomuseum Habichtswald. Beide Ecomuseen wollen ein Spiegel der regionalen Identität sein und darstellen, wie sich diese Identität historisch entwickelt hat, welche Veränderungen des Lebens-, Arbeits- und Naturraums sich daraus ergaben. Getreu dem Motto »Man sieht nur, was man weiß« geht es darum, sowohl Gästen wie Bewohnern sichtbar zu machen, welche wechselseitige Einflussnahme die Natur, der Mensch und die von ihm geleistete Arbeit aufeinander genommen haben und bis heute nehmen.

Die märchenhafte Sababurg, in der Dornröschen 100 Jahre verschlief.

Die gesamte Region als Ausstellungsort

Ecomuseen sind keine Museen im klassischen Sinne, sondern verstehen die gesamte Region als Ausstellungsort. Sie verzichten auf Museumsgebäude und klar umrissene Ausstellungen. Die Ecomuseen verknüpfen die unterschiedlichsten regionalen Kultur- und Naturdenkmäler, Einrichtungen und Angebote.

Auch für Kinder spannend: das Landmuseum Wasserschloss Wülmersen bei Trendelburg.

Beide Ecomuseen wollen nicht allein retrospektiv sein, wie man es von vielen Museen gewohnt ist, sondern auch Perspektiven ermöglichen und eine zukunftsfähige Verbindung zwischen Vergangenheit und Gegenwart schaffen. Sie sind damit auch Marketingkonzepte, in denen geschichtliche wie aktuelle Mosaiksteine erschlossen und verknüpft werden.

Eine weitere Besonderheit beider Ecomuseen ist deren Organisation, die auf einer maximierten Nutzung regionaler Ressourcen, wie Fachwissen, Arbeitskraft oder Infrastruktur aufbaut. In ehrenamtlich tätigen Gruppen arbeitende Vertreter der Forstverwaltung, regionaler Museen, Bildungseinrichtungen Geschichtsvereinen oder ähnlichen Initiativen der Region sind an der Umsetzung und Weiterentwicklung der Ecomuseen beteiligt. Sie werden beratend und koodinierend unterstützt vom Verein Region Kassel-Land e.V. Beide Museen erstellen regelmäßig Veranstaltungsprogramme zur Entdeckung der regionalen Kultur, Geschichte und Natur.

Das Ecomuseum Reinhardswald

Das Ecomuseum Reinhardswald umfasst den Landschaftsraum zwischen Weser und Diemel mit der Bundesstraße 7 als südliche Grenze. Sein Mittelpunkt ist der Reinhardswald selbst, der mit mehr als 20 000 Hektar das größte zusammenhängende Waldgebiet Hessens bildet und als »Schatzhaus der europäischen Wälder« bezeichnet wird. Hier liegt auch der Ursprung vieler Märchen der Brüder Grimm. Berühmt ist der Reinhardswald für sein »Urwald«-Naturschutzgebiet sowie die historischen Bestände an Huteeichen und »Fichteklumpsen«, in denen vielfältige und ursprüngliche Flora und Fauna erlebt werden kann. Viele

Erholungspause am Tierpark Sababurg. Anschließend geht es zur Schaufütterung von Wildschwein, Luchs und Pinguin.

Orte im Reinhardswald wurden vor circa 300 Jahren von französischen Glaubensflüchtlingen – den Hugenotten und Waldensern – gegründet. Ihre Geschichte und ihr Einfluss auf die wirtschaftliche wie soziale Entwicklung der Region sind bis heute nachvollziehbar.

Die wirtschaftliche Bedeutung des Abbaus von Wesersandstein, Basalt oder Gips lässt sich in Steinbrüchen und Bergwerken nachvollziehen. Über die Verarbeitung und Verwendung dieser Natursteine geben auch einige architektonisch bedeutende Bauwerke, zum Beispiel das Wasserschloss Wülmersen und die Klosterkirche Lippoldsberg, Auskunft. Auch die Glasherstellung und -veredelung hat im Reinhardswald eine lange Tradition. Die Geschichte der Glasherstellung und des Glasgestalters und -unternehmers Richard Süßmuth wird im Glasmuseum Immenhausen, welches am Standort der ehemaligen Glashütte Süßmuth untergebracht ist, anschaulich.

Bootswandern wird immer beliebter: auf der Weser bei Vaake. (Foto: Kanu Schumacher)

Das Ecomuseum Habichtswald

Das Ecomuseum Habichtswald bezieht sich landkreisübergreifend auf die Gebiete von Bad Emstal, Baunatal, Breuna, Fritzlar, Gudensberg, Habichtswald, Naumburg, Niedenstein, Schauenburg, Wolfhagen, Volkmarsen und Zierenberg. Es umfasst damit Kommunen der Landkreise Kassel, Waldeck-Frankenberg und des Schwalm-Eder-Kreises und zeigt so, dass sich regionale Geschichte und Kultur nicht an administrativen Grenzen orientieren.

Auch im Ecomuseum Habichtswald präsentiert sich Geschichte und Kultur facettenreich. So ist die Verwurzelung des germanischen Volksstammes der Chatten in diesem Gebiet mittlerweile unumstritten, wenn auch noch unzureichend erforscht. Auch vielfältige und historisch bedeutsame archäologische Fundstätten wie das Steinkammergrab in Fritzlar-Züschen, zahlreiche Burgen und Schlösser wie der Falkenstein bei Bad Emstal, die Altenburg bei Niedenstein, die Weidelsburg bei Wolfhagen, Schloss und Schlosspark in Bad Emstal-Riede oder die Gudenburgen bei Zierenberg gibt es zu entdecken. Viele Einrichtungen, Museen und Örtlichkeiten im Habichtswald erzählen vom vergangenen und heutigen Leben und Arbeiten in den Orten und von der für die Region typischen Alltagskultur. Verbindendes Glied dieses Landschaftsraums ist nicht zuletzt der seit vierzig Jahren bestehende Naturpark Habichtswald.

Herrliche Radwege laden zu interessanten Touren ein.

Auf Schusters Rappen unterwegs im Landkreis Kassel

Bei Exkursionen regionale Kultur, Geschichte und Natur entdecken.

Im Museum von Wülmersen gibt es Interessantes über das Leben auf dem Land zu sehen.

ecomuseumhabichtswald

Ecomuseum Reinhardswald

PR-Beitrag von:
Region Kassel-Land e.V.
Touristik und Regionalentwicklung
Raiffeisenweg 2 · 34466 Wolfhagen
Tel. (0 56 92) 9 87 32 60 · Fax (0 56 92) 9 87 32 61
info@region-kassel-land.de
www.kassel-land.de

Der junge Emanuel Geibel: Portrait in der Geibel-Hütte

Die Wolken wandern sehen: Ausblick auf die Mailandschaft von Escheberg

Maienzeit – Aufbruchzeit

Im Mai 1841 dichtete Emanuel Geibel auf Gut Escheberg »Der Mai ist gekommen ...«

»Der Mai ist gekommen, die Bäume schlagen aus ...«, wer kennt diese schöne Weise nicht? Über viele Generationen wurde sie im ganzen deutschsprachigen Raum gesungen und noch heute gehört sie zum Repertoire jedes volkstümlichen Chors. Autor dieser romantischen Verse mit dem Titel »Burschenlust« ist Emanuel Geibel. Ort ihrer Entstehung ist das Gut Escheberg, heute ein Stadtteil von Zierenberg. Das inmitten eines im Englischen Stil angelegten Parks gelegene Schloss wird seit seinem Bau im Jahr 1530 von der Familie von der Malsburg bewohnt. Die von der Malsburgs gehören zu den ältesten Adelshäusern Hessens. Karl der Große (742 bis 814) soll einst Otto von der Malsburg mit einer Burg für treue Dienste belohnt haben. Auch das Wappen der Familie soll aus dieser Zeit stammen, wie die Brüder Grimm in ihren »Deutschen Sagen« berichten. Noch immer wird das Gut Escheberg von der Familie von der Malsburg bewohnt. Wo früher die Bauern der Umgebung harte Frondienste verrichten mussten, tummeln sich heute Golfer aus ganz Deutschland.

»Wie die Wolken dort wandern am himmlischen Zelt ...«

1841 war Emanuel Geibel zu Gast bei dem kunstsinnigen Karl Otto von der Malsburg. Dem Dichter stand zwar eine eigens im Schloss eingerichtete »Poetenstube« zur Verfügung, doch das berühmte Maigedicht entstand in der »Geibelhütte«, einem rustikalen Pavillon auf einer nahe gelegenen Anhöhe. Wer heute den Weg dort hinauf findet, kann den Gedanken des Dichters nachspüren und die Wolken wirklich wandern sehen.

Emanuel Geibel, 1815 in Lübeck geboren, studierte in Berlin Theologie und Philologie. Dort pflegte er Umgang mit Joseph von Eichendorff, Adelbert von Chamisso und Bettina von Arnim. Letztere besorgte dem damals 23-jährigen einen Traumjob als Hofmeister des russischen Gesandten in Athen. 1840 kam Geibel zurück nach Deutschland und machte sich mit patriotischen Gedichten einen Namen. Mit dem Aufruf »Empor mein Volk! Das Schwert zur Hand!« rief er die Deutschen zum Krieg gegen den »Erbfeind Frankreich« auf. Solch forsche Töne brachten ihm bei Preußens König Friedrich IV. eine jährliche Pension von 300 Talern ein und der bayrische König Maximilian II. berief ihn 1852 als Professor für deutsche Literatur nach München. Doch nach dem Tod des Regenten musste Geibel wegen seiner allzu preußischen Gesinnung Bayern wieder verlassen und kehrte nach Lübeck zurück, wo er 1884 starb.

Kritiker mögen ihm heute zwar »Hurrapatriotismus« vorwerfen, doch sein unsterbliches Maienlied lässt ahnen, dass er in seiner Jugend, im Vorfeld der 1848er Revolution, von einer freiheitlicheren Aufbruchstimmung ergriffen war. Zumindest damals in Escheberg.

Die bescheidene Geibelhütte: hier entstanden die berühmten Verse.

In der Geibelhütte erinnert eine Gedenktafel an den Dichter.

Kultursommer Nordhessen

Niveauvolle kulturelle Landpartien mit großem Spaßfaktor

In jedem Sommer ist die Welt zu Gast in Nordhessen. (Foto: Thomas Rosenthal)

Der Kultursommer Nordhessen bereichert seit 1989 die sommerliche Veranstaltungslandschaft in der Region der Brüder Grimm. Ausgesuchte Veranstaltungen von hoher Qualität mit international renommierten Interpreten laden jährlich im Juli und August zu märchenhaften Spielorten zwischen Bad Karlshafen und Bad Hersfeld, dem Hohen Meißner und dem Edersee ein. Dabei legt der Kultursommer Nordhessen besonderen Wert auf die Belebung der Konzertkultur durch originelle Programme und ungewöhnliche Dramaturgie. Er nutzt das Ambiente von alten Gemäuern, Schlössern, Klöstern, Scheunen, Parks und die ländliche Atmosphäre der Region als Veranstaltungsort.

Treffpunkt für die ganze Region: Musikpicknick im Schlosspark Wilhelmsthal (Foto: Carsten Herwig)

Mal fetzig-poppig, mal gediegen-klassisch

Kammermusik, Orchester, Chor, Salonmusik, Weltmusik, Jazz, Theater, Tanz, Kinderprogramme – der Kultursommer Nordhessen setzt auf die Mischung der Genres. Besondere Veranstaltungsreihen innerhalb des Festivals haben sich dabei aber auch als magische Anziehungspunkte für Liebhaber ganz spezieller Gattungen erwiesen. So kann man im Rahmen der Sommer Sinfonie im Kongress Palais Kassel Jugendsinfonieorchestern aus aller Welt lauschen und sich bei einem abwechslungsreichen Beiprogramm mit den Kulturen der jeweiligen Gastländer vertraut machen. Preisträger internationaler Musikwettbewerbe bestreiten die Konzertserie »Junge Virtuosen«, und »A Capella« heißt eine Reihe mit spritzigen Vokalensembles, die sich mal fetzig-poppig, mal gediegen-klassisch ganz ohne Instrumentalbegleitung in die Ohren und Herzen des Publikums schmeicheln. Prominente Schauspieler sind bei literarisch-musikalischen Soiréen zu Gast und eine Kabarett-Reihe sorgt für Attacken auf die Lachmuskeln.

Internationale Musiker bieten Hochgenuss für Auge und Ohr. (Foto: Thomas Rosenthal)

Spezielle Programme für Kinder und Jugendliche

Internationale Künstler gastieren beim Kultursommer Nordhessen neben herausragenden Interpreten der Region, die ebenso in das Programm mit eingebunden werden wie auch spezielle Programme für Kinder und Jugendliche zum Hören und Mitmachen.

Bekanntmachen möchte der Kultursommer Nordhessen ausgesuchte nordhessische Orte, die durch ihren besonderen Charme sowohl Touristen als auch Einheimische anlocken, vom Fremdenverkehr bisher aber noch nicht entdeckt worden sind.

Lauschige Sommernächte mit besonderem Flair (Fotograf: Bernd Schölzchen)

Es ist wieder soweit: Eröffnungsfest im Schlosspark Wilhelmsthal (Foto: Erhard J. Scherpf)

Der Kultursommer Nordhessen ist ein eingetragener Verein und wird finanziert durch seine beiden wichtigsten Träger, das Land Hessen und die Sparkassen Kulturstiftung Hessen-Thüringen, des Weiteren durch die Landkreise und Kommunen, sowie durch hessische Wirtschaftsunternehmen und eigene Einnahmen durch den Verkauf von Eintrittskarten.

PR-Beitrag von:
KULTURSOMMER NORDHESSEN e.V.
Heinrich-Schütz-Allee 33 · 34131 Kassel
Tel. (05 61) 9 88 39 30 · Fax (05 61) 98 83 93 33
info@kultursommer-nordhessen.de
www.kultursommer-nordhessen.de

ARS NATURA

Galerieraum Natur – Kunst erwandern im Herzen Deutschlands

Wandern mit ARS NATURA bietet sinnliche Erlebnisse, nicht nur durch herrliche Ausblicke auf die Mittelgebirgslandschaft Nordhessens, sondern auch durch anregende Kunstwerke, denen man am Wegesrand begegnet. Die aus ökologischen Materialien hergestellten Kunstwerke sind natur- und ortsbezogen und kommen durch die landschaftliche Umgebung besonders zur Geltung. Im Gegensatz zur Ballung in den Museen ist hier die landschaftsbezogene Streuung das künstlerische Präsentationsprinzip.

Die Kunstwerke befinden sich entlang des Fernwanderweges X8, der als Barbarossaweg den Kyffhäuser in Thüringen mit dem hessischen Korbach verbindet sowie am X3, der Wildbahn, die von Höxter über Kassel und Bad Hersfeld nach Bad Brückenau führt. Innerhalb des Projektes ARS NATURA, das 2000 von Dr. Karin Lina Adam und Sandrino Sandinista Sander initiiert wurde und 2005 in eine Stiftung überging, entstand eine Strecke von rund 200 Kilometern mit circa 250 Kunstwerken. Nirgendwo sonst in Europa findet sich ein Wanderweg dieser Länge, der zu einer ununterbrochen spannenden Kunstreise einlädt.

Das Landschaftsschutzgebiet machte eine sensible Materialwahl erforderlich

Die Teilstrecken:

Für Wanderer und Radfahrer bieten sich zehn Etappen am X8 und sechs Etappen am X3 an, die je nach individueller Vorstellung und Kondition eingeteilt werden können.

Die erste Teilstrecke führt um den Heiligenberg zwischen Felsberg und Melsungen und durch ein Landschaftsschutzgebiet, das eine sehr sensible Materialwahl zur Herstellung der Kunstwerke erforderlich machte.

Die zweite Teilstrecke führt von Melsungen in die Gemarkung Spangenberg. Bei der Auswahl der Werke stand hier die Begegnung im Vordergrund. Städtisch geprägte Ideenwelt und deren Umsetzung im ländlichen Raum bilden hier die beiden Pole, zwischen denen sich der Dialog von Kunst- und Naturfreunden ebenso ergibt wie die Öffnung des ländlichen Raumes für aktuelle künstlerische Ansätze.

Die dritte Teilstrecke befindet sich in Spangenberg. Die historische Innenstadt streifend führt hier der Pfad zur östlichen Gemarkungsgrenze. Die Dreiheit von Tier, Mensch und Umwelt ist hier Schwerpunkt der künstlerischen Auseinandersetzung.

Die vierte Teilstrecke ist in drei Abschnitte mit unterschiedlichen Schwerpunkten geteilt. Die Ebene der Gemarkung Felsberg, großflächig landwirtschaftlich genutzt, selten windstill und fast meeresnah wirkend, regte künstlerisch zur Reflexion von Energiegewinnung und -nutzung an.

Regenerative Naturkräfte und Rekreation des Menschen

Da die Gründung der Stadt Fritzlar auf das Werk des Missionars Bonifatius zurückführt, sind hier die Werke überwiegend historisch inspiriert. Führt doch der Weg auch über den Büraberg, auf dem sich eine karolingische Festung mit Kloster befand.

Der sich von Rothhelmshausen nach Bad Zwesten erstreckende dichte Wald sowie die Heilquellen des Kurortes legten den thematischen Schwerpunkt der regenerativen Naturkräfte und der Rekreation des Menschen nahe.

Die fünfte Teilstrecke führt nach Bad Wildungen. »Paradise found«, so lautet der Titel der Landesgartenschau Hessen 2006 in Bad Wildungen. ARS NATURA reflektiert hier unter dem Motto »Paradiesisches« die überlieferte Vorstellung vom umfriedeten Garten.

Da Bad Zwesten nicht am Barbarossaweg liegt, wurde die Stadt mit einem Rundweg an den ARS NATURA-Pfad angeschlossen. Die Strecke führt den Gedanken der Regeneration und Rekreation fort.

Sowohl der fünfte als auch der zehnte Abschnitt führen durch die Gemarkung Bad Wildungen. Auf dem Weg zum Dülfershof begegnet man allerlei »Irritationen im Paradies«.

»Ponykids« von Cornelia Brader, Memmingen, Wanderweg X3 bei Spangenberg

»Die Welle« von Erich Zimmer, Iffeldorf, Wanderweg X3 bei Kassel.

»Red Sticks« von Dana Widawski, Berlin, Wanderweg X8 bei Hessisch Lichtenau

»X-Terminal« von Sandrino Sandinista Sander, Spangenberg, Kreuzung Wanderwege X3 und X8 bei Spangenberg

Die Zauberwälder der Frau Holle

Von der Ostgrenze des Schwalm-Eder-Kreises bis zu den Großen Steinen bei Hessisch Lichtenau-Reichenbach im Werra-Meißner-Kreis wurde die siebte Teilstrecke, die den Zauberwäldern der Frau Holle gewidmet ist, ausgebaut. Der Hohe Meißner gilt als Heimat der Frau Holle.

»Goldwert« von Andreas Tollhopf, Kassel, Wanderweg X3 bei Lohfelden

Durch einen verwunschen anmutenden Wald führt die achte Etappe weiter nach Waldkappel. Von dort geht es auf der neunten Etappe weiter zum Alpstein. Phantasien um Zauberwälder und Frau Holle prägen auch hier die Kunstwerke.
In Spangenberg befindet sich die Kreuzung von Barbarossaweg und Wildbahn. Seit 2006 wird auch diese Route zum ARS NATURA-Pfad ausgebaut. Fünf Etappen wurden bereits realisiert. Im Raum Spangenberg entstand unter dem Motto »Tier, Mensch, Umwelt« eine skulptural dominierte Strecke. Im Bereich Melsungen-Kehrenbach warten spannende Serienwerke auf ihre Entdeckung.
Auch im Umfeld von Kassel bleibt der Dialog zwischen Natur und Kunst wegweisend. Da die dritte Etappe auf dem X3 sowohl durch den Uferbereich des Wahlebachs als auch an der Fulda entlang führt, sind die künstlerischen Arbeiten hier auf die Schönheit, die regenerativen und meditativen Kräfte und die Gefahren des Wassers bezogen.
Der Weg, auf dem früher Leineweber und Schuhmacher ihre Waren von Spangenberg nach Kassel trugen, blieb als »Schusterpfad« teilweise erhalten. ARS NATURA hat das Thema in Lohfelden aufgegriffen und acht interessante Werke als eine zwei Kilometer lange Galerie in der Natur installiert.
2009 entstand ein X8 und X3 verbindender Rundweg durch drei idyllische Täler und drei Fachwerkdörfer um Spangenberg unter dem Thema »Weitblick«. Der X3 wurde ebenfalls von Spangenberg

»Wächter III« von Barbara Neuhaeuser, Jena, Wanderweg X3 bei Spangenberg

nach Rotenburg mit 21 Werken zum gleichen Thema ausgebaut.
Die Wanderungen können in Bad Wildungen oder Waldkappel-Kirchhosbach, in Kassel oder Rotenburg begonnen werden – oder einfach mitten drin. Den Kunst-Wanderern stehen zwei Kunstführer zur Verfügung.

PR-Beitrag von:
ARS NATURA-Stiftung · Künstlerische Leitung
Dr. Karin Lina Adam und Sandrino Sandinista Sander
Am Blaubach 5 · 34286 Spangenberg
Tel. (0 56 63) 17 46 · info@ars-natura-stiftung.de
www.ars-natura-stiftung.de

In Nordhessen ist die zweitgrößte Volkshochschule Hessens zu Hause

Die vhs Region Kassel

Die Volkshochschule im Kreishaus in der Wilhelmshöher Allee

Im Jahr 2007 schlossen sich die beiden bis dahin selbstständigen Volkshochschulen der Stadt und des Landkreises Kassel zusammen. Seitdem arbeiten die 30 hauptberuflichen und etwa 800 frei- oder nebenberuflichen Mitarbeiter und Mitarbeiterinnen unter dem gemeinsamen Dach der vhs Region Kassel. Die neue vhs bietet mehr als 3000 Veranstaltungen pro Jahr an, die von über 30 000 Teilnehmerinnen und Teilnehmern besucht werden. Hinzu kommen weitere 12 000 Menschen, die Ausstellungen oder Vortragsveranstaltungen besuchen oder die Studienreisen buchen.

Nach der gelungenen Fusion beider Volkshochschulen kann die vhs Region Kassel nun ein attraktives und breit gefächertes Programm anbieten und damit auch in der Fläche präsent sein. Heute ist die Volkshochschule, abgesehen von ihren eigenen Einrichtungen und den hauptamtlich geführten Bürgerhäusern in der Stadt Kassel, in über 70 Stadt- und Ortsteilen der 29 Kommunen im Landkreis Kassel vertreten.

Erwachsenenbildung ist nicht nur berufliche Weiterbildung, sondern auch ein Stück Lebensqualität

Im Frühjahr und im Herbst stellt die Volkshochschule ihr jeweils aktuelles Halbjahres-Programm vor. Was das neue Semester zu bieten hat, lässt sich im Programmheft, das sich mittlerweile zu einem 160 Seiten starken Weiterbildungskatalog entwickelt hat, und im Internet nachlesen. Erwachsenenbildung ist nicht nur berufliche Fort- und Weiterbildung, sondern sie ist auch ein Stück Lebensqualität, das meint auch die vhs-Leiterin Katharina Seewald.

Auch das künstlerische Gestalten kommt nicht zu kurz: Kurs Ölmalerei der Malerin Christine Reinckens. (Foto: Christine Reinckens, Kassel)

Historische und aktuelle politische Inhalte sowie Themen aus Erziehung, Familie und Schule bilden den Kern des Programmbereichs Gesellschaft. Der Bereich Kultur umfasst unter anderem Themen aus Literatur, Musik, Tanz und darstellender Kunst und bietet ebenso kreative Inhalte wie künstlerisches Gestalten, Tanz oder Schreibwerkstätten.

Mehr als 20 verschiedene Sprachen kann man in den Kursen der vhs Region Kassel erlernen. Neben den Grund- und Aufbaukursen in Englisch, Französisch und Spanisch zählen dazu auch Sprachen wie Arabisch, Dänisch, Russisch oder Chinesisch. Zum Selbstverständnis der Volkshochschulen gehört, nicht nur Vokabeln und Grammatik fremder Sprachen vermitteln zu wollen, sondern auch einen Einblick in die Kultur und das Selbstverständnis ihrer Menschen zu ermöglichen.

Entspannung und Körpererfahrung, angewandte Psychologie und Ernährung sowie Heilmittel und Heilmethoden bilden die Inhalte des Programmbereichs Gesundheit. Großes Interesse finden heute sowohl die »klassischen« Angeboten wie etwa Yoga und Autogenes Training als auch Qigong und Angebote wie »Wanderung durch die Apotheke der Natur«, »Kochen wie die Profis« oder Weinseminare.

Computer sind mehr als nur Werkzeuge der Arbeitswelt

Abgesehen von den berufsbezogenen Inhalten des Programmbereichs Sprachen gibt es auch einen eigenen Programmbereich »Beruf«, der vor allem auf die Fort- und Weiterbildung in der Arbeitswelt zielt. Zu den inhaltlichen Schwerpunkten zählt das europaweit anerkannte Lehrgangssystem »Xpert« mit dem Teilbereich »Europäischer Computer Pass«, der umfassende Kenntnisse und praktische Fertigkeiten im Umgang mit den gängigen Anwenderprogrammen für Internet, Textverarbeitung, Tabellenkalkulation und verwandte Themen vermittelt. Zugleich bietet das Lehrgangssystem auch Managementtechniken an. Zu den einzelnen Kursen gehören in der Regel die Prüfungsvorbereitung und ein Zertifikat, wenn die Prüfung mit Erfolg abgeschlossen wurde.
Computer sind mehr als nur Werkzeuge der Arbeitswelt, auch darauf ist die vhs seit Langem eingestellt. So bietet die Volkshochschule eine große Zahl von Kursen und Seminaren, bei denen es um den kreativen Umgang mit dem Rechner geht. Dazu zählen unter anderem der Umgang mit einem professionellen Grafikprogramm, die digitale Bildbearbeitung bis hin zur »3D-Gestaltung« und der »Computer als Musikstudio«.

Eine Bildungseinrichtung, die sich an rund 450 000 Menschen richtet

Die Geschichte der vhs reicht in der Stadt Kassel bis zurück in die Anfänge der Volkshochschulbewegung. Am 1. Mai 1919 wurde der Verein »vhs Cassel« gegründet, der sich als Teil der Arbeiterbewegung verstand. Im Sommer 1920 führte die Volkshochschule ihre ersten Ferienkurse auf Sylt durch. Eine alte Teilnehmerliste weist aus: 8 Arbeiter, 10 Angestellte, 7 Hausfrauen/-töchter, 5 Selbständige, 8 Akademiker.
Vom NS-Staat verboten, wurde die Volkshochschule Kassel 1946 wiedergegründet. Zu ihren Gründungsvätern zählte auch Hermann Schafft. Heute versteht sich die Volkshochschule Region Kassel als kommunale Bildungseinrichtung, die sich mit ihren Angeboten an die rund 450 000 Menschen in der Stadt und im Landkreis Kassel richtet. Wie in den Anfängen beruht auch heute das Selbstverständnis der Volkshochschule darauf, offen für alle Menschen zu sein und Erwachsenenbildung als lebenslanges Lernen zu verstehen, das der Entfaltung der Persönlichkeit dient.

PR-Beitrag von:
Volkshochschule Region Kassel
Wilhelmshöher Allee 19 – 21 · 34117 Kassel
Tel. (05 61) 10 03 16 81 · Fax (05 61) 10 03 16 60
vhs@landkreiskassel.de · www.vhs-region-kassel.de

Die vhs ist in über 70 Stadt- und Ortsteilen der 29 Kommunen im Landkreis Kassel vertreten: die Geschäftsstelle der vhs-Hofgeismar.

Informationsveranstaltung zu Computerspielen im Saal der vhs.

Mit der vhs nicht nur Fremdsprachen lernen, sondern auch Einblicke in andere Kulturen gewinnen.

Die Natur verstehen lernen : Exkursion durch den Naturpark Habichtswald. (Alle Foto: Jürgen Depenbrock)

Der Naturpark Habichtswald

Zukunftsgestaltung für Mensch und Natur

Der Naturpark Habichtswald ist einer von elf hessischen und circa 100 deutschen Naturparks. Er hat eine Größe von 474 Quadratkilometern und wird betreut vom Zweckverband Naturpark Habichtswald, der anteilig aus den Landkreisen Kassel und Schwalm-Eder sowie der Stadt Kassel besteht. Die Geschäftsstelle sowie der Betriebshof des Naturparks mit Werkstatt, Maschinen und Fahrzeugen befinden sich in Kassel-Oberzwehren.

Der Naturpark hat die Aufgabe, die Natur und die einzigartige Kulturlandschaft unserer Region für die Menschen und mit den Menschen zu bewahren und nachhaltig zu entwickeln. Übergeordnetes Ziel ist eine Balance zwischen intakter Natur, wirtschaftlichem Wohlergehen und guter Lebensqualität. Naturparke sind damit Vorbildlandschaften für die Entwicklung ländlicher Regionen. Im Naturpark Habichtswald hat man aus diesem Grund bestimmte Schwerpunkte gesetzt.

Auch der winterliche Loipendienst in den höheren Lagen gehört zum Service des Naturparks.

Kinder und Jugendliche für die Natur faszinieren

Um den Besuchern zunächst einen »Zugang« zum Naturpark zu ermöglichen, ist es wichtig, eine ausreichende und angemessene Erholungsinfrastruktur bereitzustellen. Hierfür betreut der Naturpark Habichtswald rund 70 Wanderparkplätze und etwa 450 Kilometer Wanderwege mit Einrichtungen wie Schutzhütten, Spielplätzen und Ruhebänken. Auch der winterliche Loipendienst in den höheren Lagen gehört zum Service des Naturparks.

Eine weitere Aufgabe des Naturparks ist es, die Menschen in unterschiedlicher Weise über unsere Region zu informieren. Hierfür bietet der Naturpark Habichtswald unter anderem eigene Veranstaltungen an und bewirbt die seiner Partner. Die Themenvielfalt ist hierbei ebenso groß wie die Struktur der Zielgruppen. Ein besonderes Anliegen der Naturparkverwaltung ist es, Kinder und Jugendliche für die Natur zu faszinieren und deren Umweltbewusstsein zu stärken.

Auf die Qualität und Vorzüge der regionalen Produkte aufmerksam machen

Das Naturparkzentrum auf dem Dörnberg bei Zierenberg bietet Besuchern erstmals eine eigene Anlaufstelle mit vielen Informationen zu unserer Region.

Die Naturparkidee beinhaltet auch, auf die Qualität und Vorzüge der regionalen Produkte aufmerksam zu machen, um so die regionale Wertschöpfung zu stärken. Aus diesem Grund werden zum Beispiel die Direktvermarkter im Naturpark besonders beworben und unterstützt.

Letztendlich ist auch der Naturschutz eine wichtige Naturparkaufgabe. Von der Entfernung fremdländischer Gewächse wie etwa dem Riesenbärenklau über das Anlegen von Energieholzflächen bis hin zur großflächigen Biotoppflege in Naturschutzgebieten – der Betriebshof des Naturparks Habichtswald unterstützt im Rahmen seiner Möglichkeiten personell und maschinell die verschiedensten Projekte.

Es gibt immer etwas zu tun: Die Naturparkwerkstatt.

PR-Beitrag von:
Zweckverband Naturpark Habichtswald
Geschäftsführer Jürgen Depenbrock
Oberzwehrener Straße 103
34132 Kassel
Tel. (05 61) 10 03 11 11
Fax (05 61) 10 03 11 06
juergen.depenbrock@landkreiskassel.de
www.naturpark-habichtswald.de

NATURPARK HABICHTSWALD
Naturpark-
zentrum
Wormeln
Calenberg
Ersen
Niedermeiser
Kelze
Welda
Wettesingen
Ober-
listingen
Nieder-
listingen
Obermeiser
Friedrichsthal
Grebenstein
Hörle
Westuffeln
Herbsen
Sieber-
hausen
Schachten
Burguffeln
Hohenborn
Volkmarsen
Breuna
Laar
Calden
Rhöda
Escheberg
Meimbressen
Külte
Ehrsten
Rangen
Nieder-
elsungen
Friedrichs-
aue
Fürsten-
wald
Wilhelms-
thal
Schäfer-
berg
Neu-Berich
Ehringen
Wetterburg
Ober-
elsungen
Heckers-
hausen
Lütersheim
Twiste-
see
Weimar
Zierenberg
Ahnatal
Nothfelden
Viesebeck
Elmars-
hausen
Altenhasungen
Dörnberg
Landau
Wenigen-
hasungen
Habichts-
wald
Harleshausen
Gasterfeld
-thal
Philippinen-
-burg
Kassel
Wolfhagen
Burghasungen
Ehlen
Bühle
Istha
Oelshausen
Wilhelmshöhe
Leckring-
hausen
Bründersen
Breiten-
bach
Hoof
Martin-
hagen
Schauenburg
Ipping-
hausen
Elgershausen
Alten-
ritte
Oberzwehren
Altenstädt
Balhorn
Altenbauna
Sand
Elmshagen
Baunatal
Rengers-
hausen
Naumburg
Bad Emstal
Großenritte
Kirch-
bauna
Niedenstein
Elbenberg
Merx-
hausen
Hertings-
hsn.
Gunters-
hausen
Netze
Ermetheis
Besse
Wichdorf
Holzhausen
Grifte
Altendorf
Edermünde
Böhne
Riede
Kirchberg
Metze
Haldorf
Dissen
Königs-
hagen
Buhlen
Heimars-
hausen
Lohne
Gleichen
Deute
Wolfers-
hausen
Gudensberg
Affoldern
Dorla
Wehren
Bergheim
Mehlen
Züschen
Haddamar
Edertal
Giflitz
Wellen
Werkel
Böddiger
Alten-
brunslar
Twiste
Erpe
Warme
Ahna
Bauna
Ems
Elbe
Esse
7
83
44
450
251
520
485
49
254
0
5 km
10 km
© Stadt Kassel, Vermessung und Geoinformation 2009, Lizenz-Nr. 1000

Die Hugenotten – frühe Immigranten in Hessen

Die Hugenotten kamen nicht freiwillig nach Hessen. Sie waren aus ihrer französischen Heimat geflohen, in der sie, nach anfänglicher Duldung, ihres calvinistisch-protestantischen Glaubens wegen immer wieder unterdrückt, verfolgt, sogar zu Tausenden ermordet (Bartholomäusnacht 1572) wurden. Das Toleranzedikt von Nantes (1586) von Heinrich IV. bot ihnen für einige Jahrzehnte relative Sicherheit. Nach Heinrichs Tod 1610 begann jedoch erneut ihre Unterdrückung. Viele verließen ihr Land. Sie flohen bevorzugt in die Schweiz. Von dort aus zogen manche weiter nach Deutschland, wo sie bei protestantischen Fürsten Asyl fanden. Nach der Aufhebung des Edikts von Nantes 1685 kam es zu einer regelrechten Massenflucht, wiederum vor allem in die Schweiz.

Einwanderung unter Landgraf Karl I.

Die Schweizer fühlten sich bald überflutet von den Flüchtlingen und boten deutschen Fürsten finanzielle Unterstützung für die Aufnahme von »Refugies« an. Das traf sich gut, denn der protestantische Landgraf Karl I. wollte seinem vom 30-jährigen Krieg geschundenen Land wieder auf die Beine helfen und lud die tüchtigen Hugenotten nach Hessen ein, zur Belebung von Handwerk, Handel und Landwirtschaft. Es kamen Bauern, einfache Handwerker wie Tuchmacher, Strumpfwirker, Hutmacher, Wollweber, Kunsthandwerker wie Gobelinweber, Posamentierer oder Silberschmiede, aber auch Angehörige höherer Bildungsstände und Adlige, die sich in Kassel ansiedelten. Etwa 4000 waren es, die mit Hilfe von Flüchtlingskommissaren auf existierende Gemeinden (Hofgeismar, Hombressen) verteilt wurden oder aufgelassene Dörfer neu besiedelten (Carlsdorf, Kelze, Leckringhausen, Louisendorf). Zwei Stadtsiedlungen wurden eigens für sie gegründet: die Oberneustadt in Kassel 1688 und Bad Karlshafen 1699. Doch auch in späteren Jahrzehnten kamen noch einige Tausend Hugenotten nach Hessen. Die letzte Siedlungsgründung war Friedrichsdorf, 1775.

Landgraf Carl lud die verfolgten Hugenotten nach Hessen ein, zur Belebung von Handwerk, Handel und Landwirtschaft.

Zusammenwachsen und Spurensuche

Trotz der von Landgraf Karl den Hugenotten gewährten Privilegien – Befreiung von Steuern, Zollabgaben und Zunftzwang –, die ihnen den Aufbau ihrer Existenz erleichtern sollten, waren die ersten Jahre für die Flüchtlinge schwierig. In der eingesessenen Bevölkerung riefen die Privilegien oftmals Unmut hervor. Es dauerte Jahre, bis sich die Verhältnisse normalisierten und fast ein Jahrhundert, bis aus den Flüchtlingen »Hessen« wurden. Eindrücklich sind die architektonischen Spuren der Baumeisterdynastie du Ry in Bad Karlshafen mit seinen schlichten, geometrisch angeordneten Barockbauten. In der Kasseler Oberneustadt zeugen nur noch wenige Bauten von ihrem Wirken, zum Beispiel das Palais Belleveue, die Karlskirche oder auch das Hopital de Francois Refugies. Beachtenswert sind die vielerorts erhaltenen hugenottischen Dorfkirchen in Fachwerkbauweise (Carlsdorf), in denen bis in die 30er Jahre des 19. Jahrhunderts noch auf Französisch gepredigt wurde. Einige Spuren kann man essen (Beregris, Karotten, Buletten), anderen kann man auf den Hugenottenfesten in Kelze, Bad Karlshafen oder auch Leckringhausen begegnen.

Sabine Scherer

Die Kirche des Hugenotten-Dorfes Leckringhausen bei Wolfhagen

»... die dankbare Stadt Carlshafen« baute ihrem Förderer Landgraf Carl ein Denkmal.

»... also den Rhein mit dem Wäßerstrom communicable zu machen«

Das alte Wendebecken in Bad Karlshafen blieb bis heute erhalten.

Der Kanal des Landgrafen Karl von Hessen Kassel

Die Trendelburger Kammerschleuse wurde gebaut zur Überwindung des Mühlenwehrs.

Als Landgraf Karl, damals gerade 23 Jahre alt 1677 die Regentschaft in Hessen Kassel übernahm, sah es in dem Landstrich nicht gut aus. Noch Jahrzehnte nach dem Ende des Dreißigjährigen Krieges waren die Felder, Häuser und Straßen verwüstet. Viele Menschen waren den Kriegshandlungen zum Opfer gefallen und die Pest hatte ein Übriges getan. Mancherorts waren die Bevölkerungszahlen auf die Hälfte geschrumpft. All das hielt den jungen Landgrafen nicht davon ab, sein kleines Reich vollständig umzukrempeln. Mit der Ansiedelung von gut ausgebildeten, fleißigen Hugenotten glich er die Bevölkerungsverluste aus, setzte die Verkehrswege wieder instand und gründete zahlreiche neue Betriebe.

195 Kilometer lang, 45 Schleusen

Um 1710 startete Karl ein besonders kühnes Projekt: einen Kanal, um »... also den Rhein mit dem Wäßerstrom communicable zu machen«, wie es in einer ersten Projektskizze hieß. Dieser Rhein-Weser-Kanal mit einer Länge von 195 Kilometern sollte von Karlshafen über Kassel nach Marburg führen und dabei dem Lauf kleiner und mittlerer Flüsse folgen. Auf der Strecke waren gewaltige Höhenunterschiede zu bewältigen. 48 Schleusen waren deshalb eingeplant, – aus heutiger Sicht längst nicht ausreichend.

1713 wurde mit den Arbeiten in Karlshafen begonnen und anschließend das Flüsschen Diemel bis nach Stammen ausgebaut. Dort wechselte die Trasse in das Tal der Esse. Der eigentliche Kanal mit einer Tiefe von 1,5 Metern und einer Breite von maximal 15 Metern wurde parallel zur Esse bis zu dem Dörfchen Hümme angelegt.

Der alte Kanal ist noch deutlich als Mulde zu erkennen. Heute weiden Pferde darin.

Bauliche Reste sind heute noch zu sehen

1723 war der erste Bauabschnitt, zu dessen Realisierung ganze Regimenter abkommandiert worden waren, abgeschlossen und die »Schifffahrt« konnte ihren Betrieb aufnehmen. Von Stammen nach Hümme wurde »getreidelt«, das heißt, die etwa zehn Meter langen und 1,5 Meter breiten Lastkähne wurden von Pferden entlang der »Treidelpfade« am Ufer gezogen. Immerhin 6 Tonnen Gewicht konnten die Flachbodenschiffe transportieren. Ein Lastkarren schaffte damals höchstens 2 Tonnen.

Wegen der ständig schwankenden Wasserstände und anderer Probleme musste der Betrieb immer wieder unterbrochen werden. Zeitweise konnte das Projekt nur mit staatlichen Subventionen am Leben erhalten werden. Mit dem Tod des Landgrafen Karl 1730 kam das endgültige Aus für den Kanal. Das ehrgeizige Bauprojekt wurde nicht weiter verfolgt, die Schifffahrt aufgegeben und der Kanal fortan zur Fischzucht, oder als Steinbruch benutzt. Nur wenige bauliche Reste haben sich bis heute erhalten, so das geräumige Wendebecken im heutigen Bad Karlshafen und einige Schleusenanlagen. Zwischen Stammen und Hümme zeugt noch eine deutliche Geländemulde vom alten Kanal. Heute weiden darin Pferde.

Play Golf – start living

Faszination Golf im Golfclub Gut Wissmannshof e.V.

Golf heißt: »Zurück zur Natur!« Viel Bewegung in ursprünglichem Ambiente und frischer Luft baut negativen Stress ab, regeneriert Körper und Geist, schafft Gelassenheit, Harmonie und gibt neue Kraft. Wer sich für Golf entscheidet, trifft mit dem ersten Schlag eine positive Entscheidung für sein Leben. Golf kann in jedem Alter, in allen Jahreszeiten vom Wetter unabhängig gespielt werden. Allein, zu zweit oder in der Gruppe. Spielschwache und Spielstarke können wetteifern. Golf ist der ideale Sport für Familien wie auch Singles, egal ob als Freizeitgestaltung, intensive sportliche Betätigung oder sogar als Leistungssport. Eine Runde Golf ist wie ein herrlicher Urlaubstag.
Golfer finden schnell Kontakt und pflegen Lebensart in Gemeinschaft. Freundschaften und Geschäftsbeziehungen entstehen auf dem Golfplatz. Golf ist facettenreich und wird schnell zur Leidenschaft. Perfektion ist das Ziel, zu erreichen ist es fast nie. Und: Golf ist international! Golf kennt keine Grenzen. Auf den schönsten Plätzen der Welt – jeder individuell gelegen und gestaltet – bietet diese Sportart den Golfern ein Zuhause. Golf wird erlernt durch Fleiß, Aufgeschlossenheit und Disziplin. Die eigentliche Golflektion heißt: Über den Dingen stehen! Golf macht selbstbewusst und demütig zugleich. Geduld und Beständigkeit sind das Ziel – aber auch der Weg.

Golf spielen? Gern. Aber wo?

Gut Wissmannshof liegt im Herzen Deutschlands in märchenhafter Landschaft nahe Werra, Fulda und Weser im Naturpark Münden/Kaufunger Wald und gehört zu Staufenberg, der südlichsten Gemeinde Niedersachsens. Das Gut befindet sich vor den Toren der Brüder Grimm- und documenta-Stadt Kassel, wenige Kilometer der Fachwerkperle Hannoversch Münden und unweit der Universitätsstadt Göttingen. Idyllisch liegt es auf einer herrlichen Hochfläche in absoluter Ruhe, umrahmt von Wiesen und Wäldern. Natur pur soweit das Auge reicht. Gesundes Klima, saubere Luft, schönste Fernsicht über das Kasseler Becken bis zum Habichts- und Reinhardswald sowie zu den Göttinger Bergen sind Genuss und Erlebnis in abwechslungsreicher, reizvoller Mittelgebirgslandschaft.

Ein Juwel im Herzen Deutschlands: Golf mit Weitblick

Im Sinne einer Symbiose von Naturschutz und Golfsport wurden ökologische Aspekte berücksichtigt. Sport und Erholung im Einklang mit der Natur! 1996 wurde der sportlich anspruchsvolle 18-Loch-Platz, Par H 72/D 73, eröffnet. Auf jeder Spielbahn genießt der Golfer ein phantastisches

Gepflegte Gastronomie, Gastlichkeit und Golfen nach Herzenslust

Innerhalb weniger Jahre hat sich der Golfclub Gut Wissmannshof zu einer angesehenen Adresse entwickelt.

Das Golfpark-Restaurant ist zu jeder Jahreszeit lebendiger Treffpunkt.

Purer Golfgenuss in reizvoller Mittelgebirgslandschaft

Eine Runde Golf ist wie ein herrlicher Urlaubstag.

Hier fühlen sich Routiniers und Anfänger vom ersten Schlag an wohl.

Panorama. Die bewaldeten Höhenzüge, die benachbarten Dörfer, der Blick zum Herkules und Habichtswald, Feldgehölze und Gebüschgruppen bilden eine zu jeder Jahreszeit lohnende Kulisse: ein optimales Umfeld für einen Golfplatz.

Routiniers und Anfänger sollen sich vom ersten Schlag an wohl fühlen! Innerhalb weniger Jahre hat sich der Golfclub Gut Wissmannshof zu einer angesehenen Adresse entwickelt. Viele Mitglieder haben hier ihre golferische Heimat und kultiviertes Sportvergnügen gefunden. Jedes Jahr beteiligen sich Mitglieder und Gäste an über 40 sportlich erfolgreichen Turnieren. Von namhaften, gesponserten Highlights bis hin zum sympathischen Benefiz-Cup. Da Gäste stets willkommen sind, finden Interessierte schnell Anschluss an das lebhafte, vielseitige Clubleben. Freude an Sport, Natur und Geselligkeit haben, so lautet die Devise zu jeder Jahreszeit.

Auch die Jugend kommt nicht zu kurz. Intensive Betreuung zeigt gute Früchte. Etliche Erfolge in etablierten Turnieren kann die Clubjugend verbuchen. Zum Training am Freitag sind interessierte Kinder und Jugendliche der Region über einen längeren Zeitraum und bei Materialstellung kostenfrei eingeladen, unter Anleitung spielerisch zu trainieren.

Aller Anfang ist nicht schwer

Für die Aus- oder Weiterbildung wurden engagierte Golflehrer verpflichtet. Sie vermitteln die ersten Schritte ins Golfglück und steigern die golferischen Fähigkeiten ihrer Eleven durch fachliches Können und anschauliche Unterrichtsgestaltung. Neben praktischem Golftraining werden Theorie und Regelkunde vermittelt und auch individuelle Tipps bei gesundheitlichen Beschwerden gegeben. Newcomer werden schnell »fit for fun«. Im umfangreichen Kursangebot der Golfschule können Interessierte unverbindlich und günstig in kleinen Gruppen erste Golfluft schnuppern. Schläger und Bälle sind inklusive.

Freizeit ohne Handicap genießen

Auch das Golfpark-Restaurant ist zu jeder Jahreszeit lebendiger Treffpunkt. Kein Wunder, genießt man doch hier gepflegte Gastronomie und herzliche Gastlichkeit. Kulinarische Wünsche nach Lust und Laune für den Gourmet und den Gourmand erfüllt der Küchenchef gern Doch nicht nur Golfer schätzen das gemütliche »Loch 19« und die großzügige Weitblick-Terrasse. Auch Gäste, die nicht Golf spielen, verweilen hier gern in netter Runde. Der Golfclub Gut Wissmannshof e.V. lädt Anfänger und Golfprofis ein, frische Golfluft zu genießen. Natürlich sind auch die Kinder der Golffreunde herzlich willkommen.

PR-Beitrag von:
Golfclub Gut Wissmannshof e.V.
Gut Wissmannshof · 34355 Staufenberg
Tel. (0 55 43) 91 03 30 · Fax (0 55 43) 91 03 50
gcgutwissmannshof@t-online.de
www.golfclub-gut-wissmannshof.de

In Hessen ganz oben, in vielen Dingen vorn!

Der Landkreis Kassel

Der heutige Landkreis Kassel ist jung. Er wird in seiner jetzigen Form erst 1972 mit der Umsetzung der Gebietsreform in Hessen Realität. Die ersten erdgeschichtlichen Duftmarken, die im Kreis Kassel gesetzt wurden, sind natürlich um einiges älter. Um genau zu sein: rund 245 Millionen Jahre. Im Stadtwald von Wolfhagen wurden hervorragend erhaltene Fußabdrücke von Sauriern gefunden und bei Liebenau-Lamerden kam einer der weltweit größten Funde versteinerter See-Lilien ans Tageslicht. Dies und die vielerorts von Wanderern geschätzten bizarren Basaltformationen zeigen: Nordhessen war 20 Millionen Jahre vor unserer Zeit eine »heiße Hölle«.

Ein anderes »höllisches« Erlebnis bereiteten die Chatten im Jahr 9 nach Christus dem römischen Statthalter Varus, der mit seinen Legionen irgendwo zwischen Kassel und Osnabrück Opfer einer konzertierten Aktion von germanischen Stämmen unter Führung von Arminius, dem Cherusker, wurde. Die Region Kassel und der nördliche Schwalm-Eder-Kreis gelten als Kernland der Chatten. Tacitus berichtet von den Vorfahren der Nordhessen und Namensgebern ganz Hessens mit großem Respekt. War der Sieg gegen die Römer bereits eine logistische Meisterleistung, so ist der Standort des Flughafens Kassel-Calden unter verkehrlichen Gesichtspunkten hervorragend gewählt; zumindest dann, wenn man die Maßstäbe der Jungsteinzeit anlegt. Das Erdwerk bei Calden, eine der bedeutendsten jungsteinzeitlichen Anlagen in Deutschland, weist auf eine Besiedlung aus der Zeit um 3700 vor Christus und auf eine Kreuzung von bedeutenden bronzezeitlichen Verkehrswegen nördlich von Kassel hin. Rund um den Hohen Dörnberg bei Zierenberg gibt es Siedlungsfunde von der Jungsteinzeit bis ins frühe Mittelalter – schon früh, wusste man also, dass man im heutigen Naturpark Habichtswald gut und lange leben konnte. Ob Karl der Große, der ja auch andernorts geschichtsträchtig wirkte, auch auf dem Dörnberg war, ist (noch) unbekannt; er machte mit seinem Heer bei den Feldzügen gegen die Sachsen am Ende des 8. Jahrhunderts im Norden des Landkreises bei Bad Karlshafen Station.

Stadt und Kreis befinden sich auf dem Weg zu einer Region Kassel

Die Geschichte des Landkreises Kassel ist eng verbunden mit der Geschichte der Landgrafschaft Hessen und der früheren Residenzstadt Kassel, die noch bis 1867 zum Landkreis gehörte – eine Variante, die für die Zukunft nicht völlig ausgeschlossen ist: Stadt und Kreis befinden sich auf dem Weg zu einer Region Kassel.

Bereits König Heinrich II., der spätere Kaiser, hat diesen Weg »geebnet«, denn er machte seiner Gattin Kunigunde den Königshof Kassel zum Geschenk. Kunigunde gründete in Oberkaufungen ein Nonnenkloster und verlegte ihren Wohnsitz dorthin – aus dieser Zeit stammt die heute eher weniger gebräuchliche Ortsbezeichnung »Kassel bei Kaufungen«. Zur gleichen Zeit entwickelt sich das Benediktinerkloster in Bad Karlshafen-Helmarshausen zu einem Zentrum der Buchmalerei. Hier entstand das Evangeliar Heinrichs des Löwen, eines der bedeutendsten Werke mittelalterlicher Buchkunst. Das Faksimile ist heute im Heimatmuseum Helmarshausen zu sehen.

Im Laufe der Zeit gehörte das Kreisgebiet den Landgrafen von Thüringen und schließlich dem Enkel der Heiligen Elisabeth. 1526 führt Landgraf Philipp in Hessen die Reformation ein, beseitigt die Klöster und gründet vorbildliche Hospitäler. So wird das Kloster Merxhausen in Bad Emstal ein Hospital von kranken, gebrechlichen und alten

Das ehemalige Kloster Merxhausen gehört heute zum Zentrum für Soziale Psychiatrie des Landeswohlfahrtsverbandes Hessen. (Foto: Birgit Mietzner)

Die Fachwerkstadt Wolfhagen (Foto: Birgit Mietzner)

Mit Rad Auto oder Bahn, der Landkreis Kassel kann vielfältig erfahren werden.

Menschen aus der Landbevölkerung – heute gehört das Hospital Merxhausen zum Zentrum für Soziale Psychiatrie des Landeswohlfahrtsverbandes Hessen.

Die Grimmschen Märchen wurden in der Mehrzahl in Schauenburg gesammelt

Frisches Blut ist im Landkreis Kassel immer willkommen – 1685 kamen auf der Basis einer Freiheitskonzession des Landgrafen Carl von Hessen Kassel rund 4000 Hugenotten und Waldenser nach Nordhessen. 1699 wurde Bad Karlshafen gegründet – mit dieser Stadtgründung am Reißbrett wollte sich der Landgraf an der Mündung der Diemel in die Weser eine repräsentative Metropole erschaffen. Ein im Gegensatz dazu realisierter Traum ist das Rokoko-Schlösschen Wilhelmsthal, das Landgraf Wilhelm VIII. Mitte des 18. Jahrhunderts als Gartendomizil errichten ließ. Wenn man durch den idyllischen Park von Wilhelmsthal wandelt, kann man sich wie im Märchen fühlen. Dieses Gefühl trügt nicht, da der Landkreis Kassel das Märchenland der Brüder Grimm ist. Die Grimmschen Märchen wurden in Kassel, in der Mehrzahl aber in Schauenburg gesammelt. In der Schauenburger Märchenwache kann man mehr über die Entstehung der Grimmschen Märchen erfahren. Richtig märchenhaft ist auch das größte zusammenhängende Waldgebiet Hessens, der Reinhardswald, zwischen Weser und Diemel. Hier liegt das Dornröschenschloss Sababurg und hier kann man wie an vielen anderen Stellen im Landkreis auf dem Märchenlandweg Romantik mit Bewegung verbinden.

Unterhalb der Sababurg legte Landgraf Wilhelm IV. 1571 einen »Thiergarten« an. Auf 130 Hektar entstand in einem von einer fünf Kilometer langen Mauer umgebenen Park einer der ältesten zoologischen Einrichtungen Europas. 1971 hat der Landkreis Kassel den Park übernommen und seitdem die Anlage zu einem beispielhaften Tierpark für Tiere, die einst in den europäischen Wäldern heimisch waren, ausgebaut. Unter 300-jährigen Eichen weiden zottelige Wisente und kräftige Auerochsen. In großzügigen Gehegen äsen Hirsche und Damwild. Auch Wölfe, Luchse und Fischotter finden in artgerechten Ge-

Helmarshausen zählt zu den ältesten Siedlungen in Nordhessen: im Hintergrund die Krukenburg. (Foto: Birgit Mietzner)

Blick auf den Schulbauernhof am Tierpark Sababurg: im Hintergrund das berühmte Dornröschenschloss (Foto: Birgit Mietzner)

Goldige Engel im Park von Schloss Wilhelmsthal

Blick in das Foyer des Kreishauses

Moderne Kunst im modernen Kreishaus

hegen ein neues Zuhause. Über 650 Tiere aus 85 verschiedenen Arten können die Besucher hier erleben. Besonders beeindruckend sind die Flugvorführungen der Greifvögel, bei denen Seeadler, Falken, Bussarde und Steppenadler zu sehen sind.

Wandern wird in Nordhessen zur Meditation

Nicht ganz die Ausdauerwerte der genannten Greifvögel benötigt man, um touristisch im Landkreis Kassel unterwegs zu sein. Auf das eigene Auto zu verzichten, ist allerdings zu empfehlen, denn Wandern wird in Nordhessen zur Meditation: Wer will, kann tagelang unterwegs sein, ohne einer Menschenseele zu begegnen. Besonders beim Erwandern der so genannten »Wildbahn« – einem insgesamt 210 Kilometer in Richtung Süden führenden Weg, der in Bad Karlshafen beginnt – zeigt sich der Reiz des Wanderns. Der Weg verläuft auf großen Strecken fernab von Ortschaften, mitten durch die reizvollen riesigen Wälder Nordhessens. Wer dagegen als passionierter Radfahrer die Herausforderung sucht, ist in der Mittelgebirgsregion Kassel ebenfalls genau richtig. Sie bietet alles, was das Radlerherz begehrt, denn im Landkreis verbinden sich zahlreiche regionale Radwege mit überregionalen Radfernwegen zu einem dichten, abwechslungsreichen Wegenetz. Besonders empfehlenswert sind die Radwege entlang den Flussläufen von Fulda, Weser und Diemel. Von der Quelle bis zur Mündung bieten sich nach jeder Biegung neue Ausblicke in die herrliche Landschaft. An der einen oder anderen Steigung mag die Wade ein wenig schmerzen, aber dafür entschädigt der Blick von der Bergspitze.

Theater, Volksfeste, Konzerte: die Kulturkalender der Städte und Gemeinden sind umfangreich

»Hessens grüne Nordspitze« bietet ihren Gästen nicht nur »Natur«, sondern auch über das ganze Jahr verteilt eine Fülle kultureller Veranstaltungen. Der Bogen spannt sich von Konzerten in Burgen, Schlössern und Kirchen, von Theateraufführungen und Kunstausstellungen bis hin zu den traditionsreichen Volksfesten in den Städten und Gemeinden. Unvergesslich sind laue Sommerabende vor dem Schloss Wilhelmsthal oder in der Stiftskirche Kaufungen, »stilechte« Märchenaufführungen im Theater des Dornröschenschlosses Sababurg. Begehrtes Ausflugsziel sind auch die klassischen Stücke auf der stimmungsvollen Waldbühne Niederelsungen – um nur einige Beispiele aus dem umfangreichen Kulturkalender der Gemeinden zu nennen. Neugierig geworden? Egal, ob Einheimische und Gäste in der Natur oder auf den Spuren der Geschichte wandeln wollen – die Region Kassel-Land (www.kassel-land.de) ist gerne behilflich bei der Suche nach der richtigen Wanderroute, kuscheligen Herbergen und zünftigen Restaurants mit deftiger nordhessischer Küche.

Die verwinkelten Gassen von Naumburg-Elbenberg (Foto: Birgit Mietzner)

Landkreis Kassel

PR-Beitrag von:
Landkreis Kassel
Wilhelmshöher Allee 19 – 21 · 34117 Kassel
Tel. (05 61) 1 00 30 · Fax (05 61) 77 99 64
zentralbereich@landkreiskassel.de
www.landkreiskassel.de

Die Sonne bringt es an den Tag

Gute Atmosphäre im Landkreis Kassel

Effiziente Beratung hilft bei der Energieeinsparung.

Das Engagement des Landkreises Kassel in Sachen Solar- und damit Energiepolitik ist beispielhaft. Zu Recht ist heute von der Solarregion Kassel die Rede. Für die gute Atmosphäre sorgen allerdings nicht nur Sonnenstrahlen, sondern auch der Einsatz von Biomasse. Sperrige Worte wie Holzhackschnitzelfeuerungsanlagen, Blockheizkraftwerk auf Pflanzenölbasis oder Heizkessel auf Pelletbasis umschreiben die Entscheidung für eine ökonomisch und ökologisch gesicherte Zukunft. Dabei schafft es der Landkreis, bestehende Bausubstanzen umzufunktionieren und ihnen intelligente Funktionen zukommen zu lassen. Gelungenes Beispiel dafür ist die ehemalige Pommerkaserne in Wolfhagen. Dort konnte eine der größten Photovoltaikanlagen Europas eingeweiht werden. Zu Gute kommt das Rekord-Solardach nicht nur kommenden Generationen, sondern auch der Herwig-Blankertz-Schule. Das mit einer Gesamtfläche von 4800 Quadratmetern größte Solardach Hessens der neuen Berufsschule speist seit Herbst 2008 Energie ins öffentliche Netz.

Eine Gesamtsolarleistung von 1,1 Megawatt

Mittlerweile gibt es Photovoltaikanlagen auf den Dächern von insgesamt fast 40 Schulen im Landkreis. Hinzu kommen Anlagen auf dem Schulbauernhof im Tierpark Sababurg, auf Scheunen wie der des Wasserschlosses Wülmersen bei Trendelburg und auf dem Dach des kreiseigenen Freizeitheimes Panorama in Berchtesgaden. Die Arbeitsförderungsgesellschaft AGiL betreibt eine Anlage auf dem Dach der ehemaligen Kleiderfabrik in Wolfhagen und nicht zuletzt wird auf dem Dach des Kreishauses in Kassel Solarstrom erzeugt. Damit steht immerhin eine Gesamtsolarleistung auf Kreisgebäuden von mehr als 1,1 Megawatt zur Verfügung.
Der Kreis setzt auch auf Biomasse und bedient sich eines breiten Spektrums der regenerativen Energien. Sechs Schulen werden von Holzhackschnitzelfeuerungsanlagen mit Wärme versorgt. Heizkessel auf Pelletbasis kommen an der Elbetalschule in Naumburg, in der Sportbildungsstätte Sensenstein und im Wasserschloss Wülmersen zum Einsatz. An der Wilhelm-Filchner-Schule in Wolfhagen sorgt ein Blockheizkraftwerk auf Pflanzenölbasis für Wärme.

Der Kreis Kassel wird auch in Zukunft bei der Nutzung erneuerbarer Energien mit gutem Beispiel vorangehen

Die Gewinnung regenerativer Energie aus landwirtschaftlichen Biogasanlagen zählt zu den Spezialitäten im Landkreis Kassel: 18 Biogasanlagen mit einer Leistung von rund 6000 Kilowatt werden inzwischen vom Maschinenring Kassel betreut. Damit ist der Kreis auch auf diesem Gebiet in Hessen Spitze. Intelligente Wärmenutzungen – wie zum Beispiel in kommunalen Einrichtungen in Reinhardshagen, Hofgeismar-Hombressen und Naumburg-Heimarshausen werden systematisch ausgebaut.

Die Photovoltaikanlage der Arbeitsförderungsgesellschaft AGiL auf dem Dach der ehemaligen Kleiderfabrik in Wolfhagen

Sechs Schulen im Landkreis werden von Holzhackschnitzelfeuerungsanlagen mit Wärme versorgt.

Biogasanlagen zählen zu den Spezialitäten im Landkreis Kassel: Biogasanlage in Hofgeismar-Hombressen.

Der Kreis Kassel wird auch in Zukunft bei der Nutzung erneuerbarer Energien – und hier besonders im Bereich der Biomasse – mit gutem Beispiel vorangehen. Das findet Anerkennung: 2006 verlieh die unabhängige Europäische Vereinigung für Erneuerbare Energien e.V., EUROSOLAR, dem Landkreis Kassel den Deutschen Solarpreis. Weitere Informationen unter:
www.energie2000ev.de, www.landkreiskassel.de, www.deenet.org

Auf Spurensuche an Hessens Nordspitze

Eco Pfade – neue Wege zur alten Geschichte

Frische Luft und blauer Himmel beim Museumsbesuch? Die Eco Pfade im Reinhards- und Habichtswald machen es möglich. Sie sind Teil des Eco Museums, dem eine französische Idee zugrunde liegt. Die wechselseitige Einflussnahme von Natur, Mensch und Arbeit stehen im Zentrum der Betrachtung. Vereine und Initiativen im Landkreis Kassel griffen das Konzept begeistert auf. Im charakteristischen Naturraum Nordhessens bietet sich jetzt die Chance, auf Spurensuche zu gehen. Mit ehrenamtlichem Engagement werden auch Exkursionen, Vorträge und Filme angeboten.

Das Mausoleum von Gut Windhausen am Eco Pfad Sensenstein

Da die Eco Pfade keinen Öffnungszeiten unterliegen, sind sie bestens geeignet, zu jeder Tageszeit Geschichten über Hugenotten oder Chatten zu erfahren, archäologische Fundstätten zu besichtigen oder Burgen und Schlösser zu entdecken. Wer wissen möchte, was es mit dem Galgen am Werderschen Weg auf sich hat, wo »Alt-Köln« liegt oder wieso ein Wasserschloss nicht im Wasser liegt, ist hier genau richtig.

Zwei bis drei Stunden sollten für jede Tour eingeplant werden. An den Wegesstrecken finden sich Restaurants, die bei Kaffee und Kuchen einen vertiefenden Blick in die Faltblätter über Eco Pfade ermöglichen. Infotafeln geben darüber hinaus den aktuellen Stand der wissenschaftlichen Forschung wieder. Die übersichtlichen und mit den Wegstrecken versehenen Prospekte sind kostenlos in den Dienststellen der Kreisverwaltung erhältlich oder stehen als Download unter www.eco-pfade.de bereit.

Im Zeichen der Eco Pfade Natur und Kultur erkunden

Herzlich Willkommen auf dem Hofgut Stammen!

Das Hofgut Stammen liegt nahe Trendelburg am Rande des Reinhardswaldes direkt an der Diemel. In seinen mittelalterlichen, behutsam instand gesetzten Gemäuern bieten sich die verschiedensten Möglichkeiten, einen spannenden Urlaub zu verbringen oder einfach mal die Seele baumeln zu lassen.

Das Hofgut Stammen, direkt am Diemel-Radweg gelegen, ist der ideale Ausgangspunkt für spaßorientierte, geführte Rad- und Mountainbiketouren durch die herrliche Mittelgebirgslandschaft. Natürlich gibt es auch die Möglichkeit, die romantische Flusslandschaft der Diemel mit dem Kanu zu erkunden. Boote, Paddel, Schwimmwesten und eine Flusskarte werden zur Verfügung gestellt. Eine gemütliche Planwagentour mit Vesper, Lagerfeuer und Bogenschießen unter Anleitung ist ebenfalls möglich. Für weitere spannende Aktivitäten und spezielle Angebote für Schulklassen, Betriebsausflüge, oder Kindergeburtstage ist das Hofgut Stammen genau der richtige Ort.

Die »Landwirtschaft« Huckebein mit ihrem urigen Ambiente, der deftigen Küche und nicht zuletzt dem hofeigenen Bier lädt zu einem gemütlichen Aufenthalt ein. 80 Sitzplätze im Innenbereich, ein Biergarten mit 200 Plätzen, ein großer Veranstaltungsbereich mit Außenterrasse sowie ein rustikaler Weinkeller stehen zur Verfügung.

Auf der großen Zeltwiese direkt an der Diemel, in gemütlichen Ferienwohnungen oder im überregional bekannten Strohhotel »Strohtel« und Heuhotel können die Gäste in gemütlicher Atmosphäre von ihrem erlebnisreichen Urlaubstag entspannen.

PR-Beitrag von:
Hofgut Stammen · Schlossstraße 29 · 34388 Trendelburg
Tel. (0 56 75) 72 50 94 · Fax (0 56 75) 72 50 95 · info@hofgut.de · www.hofgut.de

Das Wasserschloss Wülmersen

Die mittelalterliche Hofanlage ist ein lohnenswertes Ausflugsziel

Im Museum kann eine Sammlung zu Handwerk, Land- und Forstwirtschaft besichtigt werden: historische Pflüge im Schaumagazin.

Das Wasserschloss Wülmersen in der Nordspitze des Landkreises Kassel gehört zu den kulturellen Reichtümern Nordhessens. Umgeben vom Reinhardswald, dem Bach Holzape und dem Fluss Diemel, direkt am Diemelradweg gelegen, ist die mittelalterliche Hofanlage ein lohnenswertes Ausflugsziel. Die ältesten der denkmalgeschützten Gebäude stammen aus dem 12. Jahrhundert und gehörten als Tafelgut zum Kloster in Helmarshausen. Seit 1330 ist das landwirtschaftliche Gut im Besitz der Ritter von Stockhausen, die es mit Erweiterungsbauten in Sandstein- und Fachwerkbauweise bis ins 19. Jahrhundert vergrößerten. Zeitweilig wurde auf der Südseite durch eine Ableitung aus dem Bach Holzape ein Wassergraben angelegt, der aus dem Rittergut ein »Wasserschloss« machte. Fette Weiden rundherum sorgten von jeher für eine intensive Landwirtschaft mit großer Tierhaltung.

Heute sind der Betrieb und die Unterhaltung des Wasserschlosses verbunden mit verschiedenen Qualifizierungs- und Beschäftigungsmaßnahmen für Menschen ohne Arbeit. Außerdem werden in einer Baustoffbörse regionaltypische, historische Baustoffe gesammelt, sortiert und zum Verkauf angeboten. Die Einnahmen werden für die Unterhaltung der denkmalgeschützten Anlage verwendet.

Abwechslungsreiche Freizeitaktivitäten in stimmungsvollem Ambiente

1987 begannen mit Hilfe der Denkmalpflege die Sanierungsarbeiten an den zum größten Teil eingestürzten Gebäuden. In den ausgebauten Dachböden der ehemaligen Stallgebäude sind heute Gruppenräume mit 35 Betten in einfachem Standard eingerichtet. Die weitläufige Anlage erlaubt abwechslungsreiche Freizeitaktivitäten in stimmungsvollem Ambiente. Ein Gruppenaufenthalt mit Selbstversorgung ist ganzjährig möglich. Im ehemaligen Obstgarten ist eine Zeltplatzwiese für 120 Personen eingerichtet.

Viele Fahrrad- und Wanderwege in einer wildromantischen Landschaft laden ein zu Ausflügen und Naturerkundung. Fahrrad- oder Kanutouren und Bogenschießen in Kooperation mit dem Hofgut Stammen sind vor Ort buchbar.

Die weitläufige Anlage erlaubt abwechslungsreiche Freizeitaktivitäten in stimmungsvollem Ambiente.

Spannende Ausstellungen im Landmuseum

Ein Kleinod des Wasserschlosses ist das Landmuseum, untergebracht in einem Stallgebäude aus dem 19. Jahrhundert. In jährlichem Wechsel finden hier von Mai bis Oktober spannende Ausstellungen zu Agrartechnik, ländlichem Leben, Landhandwerk und Regionalgeschichte statt. Eine handlungsorientierte Gestaltung, Aktionstage und museumspädagogische Angebote ermöglichen einen sinnlich erfahrbaren Museumsbesuch. Im angrenzenden Schaumagazin kann die mit über 1000 Exponaten bemerkenswerte Sammlung des Museums zu Handwerk, Land- und Forstwirtschaft besichtigt werden. Der Museumskiosk sorgt anschließend für Erfrischung.

Die ältesten Gebäude stammen aus dem 12. Jahrhundert: Torhaus und Turm des Wasserschlosses. (Alle Fotos: Landkreis Kassel)

Öffnungszeiten:
Von Mai bis Oktober Dienstag bis Freitag 10 bis 18 Uhr, Samstag 14 bis 17 Uhr, Sonntag 11 bis 18 Uhr.

PR-Beitrag von:
Wasserschloss Wülmersen
Gruppenunterkunft und Landmuseum
34388 Trendelburg ·Tel. (0 56 75) 7 21 03 48
www.wasserschloss-wuelmersen.de

Unterm Dach lässt sich gut ruhen: Gruppenunterkunft im ehemaligen Rinderstall.

In den ausgedehnten Wäldern der Erlebnisregion geht Wanderern das Herz auf.

Die einmalige Waldstimmung entschädigt für manche Strapaze.

Willkommen im Märchenland der Brüder Grimm

Erlebnisregion Kassel: Kaufunger Wald – Meißner – Söhre

Kristallklare Bäche erfrischen müde Füße.

Landschaftlich äußerst reizvoll zwischen der documenta-Stadt Kassel und dem Hohen Meißner, zwischen Söhre und Kaufunger Wald gelegen, ist die Region reich an kulturellen und historischen Schätzen. Hier sammelten einst die Brüder Grimm ihre weltberühmten Märchen, die in den malerischen Gemeinden Helsa, Kaufungen, Nieste, Söhrewald und der Frau Holle-Stadt Hessisch Lichtenau noch heute lebendig sind. Hier finden sich ursprüngliche Auen, breite Wiesentäler, kristallklare Bäche und eines der größten zusammenhängenden Waldgebiete in Deutschland. Die Familienfreundlichkeit der Erlebnis Region Kassel ist sprichwörtlich. Der Barfußpfad bietet Kindern besondere sinnliche Erlebnisse. Jugendliche und Junggebliebene finden auf den Bikerstrecken rund um den Bilstein sportliche Herausforderungen. Wer es lieber mystisch mag, ist am Frau Holle Teich, auf uralten Köhlerpfaden tief im Wald oder bei den drei märchenhaften Schwestern an der roten Niestequelle richtig.

Wiesen und Wälder – ein Geschenk der Natur

Die Region Kaufunger Wald – Meißner – Söhre zählt zu den waldreichsten Gegenden Deutschlands. Die Söhre und der Kaufunger Wald bieten großflächige Waldgebiete mit einem dichten Netz von bestens ausgeschilderten Wander- und Radwanderwegen. Der Wechsel von offenen Feldern und Wiesen mit dichtem Mischwald lässt die Herzen aller Naturliebhaber höher schlagen. Verträumte Waldseen, idyllische Bach- und Flussauen und grandiose Panoramablicke laden zum Verweilen ein.

Die Region reich an kulturellen und historischen Schätzen: Blick auf die Kaufunger Stiftskirche

Eine zünftige Brotzeit darf beim Wandern nicht fehlen.

Fachwerk – Ausdruck gewachsener Kultur

Besonders in den alten Ortskernen finden sich noch zahlreiche sehenswerte Fachwerkkostbarkeiten – oft mit Liebe zum Detail restauriert. Diese malerischen Kulissen bieten das perfekte Ambiente für besondere Events, die auch weit über die Region hinaus auf großes Interesse bei all denen stoßen, die die Annehmlichkeiten moderner Infrastruktur, gepaart mit historischer Umgebung, zu schätzen wissen. Konzerte, Ausstellungen, Sportveranstaltungen, weitläufige Parks und Freizeitanlagen – hier gibt es für jedes Alter und jedes Interesse zahlreiche Highlights. Die unmittelbare Nähe zur Stadt Kassel mit ihrem Großstadtflair und ihrer Kulturvielfalt macht die Region besonders attraktiv.
Das Märchenland der Brüder Grimm Kaufunger Wald – Meißner – Söhre liegt in der Mitte Deutschlands und ist sowohl mit dem Auto, als auch mit der Bahn schnell und bequem zu erreichen.

Richtiges Wandern will gelernt sein – die Wanderschule Nieste

Die Wanderschule bereitet interessierte Spaziergänger mit Wandertouren, umfassender gesundheitlicher Beratung und mit der richtigen Ausrüstung auf das rundum genussvolle Wandern vor. Das breite Interesse an der Wanderschule Nieste und die erfreuliche Zunahme der Wandergäste bestätigt diesen neuen touristischen Weg.
Die Wanderbewegung boomt. Laut offizieller Zahlen des Deutschen Wanderverbandes liegt das Potenzial derer, die gerne wandern würden bei rund 30 Millionen Deutschen. Um dieser Interessengruppe das Einsteigen und auch das Wiedereinsteigen in den Wandersport so leicht wie möglich zu machen, werden die Gäste der Wanderschule von ausgesuchten Experten untersucht und beraten. Wer kennt nicht diese Probleme: » Ich habe nicht die nötige Kondition, ich wiege zu viel, mir tun die Füße weh« und so weiter. Diese oft von Gästen geäußerten Bedenken wurden von der Gemeinde Nieste ernst genommen. Nach Lösungen wurde gesucht, das Ergebnis ist die erste deutsche Wanderschule.

Gäste werden von Experten beraten

Die erste deutsche Wanderschule bietet ein vielseitiges Seminarprogramm rund um das Wandern an. Die Gäste werden von ausgesuchten Experten betreut, die sie beraten und sie auf Wunsch untersuchen. Ein Arbeitsmediziner checkt ihren Belastungsgrad, ein Orthopäde analysiert per Video den Bewegungsablauf und ein Bekleidungsspezialist berät über atmungsaktive Kleidung. Sympathische Wanderbegleiter zeigen den Gästen wie man mit Wanderkarten umgeht, damit sie sich immer und in jeder Situation in der Natur orientieren können und informieren sie zusätzlich bei den Tagesetappen über die besondere Fauna und Flora der Region sowie über geschichtliche Themen entlang der Wege. Damit auch der gesundheitliche Aspekt nicht zu kurz kommt, wird das Ganze abgerundet durch eine ausgewogene Ernährung mit regionaltypischen Gerichten und Produkten aus der Region. In Kombination mit dem Niester Naturparkexpress besteht die Möglichkeit eine bequeme Rückfahrt durch die herrliche Wanderregion Nieste zu erleben. Wunderschöne Tagestouren über vier Hütten bieten fast alpenländisches Flair. Gute regionale Küche spielt bei den Seminaren oder Sondertouren eine wichtige Rolle.
Nieste hat mit seiner Wanderschule einen neuen Weg gefunden, Erholung mit kompetenter Information zu kombinieren. Näheres unter www.wanderschule-nieste.de.

Auch Hunde dürfen mit wandern – wenn sie gut erzogen sind.

Essen und Trinken hält Leib und Seele zusammen: eine Portion »Ahle Worschd« gehört dazu.

Hessisch Lichtenau ist die Stadt der Frau Holle.

Relikt der alten Stadtbefestigung: das Obertor

Die Stadt Hessisch Lichtenau – Tor zum Frau-Holle-Land

Märchenhafte Erlebnisregion am Fuße des Hohen Meißners

Geschichte
Inmitten einer zauberhaften Landschaft liegt die Stadt Hessisch Lichtenau, die erstmals am 25. März 1289 urkundlich als »neue Stadt« erwähnt wurde. Von Anbeginn waren ihr die Stadtrechte verliehen worden und ihr oblag die Gerichtsbarkeit.

Noch jede Menge Bauland im Grünen zu vergeben: Bau- und Gewerbegebiet

Nach dem Bau der Stadtmauer wuchsen Wohnstätten rasch empor. Das Straßennetz umfasste zwei Hauptstraßen. Nach zahlreichen Kämpfen und Kriegen ist vom alten Stadtbild jedoch nur recht wenig erhalten geblieben.
Kanzler Johannes Feige (geboren 1482 in Lichtenau, gestorben 1543 in Kassel) prägte die Stadt maßgeblich und war bei der Einführung der Reformation in Hessen durch Landgraf Philipp I. beteiligt. Im Oktober 1866 wurde das Kurfürstentum Hessen preußische Provinz und Lichtenau somit eine preußische Stadt.
Der Name der Stadt hat im Laufe der Zeit mehrfache Wandlungen erfahren; erst 1889 erhielt die Stadt den Namen Hessisch Lichtenau.
Im Zuge der Gebietsreform 1971 bis 1973 wurden die zwölf ehemals selbständigen Gemeinden Friedrichsbrück, Fürstenhagen, Hausen, Hollstein, Hopfelde, Küchen, Quentel, Reichenbach, Retterode, Velmeden, Walburg und Wickersrode zu der Stadt Hessisch Lichtenau zusammengeschlossen. Das geschlossene Fachwerkensemble der Innenstadt mit dem alten Rathaus von 1665 und der gotischen Stadtkirche von 1415 begeistern immer wieder die Besucher.

Das Neue Rathaus wurde 1895 als »Königlich Preußisches Amtsgericht« errichtet.

Ein attraktiver Wohnort, besonders für junge Familien

Die sich ständig weiter entwickelnde Infrastruktur mit ihren ausgewiesenen Neubau- und Gewerbegebieten, dem öffentlichen Personennahverkehr, unter anderem die Tramanbindung von und nach Kassel gestaltet die Attraktivität des Wohnstandortes wesentlich. Jungen Familien stehen alle öffentlichen Einrichtungen wie Kindergärten, Schulen (Gymnasium), Musikschule, Ballettstudio, Spielplätze, Freizeitgelände und ein Familienbad zur Nutzung zur Verfügung.
Jugendarbeit in Hessisch Lichtenau beruht in hohem Maße auf dem freiwilligen Engagement vieler Jugendlicher. 1993 gründete sich hierzu die Aktion Jugend e.V., die gemeinsam mit dem hauptamtlichen Jugendpfleger verschiedenste Aktivitäten für und mit jungen Menschen anbietet. In den Sommermonaten bietet das Freizeitgelände viele Bewegungsmöglichkeiten: Beachvolleyball, Streetsoccer, Inlinehockey und vieles mehr ist möglich.

Fit und aktiv die Natur genießen

Zwei Ferienstraßen führen durch Hessisch Lichtenau: die Deutsche Fachwerkstraße und die Deutsche Märchenstraße. Sportliche Aktivitäten kommen keinesfalls zu kurz, ob per Wanderschuh, mit dem Fahrrad (Radwanderweg Herkules-Wartburg), auf dem Rücken der Pferde, beim Segelfliegen, Squash oder beim Tennis. Auch auf den im Winter gespurten Langlaufloipen und den zwei Liften für Alpin-Sportler gibt es viele Möglichkeiten die Gegend zu erkunden. Die umgebende Landschaft hat sich bis heute ihre Ursprünglichkeit und stille Schönheit mit seinen selten gewordenen Pflanzen und Tieren bewahren können. Stadtführungen, ein Wellness-Center und Wohnmobilstellplätze sowie ein Campingplatz runden das touristische Angebot ab.

Die Kanzelerfeig(e)linge

Besucher auf dem alljährlichen Weinfest

Anspruchsvolles Kulturprogramm und viele fröhliche Feste

Gemeinsam mit der Kulturfördergemeinschaft Hessisch Lichtenau e.V. organisiert die Stadt Hessisch Lichtenau jährlich ein anspruchsvolles Kulturprogramm. Konzerte, Kabarett und Comedy, Autorenlesungen, Theaterstücke mit der Laienspielgruppe »Die Kanzlerfeig(e)linge«, Ausstellungen und nicht zuletzt viele Kinderveranstaltungen erfreuen jährlich die Zuschauer. Auch als Gastspielort des Nordhessischen Kultursommers konnte sich Hessisch Lichtenau etablieren.
Wie überall verstehen es auch die Bewohner der Stadt »zur lichten Aue« ihre Feste zu feiern. Als Gastgeber des 46. Hessentages 2006, dem größten deutschen Landesfest, präsentierte sich die Stadt in einer bunten, einzigartigen Vielfalt. Die Verknüpfung von Tradition und Moderne machten die besondere Attraktivität des Hessentages aus. Das Fest der Hessen hat sich nachhaltig positiv auf die Infrastruktur und den Tourismus der Stadt ausgewirkt. Die Übernachtungszahlen in den Beherbergungsbetrieben verzeichnen einen stetigen Anstieg.
Auch wiederkehrende Feste wie das Weinfest, die Kirmes und am Wochenende des Zweiten Advents der Nussknacker-Weihnachtsmarkt bewahren die heimatliche Zusammengehörigkeit und ziehen die Besucher aus Stadt und Land magnetisch an.

Tor zum Frau Holle Land
Hessisch Lichtenau

PR-Beitrag von:
Stadt Hessisch Lichtenau
Landgrafenstraße 52 · 37235 Hessisch Lichtenau
Tel. (0 56 02) 80 70 · info@hessisch-lichtenau.de
www.hessisch-lichtenau.de

Beliebter Treffpunkt für Radwanderer. Das alte Rathaus von Hessisch Lichtenau

Märchen, Mythen und Sagen

rund um Hessisch Lichtenau

Frau Holle ist in Hessisch Lichtenau allgegenwärtig.

In der schönen Berglandschaft des Werra-Meißner-Landes sind sie noch lebendig, die Märchen, Mythen und Sagen rund um die Frau Holle. Von ihrem Berg aus, dem Hohen Meißner, schüttelt sie die Betten, auf dass es auf der Erde schneit. Frau Holle, Hulda, Perchta, Freya, Frigga – wie auch immer man sie nennen mag – hat rund um Hessisch Lichtenau für viele Sagen gesorgt.

Alte Mythen modern umgesetzt: das Tor zum Frau Holle-Park in Hessisch Lichtenau.

Kitzkammer und Frau Holle Park

In einem urwüchsigen Wald liegt in einer Wand aus Säulenbasalt ein reizvolles Naturdenkmal: die Kitzkammer. Sie besteht aus einer Felswand, die aus fünf- und sechskantigen Basaltsäulen gebildet ist. Die Säulen liegen hier waagerecht, eine Einzigartigkeit, da Lava immer senkrecht zur Abkühlungsfläche kristallisiert. Hier, so vermuten Geologen, wurde der Meißner »geboren«.

Kitzkammer Hoher Meißner

An diesem verwunschenen Ort soll Frau Holle faule und zänkische Mädchen in Katzen verwandelt und eingesperrt haben. Der Sage nach erscheint hier dem Wanderer gelegentlich eine große weiße Frau mit einem mächtigen Schlüsselbund, die stumm neben ihm hergeht und dann im Eingang der Kitzkammer verschwindet.

Der frühere Rhod'sche Park, der erst vor kurzem den Namen der Märchenfigur der Brüder Grimm erhielt, liegt im Herzen von Hessisch Lichtenau. 20 Spruchplatten mit Zitaten aus dem Frau Holle Märchen sind in den Park integriert. Weiterhin sind neun Stelen aus Granitsäulen mit abstrakten Skulpturen, geschaffen von Absolventen der Kunsthochschule Kassel, aufgestellt. Durch das Tor zum Frau Holle-Land betritt man vom Kreuzrasen aus den Park und gelangt über eine Brücke zum Herzstück des gut zwei Hektar großen Parks: der Frau Holle Statue am offenen Rundbogenfenster eines Mauerteils.

Der Bauer trieb den Esel in seiner Not in einen Karpfenteich

Ein Bauer aus Lichtenau holte mit seinem Esel ungelöschten Kalk aus Spangenberg. Er band dem Esel den Kalk auf den Rücken und trat den Heimweg an. Kurz vor Erreichen der Stadt zog ein Gewitter auf. Der Sack wurde nass und der Kalk fing an zu löschen und wurde heiß. Der Bauer trieb den Esel in seiner Not in einen Karpfenteich. Doch der Esel kam nie wieder aus dem Teich hervor. Wochen später ging ein Karpfenfänger zum Fischen an den Teich und warf seine Angel hinein. Nach kurzer Zeit

Der Karpfenfänger: er wollte einen Karpfen und bekam einen Esel

hatte er etwas Schweres an der Angel. Er machte die Angel fest, lief zum Rathaus und rief zum Bürgermeister: »Ich hab den größten Fang meines Lebens gemacht. Ein Karpfen von ein paar Zentnern«. Der Bürgermeister und der Stadtschreiber folgten ihm an den Teich. Sie zogen gemeinsam an der Angel, aber anstatt eines großen Karpfens hatten sie den toten Esel an der Schnur. Seit dem nennt man die Lichtenauer: »Karpfenfänger«.

Reichenbach wurde zur ältesten Niederlassung des Deutschen Ordens in Deutschland

Reichenbach, heute am Elisabethenpilgerpfad und am Ars Natura-Kunstwanderweg gelegen, kann auf eine bedeutende Geschichte zurückblicken.

Ehemals an wichtigen mittelalterlichen Verkehrsadern (Sälzerstraße, Barbarossaweg, Thüringisch-Hessische Straße) gelegen, hatte das Dorf sowie die aus dem 11. Jahrhundert stammende Burg einen strategisch wichtigen Standort im Grenzgebiet zwischen Thüringen und Hessen.

In dem Dorf befindet sich eine romanische Klosterkirche, die Anfang des 12. Jahrhunderts auf den Resten zweier Vorgängerkirchen (die erste um 900, die zweite um 1000) gebaut wurde.

Das ehemalige Nonnenkloster, mit Kirche und Ländereien wurde 1207 dem Deutschen Orden geschenkt. Damit wurde Reichenbach zur ältesten Niederlassung des Ordens in Deutschland.

Die zwei Kilometer nordwestlich des Dorfes liegende Burg Reichenbach, die von den Gozmaren errichtet wurde, diente den Hessischen Landgrafen seit 1315 als Amtssitz und später als Jagdschloß.

Das Naturdenkmal »Große Steine«, ist der größte Dolomitfelsen in Nordhessen. In seiner Nähe befindet sich das Kreisjugendlager. Der Schlossberg mit Bergfried, die Klosterkirche mit den archäologischen Ausgrabungen der Vorgängerkirchen sowie die »Großen Steine« sind beliebte Wanderziele.

Der Burgverein hat ein altes Bauernhaus, den »Sippel'schen Hof« liebevoll, restauriert und in ihm ein Museum eingerichtet.

Ars Natura-Kunstwerke im Raum Hessisch Lichtenau

Erholung durch Wandern und die Begegnung mit der Kunst im »Galerieraum Natur« sind die Grundidee des Projektes Ars Natura, welches 2001 ins Leben gerufen wurde.

Die künstlerischen Arbeiten im Raum Hessisch Lichtenau sind überwiegend vom Mythos um Frau Holle inspiriert, haftet dieser Gestalt doch eine geheimnisvoll faszinierende Dualität an. Die Werke geleiten den Wanderer vorbei an der Burgruine Reichenbach und der historisch bedeutsamen

Kunstwerk »Holda«

Kloster- und Deutschordenskirche im gleichnamigen Dorf bis zu den Großen Steinen, die gleichermaßen Naturdenkmal und vorgeschichtliche Kultstätte sind.

Die Verbindung zwischen der Stadt »zur lichten Aue« und der Stadt »am Walde« (Waldkappel) steht symbolisch für den Charakter der Region im Allgemeinen. Sanfte Täler und ausgedehnte Bergwälder geben der Heimat der Frau Holle ihren besonderen Reiz. Die Landschaft um den Hohen Meißner wirkt noch weitgehend ursprünglich. Die Dörfer haben ihren ländlich bäuerlichen Charakter bewahrt und in den Städten werden die Ressourcen der Region behutsam weiterverarbeitet.

Klosterkirche Reichenbach mit archäologischen Ausgrabungen

»Tanzen ist Träumen mit den Füßen«

Tanz- und Ballettstudio Duhme-Bock

Tanz- und Ballettstudio Duhme-Bock, das sind Angelika Duhme-Bock, Hans-Karlo und Gian-Lucca Bock. Das Kursprogramm richtet sich an tanzbegeisterte Laien und Profis. Ob Jazz, Ballett, Step, Bodystyling, Steppaerobic, Video Clip Dance, Hip Hop oder Fitnesskurs, in jedem Unterricht wird das richtige Körperfeeling vermittelt. Die künstlerische Leitung obliegt der staatlich geprüften Tanzpädagogin Angelika Duhme-Bock, die ihre Ausbildung unter anderem in Stuttgart, Lübeck und New York absolviert hat. Die Kurse sind fortlaufend, der Einstieg ist jederzeit möglich. Einfach vorbeikommen, zuschauen oder eine kostenlose Probestunde besuchen.

Ein fester Bestandteil in der Kulturlandschaft von Hessisch Lichtenau sind die Weihnachtsaufführungen mit Themen wie »Tanzen ist Träumen mit den Füßen«, »Der Zauberer von OZ«, »Nussknacker« und vielen anderen.

PR-Beitrag von:
Tanz- und Ballettstudio Duhme-Bock
Sälzerstraße 41 · 37235 Hessisch Lichtenau
Tel. (0 56 02) 73 67 · Fax (0 56 02) 90 95 75
Mobil (01 72) 5 67 53 67
info@duhme-bock.de · www.duhme-bock.de

Einfach Urlaub

Mitten im Naturpark Meißner-Kaufunger Wald umgeben von malerischen schönen Fachwerkdörfern, liegt eingebettet im Wiesental der Campingplatz Grundmühle Quentel. Er ist ein beliebtes Reise- und Ausflugsziel für Wanderfreunde und Radfahrer. Ideale Bedingungen finden hier Jugendgruppen mit ihren Zelten. Und wie romantisch ist es am Lagerfeuer den Abend ausklingen zu lassen.

Unsere kleine Gaststätte »Zum Mühlenstübchen« mit seinem Biergarten unter den Tannen ist auch für Nichtcamper täglich geöffnet. Es erwartet Sie deftige Hausmannskost und ein mit Liebe gezapfter Schoppen, Weizen oder Pils.

PR-Beitrag von:
Campingplatz Grundmühle Quentel
Grundmühle 14 · 37235 Hessisch Lichtenau
Tel. (0 56 02) 36 59 · Fax (0 56 02) 91 58 11
info@grundmuehle-quentel.de
www.grundmühle-quentel.de

MTZ Physiotherapie

Krankengymnastik – Ergotherapie – Physiotherapie – Podologie – Wellness

Jeder Mensch braucht die heilsame Berührung, besonders, wenn der Körper in seinen Funktionen eingeschränkt ist. Die MTZ Physiotherapie hilft mit einem breiten Therapieangebot, vorhandene Störungen zu beseitigen und drohende zu vermeiden. Neben der Ergotherapie, geeignet bei Problemen des Stütz- und Bewegungsapparates oder des peripheren Nervensystems bietet MTZ unter anderem verschiedene Massagen, Krankengymnastik, Atemtherapie,

Geburtsvorbereitung nach Leboyer, medizinische Wannenbäder, Schönheitspackungen, zum Beispiel mit Honig, Solarium und medizinische Fußpflege.
Die Wellness-Angebote der MTZ Physiotherapie umfassen Hawaiianische Massagen, Pantai Luar Ganzkörperfruchtmassage, Tibetanische Klangschalenmassage, Aromamassagen mit verschiedenen Düften, Zentrifugalseifenmassage für den Schulter-, Arm- und Nackenbereich, Fußreflexzonenmassage, Mandelöl- und Hautpflegemassagen, Reiki Behandlungen, Tuina Massagen für Gesicht, Kopf und Dekolleté sowie eine Königsmassage.
Neben der Behandlung in der Praxis sind natürlich auch Hausbesuche möglich.

PR-Beitrag von:
MTZ Physiotherapie GmbH
Leipziger Straße 26 · 37235 Hessisch Lichtenau-Fürstenhagen
Tel. (0 56 02) 91 50 63 · Fax (0 56 02) 91 50 65 · mtzl.kopp@gmx.de

Alles frisch und selbst hergestellt

Der Hofladen Siebald in Hopfelde

Der wunderschöne Hofladen mit Landwirtschaft liegt in der Ortsmitte von Hopfelde.
Traditionell hergestellte »Ahle Wurscht« – Nordhessens kulinarisches Aushängeschild als »Stracke« oder »Runde«, verschiedene andere Wurstspezialitäten nach alten Rezepten und vieles mehr findet man im reichhaltigen Hofladensortiment. Gäste sind herzlich willkommen zum Stöbern, Probieren und natürlich zum Einkaufen.

Neu ist die Ausflugsmöglichkeit für Wandergruppen, Radfahrer und Reiter. Eine Übernachtungsmöglichkeit für Pferd und Reiter sowie ein großzügiger Reitplatz sind vorhanden. Telefonische Anmeldung ist erforderlich.
Selbst hergestellte Kuchen und vieles mehr werden auch am Stand 54 in der Kasseler Markthalle angeboten. Alle Produkte werden ausschließlich selbst und frisch hergestellt.

Öffnungszeiten:
Hopfelde: Mittwochs 15 bis 18 Uhr
Hessisch-Lichtenau: Dienstags und freitags 9 bis 18 Uhr und samstags 9 bis 13 Uhr

PR-Beitrag von:
Der Hofladen Siebald
Dorfstraße 18 · 37235 Hessisch Lichtenau-Hopfelde
Landgrafenstraße 34a · 37235 Hessisch Lichtenau
Tel. (0 56 02) 9 19 08 25 · Fax (0 56 02) 9 19 08 26
www.der-hofladen-siebald.de

**Franc Kozole –
Holzhandlung und Sägewerk**

Gut Holz

Seit über 30 Jahren sorgt der Familienbetrieb Kozole durch hochwertige Produkte und einen exklusiven Service für zufriedene Kunden. Von Dachlatten, Brettern und Hölzern über verschiedenartige Zäune, Spielgeräte, Sitzgarnituren und Palisaden bis hin zu exklusiven Gartenhäusern und Carports

reicht die Angebotspalette des Handwerksbetriebs. Verarbeitet werden überwiegend einheimische Hölzer, auf Wunsch können aber auch hochwertige Tropenhölzer geliefert werden. Service – dazu gehören Lieferung und Montage – wird bei der Holzhandlung Franc Kozole groß geschrieben. Petra und Franc Kozole, sowie ihre zwölf Mitarbeiter stehen für optimale Beratung und sind stets bemüht, individuelle Kundenwünsche zu erfüllen.

Die Losse – ein Bach prägt Landschaft und Kultur

Schon in alter Zeit waren Fließgewässer die Voraussetzung zur Gründung von Siedlungen. Sie lieferten frisches Wasser, nahmen Unrat mit sich fort und sorgten mit Fischen für Abwechslung auf dem Speiseplan. Auch die Losse gehörte mit ihren Gänseweiden, Viehtränken und Waschplätzen über Jahrhunderte zum ländlichen Leben. Zu Beginn des Industriezeitalters versorgte sie 34 Mühlen mit Wasserkraft für Mahlwerke, Stampfmaschinen, Hämmer oder Schleifsteine.

Das naturnahe Bachbett der Losse ist ein idealer Spielplatz für Kinder.

Die Losse als Schauplatz für Kunst am Fluss: Installation von Kordula Klose

Der muntere Gebirgsbach, entspringt oberhalb von Hessisch Lichtenau, durchfließt die Stadt unterirdisch, bevor sie sich in das Losse-Tal ergießt. Zwischen Kaufunger Wald und Söhre mäandriert sie durch Wiesen und Felder, passiert Helsa und Kaufungen und erreicht schließlich Kassel. In Bettenhausen, das erst 1906 ein Stadtteil Kassels wurde, erinnert noch vieles an die Nutzung der Wasserkraft. Auch der historische Messinghof, in dem die Kupferstatue des Herkules gehämmert wurde, war auf das Lossewasser angewiesen.

Mit zunehmender Industrialisierung wurde die Losse immer mehr begradigt. Mit fatalen Folgen: durch die Verengung des Bachbettes erhöhte sich die Fließgeschwindigkeit, Überschwemmungen nahmen zu und viele Tiere und Pflanzen starben aus. Erst in den letzten Jahren besann man sich eines Besseren. Durch umfangreiche Renaturierungsmaßnahmen im gesamten Verlauf kann die Losse nun wieder frei durch ihr Tal fließen und schließlich in Kassel in einem neu angelegten Delta in die Fulda münden. Auch die Tiere und Pflanzen sind zurückgekehrt. Mancherorts soll es sogar wieder Bachforellen geben.

Die Losse war über Jahrhunderte ein Bestandteil des Dorflebens.

Malerische Fachwerkdörfer, Sportmöglichkeiten zu jeder Jahreszeit und viel Geschichte

Die Gemeinde Helsa

Malerische Fachwerkbauten in Helsa (Alle Fotos: Andrea Lengemann)

Helsa, die kleine malerische und denkmalgeschützte Fachwerk-Gemeinde liegt eingebettet in ein Tal zwischen dem Kaufunger Wald und dem Söhrewald. Hier laden Natur, Sport und Geschichte gleichermaßen zum Verweilen und Erholen ein. Die wechselvolle Geschichte der Gemeinde Helsa mit ihren vier Ortsteilen Helsa, Wickenrode, St. Ottilien und Eschenstruth kann im Rahmen verschiedener Führungen hautnah erlebt werden.
St. Ottilien wurde 1699 von 14 hugenottischen Familien gegründet. Sie fanden hier nach ihrer Vertreibung aus Frankreich eine neue Heimat. Auf eine lange Bergbautradition kann das Dorf Wickenrode zurückblicken. Schon im 16. Jahrhundert wurde am benachbarten Hirschberg Kohle abgebaut.

Blick auf St. Ottilien: im Hintergrund Eschenstruth

Wickenrode: ein Dorf mit Bergbautradition

Eschenstruth dagegen war seit 1515 ein lokales Zentrum der Eisenverarbeitung. Die Siedlung Waldhof ist wesentlich jünger. Ihre Geschichte ist eng verbunden mit der ehemaligen Munitionsfabrik Hirschhagen. Wo während des Zweiten Weltkriegs Zwangsarbeiter lebten, findet sich heute eine idyllische Wohnsiedlung mit einer Gaststätte und einem Seniorenheim. Der Aufstieg des Dorfes Helsa begann im 16. Jahrhundert mit den Glasmachern, die im Kaufunger Wald und in der Söhre arbeiteten. Als 1592 durch einen landgräflichen Erlass, der die Wälder schützen sollte, die Blütezeit des Glases endete, hielt der Aufstieg des Dorfes ungehindert an.
Die Jahrhunderte haben in Helsa vielfältige Spuren hinterlassen, wie ein historisches Mühlrad mit Stromerzeugung und einem kleinen Museum sowie die historische Mühle Most. Sie zeigt vollständig, wie noch in der ersten Hälfte des letzten Jahrhunderts gearbeitet wurde. Die angebotenen Führungen sind besonders für Kinder und Schulklassen sehr interessant.

Höhenunterschiede von 250 bis 650 Metern laden Wanderer, Radfahrer und Wintersportler ein

Gelegen an der Deutschen Märchenstraße und am Märchenlandweg bietet die Gemeinde Helsa eine abwechslungsreiche Natur. Höhenunterschiede von 250 bis 650 Metern laden sowohl den Wanderfreund als auch die Radfahrer ein. Auch sportlich ambitionierte Radler kommen auf der nahe gelegenen und sehr anspruchsvollen Mountain-Bike-Strecke auf ihre Kosten. Sowohl für Profis als auch für Anfänger sind hier die Höhenmeter gut bemessen. Wintersportler sind hier ebenfalls herzlich willkommen. Während die Kleinen ausgiebig rodeln, können sich die Großen dem Langlauf auf gespurten Loipen oder der Abfahrt hingeben. Es gibt einen Skilift mit Flutlicht im Ortsteil Wickenrode. Hier werden auch Skikurse angeboten. Ein weiterer Vorteil: In Helsa liegt meist noch Schnee, wenn andernorts in der Umgebung nichts mehr davon zu sehen ist.
Die familienfreundliche Gastronomie an sehr gut beschilderten Rad- und Wanderwegen bietet beste Voraussetzungen für einen gelungenen Familienurlaub. Fremdenzimmer, Ferienwohnungen und -häuser auf Anfrage.

Ein Stück unverbrauchte Natur: Landschaft bei Eschenstruth

PR-Beitrag von:
Gemeindeverwaltung Helsa
Berliner Straße 20 · 34298 Helsa
Tel. (0 56 05) 8 00 80 · Fax (0 56 05) 80 08 60
info@gemeinde-helsa.de · www.gemeinde-helsa.de

Die Niester Mundartgruppe bewahrt Traditionen und Gebräuche der Vergangenheit.

Die Wanderungen führen zu außergewöhnlichen Aussichtspunkten.

Der Erholungsort Nieste

Eine wahrhaft märchenhafte Wanderregion

Nieste entstand zwischen 1000 und 1200 als Ansiedlung um eine Klause der Jacobspilger. Als Grenzdorf gehörte Nieste Jahrhunderte lang zu gleichen Teilen zu Braunschweig Hessen. Immer wieder kam es zu Grenzstreitigkeiten. 1831 wurde Nieste schließlich durch einen Staatsvertrag zwischen Hessen und dem Königreich Hannover hessisch.

Verzauberte Riesen, verwunschene Schwestern: in Nieste – am Standort von Deutschlands erster Wanderschule – kann man die mystische Seite der Wanderregion Kaufunger Wald – Meißner – Söhre erleben. Tief im Wald gibt es verborgene Bachläufe zu entdecken, in denen noch heute Glasfragmente als Zeugnisse Jahrhunderte alter Glasbläserkunst liegen. 120 Kilometer vorbildlich markierte Wander- und Radwege machen hier das Wandern zum Genuss.

Die drei Wanderbereiche Gläsnertal, Sensenstein und Endschlagbachtal sowie zwei Eco-Pfade bieten eine der abwechslungsreichsten Wanderregionen Nordhessens. Die attraktiven Wanderparkplätze Gläsnertal, Endschlagbachtal, Niester Riesen und Ortsmitte sind die Startpunkte zu landschaftlichen Höhepunkten und außergewöhnlichen Aussichtspunkten in den zwei Naturparken Münden und Meißner-Kaufunger Wald. Die erste deutsche Wanderschule stellt mit 16 Wanderbegleitern eine einzigartige Wanderstruktur vor. Themenwanderungen um Gesundheit, Kartenkunde und GPS finden begeisterte Teilnehmer.

Erfahrene Wanderbegleiter führen zu den verborgenen Schätzen zweier Naturparks

Wer es bequem haben möchte, kann an Bord des Naturparkexpress die Höhen des Kaufunger Waldes mit herrlichen Ausblicken weit nach Thüringen und Niedersachsen erobern. In den Gasthäusern von Nieste warten anschließend deftige nordhessische Spezialitäten und Erfrischungen auf die Gäste. Ein Landgasthof, ein Restaurant mit italienischen Spezialitäten und die »Königsalm« mit ihrem herrlichen Bergpanorama heißen die Besucher herzlich willkommen.

Nieste ist ein kleiner Erholungsort, er hat dafür eine überaus freundliche Atmosphäre zu bieten. Das Tourismusbüro steht bei der Planung der Freizeitaktivitäten mit Rat und Tat zur Seite und bietet eine qualifizierte und individuelle Tourenberatung. Erfahrene Wanderbegleiter führen die Gäste auf Wunsch zu den verborgenen Schätzen inmitten zweier Naturparks.

Die erste deutsche Wanderschule bietet ein saisonbezogenes Freizeitprogramm. Auch für die Betreuung der Kinder ist gesorgt. Reisemobilstellplätze sind auf dem Gelände der Sportbildungsstätte »Burg Sensenstein« zu finden. Zwei Jugendherbergen mit Sporteinrichtungen, Schwimmbad, Sauna stehen zur Verfügung. Außerdem gibt es

Sagen und Legenden sind hier noch lebendig: die verwunschenen Schwestern von Nieste.

Die Wanderschule Nieste heißt die Gäste auf der »Königsalm« mit ihrem herrlichen Bergpanorama willkommen.

viele Wellnessangebote mit denen sich der Urlauber verwöhnen lassen kann.

Die Parkanlage Bleichwiese

Die Bleichwiese, eine Auelandschaft, früher genutzt als Wäschebleiche, ist heute ein periodisches Überschwemmungsgebiet mit Wildwuchs von urtypischer Flora und Fauna. Zwei kleine Seen mit vielseitigem Fischbesatz bieten dem Beobachter ein interessantes Spektrum der Tierwelt. Ein kurzer Rundwanderweg spiegelt die Jahreszeiten auf vielfältige Weise. Von der Parkanlage ist der Start in die Wanderregion in alle Richtungen möglich.

Die Parkanlage Bleichwiesen bietet in der Ortsmitte einen Punkt zum Rasten und erholen.

Der Erholungsort verfügt mit seinen 16 Vereinen auch über ein breites Freizeitangebot für Einheimische. Jede Altersgruppe findet in der Vereinsvielfalt die Möglichkeit der Freizeitgestaltung. Sport,- Musik,- Karnevals,- Schützen oder Heimat- und Verkehrsverein beleben die dörfliche Kulturlandschaft. Moderne Sportstätten und Vereinshäuser fördern den Nachwuchs in den Vereinen.

Eco Pfad Archäologie Gläsnerpfad

Der Kaufunger Wald war schon im Spätmittelalter (13. bis 15. Jahrhundert) ein Zentrum der Glasherstellung. Von den Glashütten ist jedoch kaum etwas geblieben. Nur ein paar Hügel im Wald weisen auf alte Schmelzöfen hin. Die »Große Niestehütte« war seit 1512 in Betrieb. Ihre Abraumhalden gelten als die größten in Mitteleuropa. Sie bedecken eine Fläche von rund 4000 Quadratmetern. Der Grundstoff zur Glasherstellung ist Sand, dessen Schmelzpunkt bei 1700 Grad Celsius liegt. Die Gläsner konnten die hohe Temperatur durch Beimischungen von Asche zwar auf 1200 Grad reduzieren, trotzdem benötigten sie eine Unmenge an Brennholz, das sie in der waldreichen Umgebung fanden. Gegen Ende des 16. Jahrhunderts wurden jährlich rund 20 Hektar Wald verfeuert. Ein unhaltbarer Zustand, befand Landgraf Moritz und verfügte die Stilllegung der Glashütten. Seine Entscheidung war weniger ökologisch begründet, er fürchtete vielmehr um sein Jagdwild.

Auf dem Eco Pfad »Gläsnerpfad«, der Standorte ehemaliger Glashütten verbindet, erfahren die Wanderer interessante Details über die Glasherstellung der frühindustriellen Epoche und über das harte Waldleben der Gläsner. Der Pfad führt, ausgehend vom Tal der Nieste, durch eine der schönsten Bereiche des Kaufunger Waldes und lässt sich gut in rund eineinhalb Stunden bewältigen.
Weitere Informationen unter www.eco-pfade.de.

PR-Beitrag von:
Erholungsort Nieste · Tourismus- und Bürgerservice
Wilhelm-Heitmann-Platz 3 · 34329 Nieste
Tel. (0 56 05) 94 41 20 · Fax (0 56 05) 94 41 29
gemeinde@nieste.de · www.nieste.de

Mit dem Naturparkexpress die Höhen des Kaufunger Waldes erobern

In den Waldbächen liegen noch heute Glasfragmente als Zeugnisse Jahrhunderte alter Glasbläserkunst.

Im Ortskern finden sich die für Nordhessen typischen Fachwerkbauten.

Eine nahezu tausendjährige Geschichte

Kaufungen – eine Gemeinde mit beispielhafter Entwicklung

Blick von der Stiftskirche über die Dächer von Kaufungen

Kaufungen erstreckt sich im Lossetal im Osten des Kasseler Beckens, dicht vor dem sanft ansteigenden Buntsandsteinbergland des Kaufunger Waldes und der Söhre. Die Gemeinde besteht aus den Ortsteilen Oberkaufungen und Niederkaufungen mit Papierfabrik, die sich am 1. Dezember 1970 freiwillig zu einer Gemeinde zusammenschlossen.

Die Kaufunger Stiftskirche

Kaufungen zählt heute circa 13 000 Einwohner und hat eine reiche nahezu tausendjährige Geschichte. Die Gründung geht – soweit es eine Urkunde aus dem Jahre 1011 aussagt – auf einen in »coufunga« (Oberkaufungen) gelegenen Königshof zurück, in dessen Bereich Kaiser Heinrich II. und seine Gemahlin Kunigunde 1017 ein Benediktinerinnenkloster gründeten. Kaiserin Kunigunde trat am 13. Juli 1025 in den Nonnenkonvent des Klosters ein und lebte hier bis zu ihrem Tode am 3. März 1033. Nach der Einführung der Reformation in Hessen durch Landgraf Philipp den Großmütigen im Jahre 1527 wurde das Kloster Kaufungen aufgelöst und 1532 der Hessischen Ritterschaft zur Ausstattung der bedürftigen Witwen, Waisen und Töchter des Adels übergeben. Von den Klostergebäuden sind nur geringe Spuren erhalten. Einzig der stattliche Bau der Stiftskirche – 1025 als Klosterkirche zum Heiligen Kreuz geweiht – überragt noch heute weithin das Tal der Losse. Die Kirche in Niederkaufungen hingegen ist vermutlich der Umbau eines aus der Klosterzeit stammenden »Steinernen Hauses«. Eine Vielzahl von Waldglashütten, die Kupferverarbeitung, eine der ältesten Bergbaugruben Nordhessens (Alaun seit 1555), die Papierherstellung sowie Ziegler- und Töpfereiwesen prägten die mittelalterliche und frühneuzeitliche Wirtschaftsstruktur Kaufungens. Darüber hinaus spielte der Braunkohlebergbau bis in die Gegenwart eine wichtige Rolle.

Zahlreiche historische Baudenkmäler aus dieser Zeit legen noch heute Zeugnis ab für diese geschichtliche Vergangenheit.

Barrierefreie Wohnungen und Seniorenbegegnungsstätte sind markante Objekte in Kaufungen.

Eine alte Sandsteingewölbebrücke führt am Mühlengraben über die Losse.

Gelungene Identifizierung mit dem räumlichen und sozialen Gebilde »Dorf«

Das heutige Kaufungen ist das Ergebnis jahrzehntelanger Planung mit dem Ziel, das »ureigene Gesicht« und die Natur im Dorf zu erhalten. Dazu war ein langandauernder Informations- und Lernprozess notwendig, um sich mit dem eigenen räumlichen und sozialen Gebilde »Dorf« zu identifizieren. Dies führte zunächst zu einer Stärkung der beiden gewachsenen Ortskerne von Nieder- und Oberkaufungen im Rahmen des in den 1970er und 1980er Jahren durchgeführten Dorferneuerungsprogramms. In dieser Zeit wurden Sanierungs- und Modernisierungsmaßnahmen an den alten Fachwerkhäusern – immerhin sind in Oberkaufungen rund 85 Prozent, in Niederkaufungen rund 80 Prozent der Bauten Fachwerkhäuser – mit öffentlichen Mitteln gefördert. Aus dem Sondervermögen der Gemeinde wird die Sanierung und Modernisierung der älteren Bausubstanz weiter mit zinslosen Darlehen unterstützt. Bisher wurden 562 Gebäude mit einem Gesamtvolumen von 3,2 Millionen Euro bezuschusst.

Das moderne Rathaus von Kaufungen: Sitz der Gemeindeverwaltung

Die Gestaltung von Plätzen stellt einen besonderen Teil der Dorferneuerung Kaufungens dar. Brunnen, Bäume und Bänke lassen das Bild der Dorfplätze, zum Beispiel Gänserammel, Rosenborn, Jakobstraße, Besenmarkt, aus vergangenen Jahrhunderten wieder entstehen und sind beliebte Treffpunkte der Bürgerinnen und Bürger.

Der Zuzug von Heimatvertriebenen und Flüchtlingen nach dem Zweiten Weltkrieg führte in den 1950er und 1960er Jahren zu einem erheblichen Anstieg der Einwohnerzahlen und zur Ausweitung der Wohnbausiedlungen.

Die Wirtschaftsstruktur Kaufungens basiert auf einer Vielzahl von Handwerks-, Industrie-, Dienstleistungs- und Handelsbetrieben

Im stadtnahen ländlichen Raum kommt dem Öffentlichen Personennahverkehr eine besondere Bedeutung nicht nur in struktureller, sondern auch in ökologischer Hinsicht zu. Nach Stilllegung des Personenverkehrs auf der Eisenbahnstrecke Kassel-Waldkappel-Eschwege wurde als Ergänzungsverkehr ein Pilotprojekt Anruf-Sammeltaxen-Betrieb (AST) zur Verbesserung des Fahrplanangebots der Busse zwischen Kaufungen und Kassel eingeführt. Das als »Zukunftsmusik« gestartete Projekt »Lossetal-Straßenbahn« von Kassel über Kaufungen nach Hessisch Lichtenau konnte mittlerweile verwirklicht werden. Die Straßenbahn wird von der Bevölkerung gut angenommen und hat den Öffentlichen Personennahverkehr wesentlich verbessert.

Um die alten Ortskerne von Ober- und Niederkaufungen langfristig zu stärken, wurde auf ein »repräsentatives« Ortszentrum zwischen den Ortsteilen zugunsten des Wohnungsbaus mit der dazugehörigen Infrastruktur verzichtet. Die Integrierte Gesamtschule und die 1995 in Betrieb genommene Stützpunktfeuerwache sowie die barrierefreien Wohnungen mit Seniorenbegegnungsstätte stellen markante städtebauliche Objekte in diesem Bereich dar.

Die Wirtschaftsstruktur Kaufungens basiert auf einer Vielzahl von Handwerks-, Industrie-, Dienstleistungs- und Handelsbetrieben. Seit der Öffnung der innerdeutschen Grenze 1989 erlebt auch die Nachfrage nach Grundstücken in dem im Ortsteil Papierfabrik nahe der Autobahn gelegenen Gewerbegebiet einen lebhaften Aufschwung. Seit 1970 wurde hier eine Vielzahl von kleineren und mittleren Unternehmen mit weit über 1000 Arbeitsplätzen angesiedelt. 1994/1995 wurden die planungsrechtlichen Voraussetzungen für eine Erweiterung der gewerblich nutzbaren Flächen

Im Stiftsforsthaus kann man leckeres Wildbret erstehen.

Rund 80 Prozent der Bauten sind Fachwerkhäuser: Jacobstraße 11 ist ein besonderes Schmuckstück.

geschaffen, um einer Entwicklung Rechnung zu tragen, die zur Sicherung von Arbeitsplätzen beiträgt, das Arbeitsplatzangebot erhöht und die Wirtschafts- und Finanzkraft der Gemeinde stärkt.

Kaufungen, das Tor zum Lossetal ist Ausgangspunkt vieler Wanderungen

Als grüne, lebendige Verbindung zwischen den beiden Ortsteilen Nieder- und Oberkaufungen dient der etwa 50 Hektar große Sport- und Freizeitpark, dessen Kernstück der Steinertsee ist. Auf dem Gelände des früheren Braunkohletagebaus entstand hier ein Gebiet, in dem Natur und Erholung, aber auch aktive Freizeitgestaltung ein harmonisches Miteinander gefunden haben. Der Steinertseepark bildet den Übergang zur freien Landschaft und zum Naturpark Meißner-Kaufunger Wald. Zudem ist Kaufungen, das Tor zum Lossetal, Ausgangs- und Endpunkt vieler Wanderungen in die nähere und weitere Umgebung. Gemeinschaftseinrichtungen haben in Kaufungen einen besonderen Stellenwert, denn sie garantieren

Ein interessanter Ort für Kulturveranstaltungen ist die Zehntscheune.

Die »Kaufunger Konzerte« finden weit über Kaufungen hinaus Beachtung.

Wurst, Senf, Salatöl: So kaufte man früher im Tante Emma Laden ein. Zu sehen im Regionalmuseum Kaufungen.

eine hohe Wohn- und Lebensqualität. Dazu zählen die Kindertagesstätten, die Sport- und Freizeiteinrichtungen und die sozialen Einrichtungen wie Jugend- und Altenpflege sowie die Sozialstation mit Seniorenbegegnungsstätte. Daneben ist für das gesellige Leben und kulturelle Veranstaltungen ein Angebot an Räumlichkeiten in den Bürger- und Gemeinschaftshäusern vorhanden. Für ihr Engagement im sozialen Bereich wurde 2002 die Gemeinde Kaufungen von der Hessischen Landesregierung beim Wettbewerb »Familienfreundliche Kommune« ausgezeichnet.

Der »Kaufunger Kulturkalender« hat viel zu bieten

Auch Kultur wird in Kaufungen groß geschrieben. Neben den vielfältigen Aktivitäten der Vereine und Verbände finden die »Kaufunger Konzerte« in der Stiftskirche weit über Kaufungen hinaus große Beachtung. Das Regionalmuseum »Alte Schule« mit seinen Abteilungen über die Lebens- und Arbeitswelt im früheren Kaufungen, das Bergwerksmuseum »Roßgang« mit der Darstellung des Bergbaus aus der Braunkohlenzeit, Gemeindebüchereien, regelmäßige Heimatfeste, Dorftage, Theater sowie der »Kaufunger Stiftssommer« sind Bestandteil des »Kaufunger Kulturkalenders«.

Die Partnerschaften mit der schwedischen Gemeinde Ale Kommun und Bertinoro in Italien bereichern das kulturelle Leben, führen Menschen zusammen und fördern die Integration Europas. Die beschlossene Partnerschaft mit Budesti in Moldawien hat darüber hinaus das Ziel bei der dortigen wirtschaftlichen Entwicklung zu helfen.

Partnerschaften in Europa und ein aktives Gemeinschaftsleben können sich nur entwickeln, wenn möglichst viele Menschen mitwirken. Erfreulich ist, dass dies in Kaufungen der Fall ist, was von einer starken Identifikation der Bürgerinnen und Bürger zeugt und eine weitere positive Entwicklung Kaufungens garantiert.

PR-Beitrag von:
Gemeinde Kaufungen
Leipziger Straße 463 · 34260 Kaufungen
Tel. (0 56 05) 80 20 · Fax (0 56 05) 80 21 04
info@kaufungen.de · www.kaufungen.eu

Die Geschichte des Bergbaus wird im Regionalmuseum lebendig.

Kunigunde – heilige Kaiserin und Nonne

Herrscher im Mittelalter zu sein war eine beschwerliche Angelegenheit. Das Leben bestand aus beständigem Umherziehen von Pfalz zu Königshof, von Kloster zu Bischofssitz. Eine Station für Kunigunde und Heinrich II. war der Königshof Kaufungen. 1008 hatte Kunigunde den Kasseler Königshof als Ausgleich für ihren Besitz in Bamberg erhalten, der ihr als Morgengabe von ihrem Gemahl übereignet worden war und ihr als Witwensitz dienen sollte. Nach 1008 wurde der Kasseler Hof nach Kaufungen verlagert und zum Witwensitz ausgebaut. 1017 erkrankte Kunigunde dort schwer und versprach für ihre Genesung so die Legende, die Errichtung eines Benediktinerinnenklosters. Sie genas bald darauf, der Ausbau des Klosters begann noch im selben Jahr. 1024 starb Heinrich. Im Herbst des Jahres trat Kunigunde, nachdem sie die Reichsinsignien an Konrad II. übergeben hatte, in das Kloster ein, wo sie als einfache Nonne bis zu ihrem Tod am 3. März 1033 lebte.

Mehr als nur »die Frau an seiner Seite«

Kunigunde gilt als eine der wenigen herausragenden Frauengestalten des Mittelalters. Sie entstammte einem luxemburgischen Grafengeschlecht. Sie wurde um 980 geboren, etwa 998 oder 1000 heiratete sie den Bayernherzog Heinrich IV., den späteren König und Kaiser Heinrich II. Das »Wissen« um ihre historische Gestalt ist wesentlich von der Legendenüberlieferung geprägt. Erst nach ihrer Krönung 1002 in Paderborn zu Beginn des Königsumrittes Heinrichs, der kurz zuvor in Mainz gekrönt worden war, ist sie in den geschichtlichen Quellen als »Mitregentin« greifbar. Sie war einflussreiche Ratgeberin, geschickte Vermittlerin und geachtete Bittstellerin. Bei Abwesenheit Heinrichs übernahm sie die Regierungsgeschäfte und fungierte als seine Stellvertreterin, so bei der Grenzsicherung gegen die Polen 1012 und auch 1016. Da war sie schon Kaiserin, 1014 war sie an der Seite Heinrichs in Rom zur Kaiserin gekrönt worden. Dass Heinrich ihr kluges und umsichtiges Mitwirken zu würdigen wusste, zeigen die überraschend vielen Nennungen seiner »geliebten Gattin und Teilhaberin an der Herrschaft« in seinen Urkunden.

Fest im Glauben verankert

Bestimmend für das Leben der frommen Kaiserin und ihres Gemahls war, neben den politischen Reichsgeschäften, in großem Umfang ihr Wirken für den Glauben. Zahlreiche Schenkungen und Stiftungen, auch solche zur persönlichen und monastischen Erinnerung, belegen dies. Höhepunkt ist die Errichtung des Bistums Bamberg. Ihm verdankt das Kaiserpaar seine Heiligsprechung, dort ruhen Kunigundes Gebeine – oder doch in Kaufungen? man weiß es nicht ganz genau – dort wird die Kaiserin noch heute verehrt. Das tragische Schicksal ihrer Kinderlosigkeit, wohl wegen einer Krankheit Heinrichs, erfuhr später eine Umdeutung durch die Verklärung ihrer Ehe zur keuschen »Josephsehe«, ihre Heiligsprechung 1200 durch den Papst wurde gar mit ihrer Jungfräulichkeit begründet. Das rückte sie seit dem 13. Jahrhundert in die Nähe der jungfräulichen Gottesmutter und ließ sie im Blick vieler Gläubiger fast mit Maria verschmelzen.

Sabine Scherer

Kunigunde, Kaiserin und Nonne, Relief an der Kaufunger Stiftskirche, Teilabguss der Grabplatte von Tilmann Riemenschneider im Bamberger Dom

Die Georgskapelle, errichtet um 1009

Das Dormitorium (Schlafsaal) des Klosters Kaufungen: hier starb Kunigunde 1033.

Die Kommune Niederkaufungen

Gemeinsam leben und arbeiten

Entscheidungen werden gemeinsam getroffen: das wöchentliche gemeinsame Plenum.

Die 1986 unter dem Motto »Gemeinsam leben und arbeiten« gegründete Kommune in Niederkaufungen ist mit über 50 Erwachsenen und fast 20 Kindern und Jugendlichen eine der großen linkspolitischen und ökologischen Kommunen in Deutschland.

Linkes Politikverständnis

Das kommunitäre Leben in Niederkaufungen ist der Versuch, aus undogmatisch linkspolitischer, feministischer und ökologischer Gesellschaftskritik heraus positiv eine andere solidarische Lebensform zu entwickeln. Hier werden Ausbeutungsverhältnisse, Besitz- und Konkurrenzdenken in Frage gestellt und es wird nach lebensfreundlicheren Lösungen gesucht. All dies wird in gelebte Alltagspraxis umgesetzt. Die Kommune Niederkaufungen kann als ein gesellschaftspolitisches Experiment im Selbstversuch verstanden werden.

Kommunardinnen und Kommunarden engagieren sich im öffentlichen Leben

Ganz bewusst hat sich die Gründungsgruppe mitten im Ort Niederkaufungen sowie in der Nähe der Stadt Kassel angesiedelt. Kommunardinnen und

Das Haus mit dem Regenbogen bietet vielen viele Möglichkeiten.

Gesunde Ernährung von Anfang an ist wichtig.

Kommunarden engagieren sich im öffentlichen Leben, wie etwa in Kaufunger Vereinen, bei Dorffesten, durch das jährliche Hoffest der Kommune, in verschiedenen Bürgerinitiativen und überregionalen politischen Zusammenhängen. Auf regionalpolitischer Ebene spricht sich die Kommune deutlich gegen den Bau der Autobahn 44 durch Nordhessen und den Ausbau des Flughafens in Calden aus. Je nach individueller Interessenlage beteiligen sich Kommunardinnen und Kommunarden zum Beispiel im Aktionsbündnis gegen Rechts, in der Ökologie- und Frauenbewegung, bei wissenschaftlichen Forschungsprojekten, in der Asylpolitik und für Menschenrechte, in globalisierungskritischen Diskursen, bei Attac, dem Aufbau einer gentechnikfreien Region in und um Kaufungen oder dem freien Radio Kassel.

Bunt und verantwortungsbewusst ist das Leben in der Kommune.

Alle zwei Monate wird Sonntagnachmittags eine Führung für Neugierige und Interessierte aus der Region angeboten. Im Tagungshaus können Seminare besucht werden, die unter verschiedenen Aspekten die erlebten Erfahrungen beleuchten. Die Kommune unterstützt und berät andere Gruppen bei der Gründung oder im Entwicklungsprozess und gehört zu einem weltweiten Netzwerk von Projekten gemeinschaftlichen Lebens.

Gemeinsame Ökonomie

Die Erwerbs- und Haushaltsarbeit wird selbstbestimmt nach den eigenen Fähigkeiten und Neigungen gewählt und ausgeführt. Alle Einkünfte der Mitglieder gehen in eine gemeinsame Kasse. Aus dieser werden alle gemeinsamen und individuellen Bedürfnisse gedeckt: vom gemeinsamen Auto über die Ausbildung der Kinder bis zur Zahnpasta. Die persönlichen Ausgaben orientieren sich an den Bedürfnissen der Einzelnen. Es wird ein in allen Belangen ressourcenschonender Lebensstil angestrebt. Die Grundstücke und Gebäude der Kommune, die Produktionsmittel der Arbeitsbereiche und Werkstätten sowie das eingebrachte Vermögen sind Eigentum des gemeinsamen Vereins aller Kommunardinnen und Kommunarden.

Entscheidungsfindung im Konsens

Konsens bedeutet, dass alle eine Entscheidung mittragen können. Im Lauf der Jahre wurden Strukturen erprobt, die ermöglichen, in einer Großgruppe Einigungen zu finden, Verabredungen und Entscheidungen zu treffen, möglichst ohne übergangene und unzufriedene Minderheiten zu hinterlassen. Ein wöchentliches gemeinsames Plenum und Kleingruppen zur vertiefenden Diskussion einzelner Themen helfen beim Verständnis der unterschiedlichen Anliegen und Ansichten. Besonders wichtige Themen werden in zweimal jährlich stattfindenden kommuneweiten Klausurtagen behandelt.

Leben in einer Großgruppe

Die Kommune Niederkaufungen wurde als Projekt für 100 Erwachsene plus Kinder geplant. Die geplante Anzahl orientiert sich daran, dass für eine Stabilität der Gruppe in ökonomischer wie in menschlicher Hinsicht eine gewisse Gruppen-

größe notwendig ist. Um solide und effizient wirtschaften zu können, arbeiten in den Kollektiven mehrere Kommunardinnen und Kommunarden gemeinsam.
In der Kommune wird in 13 unterschiedlich großen Wohneinheiten gemischt gewohnt, hier leben Paare und Singles, die Kinderbetreuung kann meistens auf mehrere Bezugspersonen verteilt werden. So sollen alle die gleiche Chance haben, ihren Berufs- und sonstigen Interessen nachzugehen. Küche und Kita sind professionelle Arbeitsbereiche. Die Reproduktionsarbeit hat für die Gemeinschaft den gleichen Stellenwert wie Erwerbsarbeit. In der Freizeit ergeben sich je nach Sympathie und Interessen gemeinsame Aktivitäten. Es finden Veranstaltungen aller Art statt, wie Feiern, Vorträge, Wanderungen, Spiel-Abende oder Filmvorführungen.

Ökologisches Bewusstsein

In der Kommune Niederkaufungen werden energiesparende und ressourcenschonende Lösungen umgesetzt und erprobt. Die meisten Gebäude sind bereits nach ökologischen Gesichtspunkten saniert. Mit einem Blockheizkraftwerk wird Strom und Heizwärme mit möglichst hohem Wirkungsgrad erzeugt. Die Gebäude werden aus einem zusammenhängenden Heizsystem mit zwei großen Stückholz-Heizöfen beheizt. So konnte die Gemeinschaft zu 100 Prozent eine regenerative Energieversorgung verwirklichen. Die Gemeinschaft hat in die Nutzung von Sonnenenergie auf den Dächern investiert. Von einem Großteil der Dachflächen wird Regenwasser in Zisternen gesammelt, das für Gartenbewässerung, WC-Spülung und Waschmaschinen verwendet wird. Zum Teil wird auch das Brauchwasser mit einer Solaranlage erhitzt. Durch gemeinschaftliche Nutzung von vielen Dingen wie zum Beispiel Büchern, Computern, Haushaltsgeräten, Fahrzeugen und Maschinen, kommen die Kommunardinnen und Kommunarden mit weniger Gerätschaften pro Kopf aus und können trotzdem eine Vielfalt verschiedener Dinge nutzen. Wo immer es sinnvoll ist, werden Recycling-Materialien verwendet. Die Kommune Niederkaufungen ist auch durch die biologische Landwirtschaft und den eigenen Obst- und Gemüseanbau mit der Natur verbunden. Die Kommunardinnen und Kommunarden sind aktive Nutzerinnen und Nutzer der öffentlichen Verkehrsmittel. Darüber hinaus können auf einem Wochenplan sechs Autos, zwei Motorräder und ein Elektromobil gebucht und von allen genutzt werden.

Rund 20 Kinder und Jugendliche leben in der Kommune.

Ganz bewusst hat sich die Kommune mitten in Niederkaufungen angesiedelt.

PR-Beitrag von:
Kommune Niederkaufungen
Kirchweg 3 · 34260 Kaufungen
Tel. (0 56 05) 8 00 70 · Fax (0 56 05) 80 07 40
info@kommune-niederkaufungen.de
www.kommune-niederkaufungen.de

Entspannt Tagen – das Tagungshaus Niederkaufungen

Im Tagungshaus der Kommune Niederkaufungen gibt es 14 individuell und liebevoll eingerichtete Zimmer, die in abgeschlossenen Wohnbereichen liegen. Es können bis zu 40 Gäste beherbergt werden. Vier Seminarräume von 18 bis 80 Quadratmetern können genutzt werden. Die wichtigsten Arbeitsmaterialien wie Overhead- und Diaprojektor, Flipchart, Beamer, TV- und Videogeräte sowie eine Musikanlage und Spiele stehen den Gästen zur Verfügung.
Das Haus liegt verkehrsgünstig in der Mitte Deutschlands in ruhiger Lage. Vom ICE-Bahnhof Kassel-Wilhelmshöhe aus ist das Tagungshaus direkt mit der Straßenbahn erreichbar.
Den Gästen wird leckere, abwechslungsreiche vegetarische Vollwertkost angeboten. Die frischen Lebensmittel stammen ausschließlich aus kontrolliert biologischem Anbau.
Das Tagungshaus wird von einem selbstverwalteten Kollektiv betrieben, welches auch bei der inhaltlichen Gestaltung von Seminaren behilflich ist. Thematische Schwerpunkte sind solidarische Ökonomie, Nachhaltigkeit, gruppenbezogene Entscheidungsprozesse, konstruktiver Umgang mit Konflikten und die Zukunft der Arbeit. Die wesentliche Grundlage dafür ist die in der Kommune Niederkaufungen langjährig erprobte kommunitäre Lebenspraxis. Führungen über das Kommunegelände werden ebenfalls angeboten.

Tagungshaus Niederkaufungen
Tel. (0 56 05) 80 07 30
Fax (0 56 05) 80 07 40
tagungshaus-niederkaufungen@web.de
www.tagungshaus-niederkaufungen.de

Gewaltfreie Kommunikation

Ein wichtiger Schwerpunkt des Seminarangebots im Tagungshaus der Kommune Niederkaufungen ist die gewaltfreie Kommunikation. In angespannten Konfliktsituationen konstruktiv im Gespräch zu bleiben und aufrichtig und gelassen zu reagieren, ist für viele Menschen ein wichtiges Ziel. Die »Gewaltfreie Kommunikation« (GFK) entwickelt von Marshall Rosenberg – ist ein sehr wirksamer Ansatz, genau dies zu lernen. Sie fördert und entwickelt Fähigkeiten und Haltungen, die es ermöglichen:

- potenzielle Konflikte in friedliche Gespräche umzuwandeln
- sich über Interessen und Bedürfnisse auszutauschen ohne Abwehr und Feindseligkeiten
- Kritik so zu äußern, dass sie nicht verletzt
- Beziehungen zu gestalten, die auf Verständnis und Wertschätzung beruhen
- Lösungen zu finden, bei denen möglichst die Bedürfnisse aller berücksichtigt werden

Es werden Einführungsseminare, Vertiefungsseminare, Jahreskurse, Konfliktberatung und Mediation angeboten zu den Themen:

- Gewaltfreie Kommunikation in Liebe und Partnerschaft
- Gewaltfreie Kommunikation und politische Veränderung
- Angebote für Trainerinnen und Trainer, Multiplikatorinnen und Multiplikatoren

Gewaltfreie Kommunikation
Tel. (0 56 05) 80 07 30
Fax (0 56 05) 80 07 40
info@gewaltfrei-niederkaufungen.de
www.gewaltfrei-niederkaufungen.de

Schwerpunkt des Seminarangebots ist die gewaltfreie Kommunikation.

Die Kita pflegt einen freundlichen Dialog mit der Tagespflege Lossetal, von dem alle Beteiligten in großem Maße profitieren.

Bio-Partyservice Komm-Menü

Der Verein Bio-Partyservice Komm-Menü fördert die Verbreitung der Vollwerternährung. Seine besondere Aufmerksamkeit gilt der gesunden Ernährung von Kindern, unter anderem wird die Kindertagesstätte Wühlmäuse täglich mit vollwertigem Essen beliefert. Zudem wird ein Party-Service betrieben, der zu einem großen Teil Produkte aus dem Bioland-Betrieb Rote Rübe verarbeitet. Zentrales Anliegen von Bio-Partyservice Komm-Menü ist die Verwendung von Zutaten, die aus der Region stammen, ökologisch und unter sozial guten Bedingungen hergestellt wurden. Das heißt auch, dass den Erzeugern und Erzeugerinnen faire Preise bezahlt werden.

Wie in allen Kommunebetrieben wird auch hier im Kollektiv gearbeitet. Dies bedeutet, dass alle relevanten Entscheidungen von der Kücheneinrichtung über Arbeitszeiten bis zur Auswahl von Lieferantinnen und Lieferanten gemeinsam entschieden werden.

Bio-Partyservice Komm-Menü
Tel. 0 56 05) 80 07 39
komm-menue@gmx.de
www.komm-menue.de

Viel Platz zum Toben für kleine »Wühlmäuse«

Gemeinschaftspraxis für Therapie, Supervision und Beratung

»An den eigenen Grenzen Neues finden!« Ziel der Selbstentwicklung ist, die Freude zu leben erfahrbar zu machen. Bei Klientenzentrierten Gesprächsangeboten, die in der Gemeinschaftspraxis angeboten werden, stehen das Erleben und die Selbstbestimmung der Klientinnen und Klienten im Mittelpunkt. Gemeinsam wird im therapeutischen Prozess der Raum geschaffen, dieses Potential zu nutzen. Dabei kann es um eine Beratung bei Krankheit, in Konflikten und Krisen oder um Trauma-Arbeit gehen. Die Suchenden werden darin unterstützt, sich eigenverantwortlich Lösungen zu erschließen und sich diesen mutig, ehrlich und bewusst zu nähern. Das dafür notwendige einfühlende Verstehen geschieht durch Wertschätzen der Person. Termine nach Vereinbarung, keine Kassenabrechnung

Gemeinschaftspraxis für Therapie,
Supervision und Beratung
Tel. (0 56 05) 80 07 46
gemeinschaftspraxis@kommune-niederkaufungen.de

Seit Gründung der Kommune wird hier Gemüse und Obst biologisch angebaut.

Bio aus Überzeugung: Bioland-Betrieb Rote Rübe

Seit Gründung der Kommune Niederkaufungen wird hier Gemüse und Obst biologisch angebaut. Zuerst zur Selbstversorgung und seit 1991 mit Bioland-Zertifikat auch zur Vermarktung im Hofladen Rote Rübe. Seit einigen Jahren wird auch Saatgut mit dem Ziel gezüchtet, klimatisch angepasste und robuste Pflanzen biologisch weiterzuentwickeln und zu vermehren. Über die Saatgut-Initiative Dreschflegel können Saaten bundesweit bestellt werden.

Die Obst-Manufaktur pflegt eine große Vielfalt alter Apfel- und Birnensorten auf Streuobstwiesen, bietet pomologische Fachberatung, Obstbaumschnitt und Sortenbestimmung an und stellt Obstsäfte sowie Fruchtaufstriche her.

Bioland-Betrieb Rote Rübe
Tel. (0 56 05) 80 07 37
RoteRuebe@kommune-niederkaufungen.de

Produkte mit Bioland-Zertifikat werden im Hofladen Rote Rübe vermarktet.

Kindertagesstätte »Die Wühlmäuse«

Die Kindertagesstätte der Kommune Niederkaufungen ist seit 1992 offiziell als altersgemischte Einrichtung mit Einzelintegrationsplätzen anerkannt. Im schönen Lossetal gelegen, werden die Möglichkeiten eines naturnahen Ambientes genutzt. Dazu gehören wöchentliche Waldtage ebenso wie Floßfahrten auf der Losse. Das Außengelände bietet vielseitige Beschäftigungsmöglichkeiten und ermöglicht ein kreatives Agieren mit professioneller Begleitung. Die Kita pflegt einen freundlichen Dialog mit der Tagespflege Lossetal. Regelmäßig gibt es gemeinsame Aktionen, von denen alle Beteiligten in großem Maße profitieren. Neben einem aktuellen Konzept werden den Kindern täglich ein Vollwertfrühstück, Obstteller und ein gesundes Mittagessen angeboten.

Kindertagesstätte »Die Wühlmäuse«
Tel. (0 56 05) 8 00 70

Gemeinsam Spaß haben: Gymnastik im Freien in der Tagespflege Lossetal

Die Tagespflege Lossetal vermittelt ihren Gästen ein Gefühl der Sicherheit und Geborgenheit.

Tagespflege Lossetal

Viele alte Menschen können ihren Alltag nicht mehr alleine bewältigen. Vor allem Menschen, die an einer Demenz erkrankt sind, reagieren darauf ängstlich, mit Unruhe oder sind desorientiert. Die Tagespflege Lossetal versucht die Menschen in ihrer Wirklichkeit ernst zu nehmen und so ihre Würde zu wahren. Auf dem Gelände der Kommune Niederkaufungen besteht die Möglichkeit zu Begegnungen mit großen und kleinen Menschen, Haustieren und Arbeitsabläufen, die die Gäste an ihren eigenen Lebens- und Arbeitsalltag erinnern. Sie können dadurch einen Alltag erleben, in dem ihre Bedürfnisse, Fähigkeiten und Erfahrungen angesprochen werden und so ein Gefühl der Sicherheit und Geborgenheit entstehen kann. Es werden ausschließlich demenziell erkrankte Menschen betreut. Geöffnet hat die Tagespflege von Montag bis Freitag von 8.30 bis 16.30 Uhr.

Tagespflege Lossetal
Tel. (0 56 05) 80 07 55
info@tagespflege-lossetal.de
www.tagespflege-lossetal.de

TAGESPFLEGE LOSSETAL

Ambulante Pflege im Kasseler Osten

Zweckverband Sozialstation KLN

Die Sozialstation Kaufungen – Lohfelden – Nieste (KLN) in der Trägerschaft des Zweckverbandes der drei kommunalen Gemeinden Kaufungen, Lohfelden und Nieste besteht seit mehr als 25 Jahren. Bereits in den 1970er Jahren fuhr die Gemeindeschwester durch die Straßen der Gemeinden um Unterstützung bei der Pflege älterer und kranker Menschen zu geben.
Im Laufe der Jahre fand eine ständige Weiterentwicklung statt. Jetzt ist die Sozialstation KLN eine moderne ambulante Pflegeeinrichtung, die sich den Qualitätsanforderungen der heutigen Zeit stellt.
Die Mitarbeiter der Sozialstation pflegen und betreuen umfassend mit fachlicher Kompetenz und Einfühlungsvermögen kranke und ältere Menschen. Die Pflege orientiert sich an den Bedürfnissen und Fähigkeiten des Einzelnen und möchte unter anderem Bürger dabei unterstützen, ihren Lebensabend in gewohnter Umgebung zu verbringen und auch in hohem Alter noch am gesellschaftlichen Leben teilnehmen zu können. Behinderung, Krankheit oder Alter müssen längst nicht mehr zwangsläufig zu stationärer Pflege führen.

Pflege, Begleitung, Beratung

Ob und in welchem Umfang einem Menschen Leistungen zustehen, wie eine optimale Betreuung aussehen könnte, die Mitarbeiter der Sozialstation sind kompetente Ansprechpartner. Oft ist mehr Unterstützung möglich als man denkt. Neben der häuslichen Grundpflege und Behandlungspflege für Menschen jeden Alters bietet die Sozialstation Begleitung bei Arztbesuchen oder anderen Aktivitäten sowie hauswirtschaftliche Hilfen an. Diese Unterstützung reicht vom Säubern der Wohnung über Einkaufen und Nahrungszubereitung bis hin zum Versorgen von Haustieren. Auch Betreuungsleistungen für Demenzkranke zur Entlastung pflegender Angehöriger gehört zum Leistungsspektrum der Sozialstation. Ein 24-Stunden-Pflegeruftelefon ist außerdem eine Selbstverständlichkeit.
Eine Beratung im Rahmen einer Wohnraumanpassung sowie Unterstützung bei Pflegehilfsmittelbeschaffung oder bei einem speziellen Hilfsmittelbedarf gehört ebenfalls zu den täglichen Aufgaben der Sozialstation.

Behinderung, Krankheit oder Alter müssen längst nicht mehr zwangsläufig zu stationärer Pflege führen.

Die Mitarbeiterinnen und Mitarbeiter bilden sich zur Qualitätssicherung ihrer Arbeit ständig fort.

Die Sozialstation ist Mitglied der Landesarbeitsgemeinschaft Hauskrankenpflege Hessen e.V. (LAHH) und dem Bundesverband der Arzneimittelhersteller e.V. (BAH). Über diese Fachorganisationen findet eine ständige Weiterbildung der Mitarbeiterinnen und Mitarbeiter statt, die dazu beiträgt, die Qualität der Arbeit zu sichern.
Der Zweckverband Sozialstation Kaufungen, Lohfelden, Nieste kooperiert mit dem Projekt »BARKE« (Unterstützende Betreuung und andere Angebote für Demenzkranke und Angehörige). Eine wichtige Ergänzung zur laufenden Arbeit ist die »Beratungsstelle für Ältere«. In dieser wird Information, Beratung, Unterstützung und Vermittlung von Hilfen für hilfs- und pflegebedürftige Menschen angeboten.

PR-Beitrag von:
Zweckverband Sozialstation KLN
Theodor-Heuß-Straße 15 · 34260 Kaufungen
Tel. (0 56 05) 9 39 45 40 · Fax (0 56 05) 9 39 45 20
info@sozialstation-kln.de · www.sozialstation-kln.de

Ausgedehnte Wälder, historische Ortskerne und freundliche Gasthäuser

Söhrewald – die Perle der Söhre

Im äußersten Südosten des Landkreises Kassel liegt die Gemeinde Söhrewald. Der waldbedeckte Höhenzug der Söhre, der der Gemeinde ihren Namen gab, erstreckt sich vom Ostufer der Fulda bis zum Kaufunger Stiftswald. In den ausgedehnten Waldflächen können Wanderer und Erholungssuchende ihre Seele baumeln lassen. Die zahlreichen Wüstungen in der Gemarkung liefern heute den Stoff für viele Sagen und Märchen.

Sogar die Windräder sind nach Märchenfiguren benannt.

Söhrewald hält ein vielfältiges kulturelles Angebot für Einheimische und Gäste bereit. »Wo man singt, da lass dich ruhig nieder«, heißt es und so werden die zahlreichen Feste in Söhrewald stets musikalisch von Blasorchestern und Chören umrahmt und in der dunklen Winterzeit bieten Liederabende und Konzerte die richtige Abwechslung im dörflichen Leben. Das traditionelle Osterfeuer und der stimmungsvolle Weihnachtsmarkt ziehen alljährlich viele Besucher an. Auch die »Initiative Künstler in der Söhre« (IKS) sorgt selbst im kleinsten Söhrewalder Ortsteil Eiterhagen noch für kulturelle Farbtupfer.

Die weitgehend unversehrte Waldlandschaft ist das Kapital der Gemeinde. Schon in alten Zeiten waren die wildreichen Wälder Schauplatz prunkvoller Treibjagden der hessischen Landgrafen. Auch Jérôme, Napoleons Bruder und zeitweise »König von Westfalen« wusste dieses Revier zu schätzen. Die vielfältige Schönheit der Mischwälder, die stillen Täler und idyllischen Bäche und Seen bieten heute ausgezeichnete Voraussetzungen zur Erholung vom Alltagsstress. Und das nur wenige Minuten von der Großstadt Kassel entfernt. Sportplätze, Skateranlagen, eine Beachballanlage, das beheizte Waldschwimmbad sowie Sport- und Mehrzweckhallen sind die Grundlagen für attraktive Freizeitaktivitäten. Nach ausgedehnten Wandertouren entlang der sehr gut beschilderten Rad- und Wanderwege gibt es die Möglichkeit, die müden Füße an Wassertretstellen zu erfrischen.

In der Gemarkung Wellerode steht der Fernsehturm. Früher war er 148 Meter hoch. Inzwischen wurde der obere Teil abgetragen.

Das alte Dorf Eiterhagen liegt eingebettet im Tal der Mülmisch.

Eiterhagen der älteste Ort von Söhrewald

Die Gemeinde Söhrewald entstand 1970 durch den Zusammenschluss der Gemeinden Wellerode, Wattenbach und Eiterhagen. Der waldbedeckte Höhenzug der Söhre, der der neuen Gemeinde ihren Namen gab, erstreckt sich vom Ostufer der Fulda bis zum Kaufunger Stiftswald. Söhrewald grenzt im Norden an die Gemeinde Lohfelden, im Nordosten an die Gemeinden Kaufungen und Helsa, im Osten an die Stadt Hessisch Lichtenau,

Der geheimnisvolle Grüne See

Idyllische Landschaften

im Süden an die Stadt Melsungen, im Südwesten an die Gemeinde Körle sowie im Westen an die Gemeinden Guxhagen und Fuldabrück.

Die ersten urkundlichen Nachweise der drei Söhredörfer lassen sich etwa auf die Wende vom 13. zum 14. Jahrhundert festlegen.

Die Söhre ist ein altes Siedlungsgebiet. Der Name leitet sich ab von »soor« oder »sör« und bedeutet »trocken«. So mangelte es den ersten Ansiedlern auf den ausgedehnten Hochflächen oft an Wasser und sie waren bald wieder zur Aufgabe ihrer Rodungen gezwungen. Eine dieser aufgegebenen Siedlungen hieß seit dem 19. Jahrhundert Stückkirchen. Die Siedlung Hessenhain bzw. Hessenhagen ist vermutlich nach dem Seuchenzug, dem »Schwarzen Tod«, zwischen 1347 und 1352 aufgegeben worden. Nur die Ruine der »Hessenhainer Kirche« zeugt noch als sichtbares Zeichen von der alten Besiedlung und ist mit dem »Glockenborn« heute ein beliebtes Wanderziel.

Nach vorhandenen Urkunden aus dem Jahr 1289 ist Eiterhagen der älteste Ort von Söhrewald. Der ehemalige Basaltsteinbruch am »grünen See« wurde zu einer Naturidylle umgestaltet, das sich heute nahtlos in die landschaftlich schöne Umgebung einfügt. Schon in den 1950er und 1960er Jahren war der See ein beliebtes Naherholungsgebiet mit Naturschwimmbad und Campingplatz. 1956 wurden Umkleidekabinen gebaut und sogar ein Sprungturm errichtet. Allerdings waren die Besuchermassen eine zu große ökologische Belastung für dieses Gebiet, so dass die Forstverwaltung ihre Genehmigung zurückzog und die Natur sich den See zurückerobern konnte.

Die Windkraftanlagen heißen Rumpelstilzchen, Schneewittchen, Frau Holle, Hänsel und Gretel

Wattenbach wurde im Jahr 1323 erstmalig urkundlich erwähnt. Die Zeche Stellberg machte den Ort schon früh zu einem Bergmannsdorf. Die alte Bergmannstradition ist dort noch immer lebendig.

Die Landschaft um Wattenbach wird heute geprägt durch fünf Windkraftanlagen. Sie tragen märchenhafte Namen, die den Bezug des Dorfes zum »Märchenland der Brüder Grimm« herstellen. Rumpelstilzchen, Schneewittchen, Frau Holle, Hänsel und Gretel sorgen heute für ökologische Stromgewinnung in der Region.

»Ars Natura«- Kunstwerk von Peter Paul Medzech am Wegesrand

Wo friedliche Kühe weiden, die Seele baumeln lassen.

Wellerode konnte im Jahr 2001 seinen 650. Geburtstag feiern. Im Laufe der Jahrhunderte änderte sich der Dorfname häufig. Aus Wynebolderohe, Weiderade, Welwolderade und Wellerodt wurde endlich Wellerode. Der Ort gilt als Mittelpunkt der Söhre. Er ist von ausgedehnten Wäldern umschlossen, wodurch er schon früh den Beinamen »Walddorf« bekam. Heute arbeiten die meisten Bewohner im nahen Kassel. Ab 1912 verband die Söhrebahn Wellerode mit der Stadt. Heute führt ein Rad- und Wanderweg über die alte Bahntrasse und der Bahnhof dient als Dorfgemeinschaftshaus.

In der Gemarkung Wellerode steht auch der früher 148 Meter hohe Fernsehturm. Er wurde 1962/1963 erbaut. Der Betrieb wurde 1984 eingestellt und 1991 für die Privatsender RTL-plus und Sat1 wieder aufgenommen, um 2006 wieder eingestellt zu werden. Der obere Teil des Turmes wurde 2006 abgetragen. Kassels Fernsehen hängt heute quasi

Gut beschilderte Rad- und Wanderwege machen das Verirren unmöglich.

Das alte »Walddorf« Wellerode ist im Winter besonders schön.

Bahnhof Wellerode

am Nabel Söhrewalds. Das digitale Programm für die Stadt wird via Satellit von der Sendeanlage am Brand in das Kasseler Kabelnetz eingespeist.

Ein Ölberg mit Weinanbau in Nordhessen

Zwischen den Gemarkungen Wattenbach, Eiterhagen und der Ortschaft Quentel befindet sich der sogenannte Ölberg. Jener Teil des Ölbergs zwischen Eiterhagen und dem verfallenen Sandsteinbruch, oberhalb der großen Pfarrwiese wird durch die Bezeichnung Wimberich oder auch Weinberg als ehemaliges Weinbaugebiet betitelt. 1870 zeigte sich der Ölberg mit Eichen, die bis ins Dorf hinab wuchsen. In der Nähe des alten Wasserwerkes befanden sich bis 1870 mehrere Kohlestätten und auf der Höhe des Ölbergs gab es bis 1954 eine Gelbsandsteingrube. Am ehemaligen Steinbruch wurde in den 90er Jahren des 19. Jahrhunderts ein neuer Basaltsteinbruch angelegt. Dieser beschäftigte zeitweise bis zu 280 Arbeitskräfte.

Die Kapelle der Wüstung Lobesrode (Stückkirchen) wurde erstmals 1304 erwähnt, vermutlich ist sie aber älter. Sie war das Gotteshaus des im Spätmittelalter wüst gefallenen Kaufunger Stiftortes Lubesrode und lag an einem frühmittelalterlichen Höhenweg, dem »Breiten Weg«. Sie blieb, verbunden mit einer Gastwirtschaft, noch lange ein Wallfahrtsort. Erst um 1550 verschwand ihr Name aus der Überlieferung. Heute sind dort nur noch von Vegetation überwucherte Reste zu sehen.

Wandern wo einst Napoleons Bruder zur Jagd ging.

In allen drei Söhredörfern findet man historische Ortskerne mit Fachwerkhäusern und Kirchen. Freundliche Gasthäuser, teilweise mit Freizeitanlagen, freuen sich auf die Besucher. Auch geführte Planwagentouren können gebucht werden.

PR-Beitrag von:
Gemeinde Söhrewald
Schulstraße 8 · 34320 Söhrewald
Tel. (0 56 08) 49 80 · Fax (0 56 08) 4 98 88
info@soehrewald.de · www.soehrewald.de

Der Gasthof »Alte Post« in Wellerode

Die Stadt Baunatal

Eine junge Stadt mit Zukunft

Blick auf den Stadtteil Altenbauna

Von einer dörflichen Idylle zur modernen aufstrebenden Stadt – so könnte die bauliche Entwicklung der Stadt Baunatal beschrieben werden. Mit seinen 28 000 Einwohnern ist Baunatal die größte Stadt im Landkreis Kassel, eingebettet in eine vielgestaltige Kulturlandschaft im Naturpark Habichtswald. Die dörflichen Ortskerne der Stadtteile mit ihren Fachwerkhäusern und romantischen Straßen und Gassen verkörpern die traditionelle Seite, und die großzügige, vielfältige Bebauung zeigt Baunatal als eine moderne Stadt.

Entstanden ist sie aus einst sieben selbstständigen Gemeinden als Folge der Ansiedlung eines Volkswagenwerkes. Fertige Autos rollten hier nie vom Band: Hier werden in erster Linie Getriebe hergestellt und Aggregate aufbereitet. Weltweit von Bedeutung ist Baunatal in dieser Hinsicht aber durch das Original Teile Center, in dem Ersatzteile für Volkswagen und Audi lagern. Von hier aus werden Kunden in aller Welt versorgt. Im Laufe der Jahre hat sich Baunatal darüber hinaus durch seine zentrale Lage zu einem attraktiven Industriestandort mit vielen Arbeitsplätzen in Groß- und Kleinbetrieben entwickelt.

Die Menschen fühlen sich wohl in der lebendigen Stadt mit ihrer gut ausgebauten Infrastruktur

Die Traditionen bewahren, die Gegenwart leben und die Zukunft planen – das hat sich die Stadt Baunatal auf die Fahnen geschrieben. Die Menschen fühlen sich wohl in der lebendigen Stadt mit ihrer gut ausgebauten Infrastruktur. Das zeigen die Einwohnerzahlen, die trotz des demographischen Wandels in den letzten Jahren nahezu konstant geblieben sind. Als Grund sieht Bürgermeister Manfred Schaub die familienfreundliche Politik. Als erste Kommune in Hessen ist der Besuch des Kindergartens gebührenfrei. »Wir wollen, dass alle Kinder die gleichen Chancen für ihre Zukunft haben« – heißt die Prämisse. Dazu gehören nicht nur gut ausgestattete Kindertagesstätten, moderne Schulen und die Förderung von zusätzlichen Ausbildungsplätzen, sondern auch eine Vielzahl von Spiel- und Sportangeboten mit einer Fülle von Sportanlagen.

Baunatal betreibt erfolgreich Energiepolitik. Ein Zeichen dafür sind die immer häufiger im Stadtgebiet sichtbaren Solarkollektoren auf den Hausdächern. Denn seit Jahren wird der Einbau innovativer Technologien gefördert.

In der Autostadt setzt man auf ein gut ausgebautes Radwegenetz

Es lebt sich gut in Baunatal. Das zeigt sich nicht nur darin, dass die Kinder und Erwachsenen von Anfang an in Neuplanungen ihres Umfeldes einbezogen werden, sondern auch in dem regen Vereinsleben mit einem ausgewogenen Kultur-, Sport- und Freizeitangebot für die junge und ältere Generation. Darüber hinaus ist die Stadt Baunatal in ihrem Bestreben, die Stadt barrierefrei zu gestalten, mit einer Vielzahl von Rückbau- oder Umgestaltungsmaßnahmen vorangekommen und trotz Autostadt setzt man auf ein gut ausgebautes Radwegenetz, das ständig erweitert und auf Sicherheit überprüft wird. »Wir haben nicht den Ehrgeiz, dass die Zahl der Einwohner stetig zunimmt«, sagt Bürgermeister Manfred Schaub, »wir wollen, dass alle Menschen, die hier leben, sich wohl fühlen und mit ihrer Heimat identifizieren.«

Bildungseinrichtung Kindertagesstätte

Kinder- und Familienfreundlichkeit wird in Baunatal ganz groß geschrieben. Die Stadt nimmt mit verschiedenen Maßnahmen eine Vorreiterrolle in Hessen ein. Kindertagesstätten werden nicht als Betreuungs-, sondern als wichtige Bildungseinrichtungen gesehen, denn die frühkindliche Förderung legt den Grundstein für die Entwicklung der Kinder. Seit 2009 ist die Regelbetreuung gebührenfrei. Bildung und Erziehung soll für alle günstig zugänglich gemacht werden. Eine weite-

Schmucke Fachwerkhäuser in den alten Ortskernen – wie hier in Altenritte – erinnern an die historische Vergangenheit der modernen Stadt

Den Brüdern Grimm und der Märchenerzählerin Dorothea-Viehmann zu Ehren: der Märchenbrunnen im Stadtzentrum

Eine große Zahl von erfolgreichen Athleten stammt aus Baunatal.

re Neuerung ist die Freistellung des dritten und jeden weiteren Kindes von der Gebührenzahlung. Bei besonderen Anforderungen wie der Integration eines behinderten Kindes oder der Arbeit mit Kindern mit Migrationshintergrund erfolgt Unterstützung durch zusätzliche Fachkräfte. Das Konzept wurde in Zusammenarbeit mit den Kindertagesstätten und der Verwaltung erarbeitet, um den aktuellen gesellschaftlichen Entwicklungen Rechnung zu tragen.

Die Kindertagesstätten und Grundschulen arbeiten eng zusammen und bauen ihre Lern- und Bildungsangebote aufeinander auf. Damit soll gewährleistet werden, dass der Übergang zur Schule für die Kinder keinen Bruch darstellt. Ein Novum war ein Pädagogischer Tag, an dem die Kindertagesstätten und Grundschulen in Baunatal und der Nachbarkommune Schauenburg geschlossen wurden. Mehr als 200 Pädagogen kamen ins Gespräch, um Kooperationsvorhaben für das kommende Schul- beziehungsweise Kindergartenjahr zu verabreden, neue Ideen zu sammeln und ihre Arbeit weiter zu vernetzen. Baunatal setzt mit diesen Maßnahmen klare Zeichen für die Bildung und die Entwicklung der Kinder und damit der Zukunft der Stadt.

Sportstadt Baunatal

Baunatal ist als Sportstadt weit über seine Grenzen hinaus bekannt. Und das verdankt sie nicht nur ihren zahlreichen hervorragend ausgestatteten Sportanlagen. In Baunatal wird auch der Sport in der Gemeinschaft und die Förderung der Jugend ganz groß geschrieben – jeder zweite Baunataler Bürger ist Mitglied in einem Verein. Dass junge Sportler in Baunatal besonders gefördert werden, wird auch an der großen Anzahl von erfolgreichen Athleten deutlich, die aus der Sportstadt stammen. Hier sind unter anderem die Schwimmerin Annika Mehlhorn, die bereits bei den Olympischen Spielen an den Start ging und die U-17 Fußballnationalspielerin Carolin Simon zu nennen. Aber auch im Kickboxen, Inline-Hockey, Duathlon, Radball, Gewichtheben und bei den Sportakrobaten waren bereits Sportler aus Baunatal bei Deutschen-, Europa- und sogar Weltmeisterschaften vertreten.

Auch die Kunst findet ihren Platz in Baunatal: Skulptur »Alte Frau« im Stadtpark.

100 000 Teilnehmer beim Landesturnfest

Eine Sportstadt ist Baunatal aber auch, weil zahlreiche überregionale Sportevents ausgerichtet werden. Das Landesturnfest im Mai 2008 sorgte im ganzen Stadtgebiet für Stimmung und war Anlaufpunkt für 100 000 Teilnehmer und sportbegeisterte Zuschauer. Die Veranstalter waren von Baunatals Sportstätten so begeistert, dass die Generalprobe für die Abschlussgala des Deutschen Turnfestes in der Commerzbank-Arena in Frankfurt auf dem Rasen des zentral gelegenen Parkstadions durchgeführt wurde. Ebenfalls im Parkstadion, das Platz für circa 9000 Zuschauer bietet, kämpften beim

Die frühkindliche Förderung legt den Grundstein für die Entwicklung der Kinder.

Intakte Gemeinschaft: jeder zweite Baunataler Bürger ist Mitglied in einem Verein.

Ein Stück Industriegeschichte: die imposante Eisenbahnbrücke von Guntershausen

internationalen Leichtathletik Meeting »Städtische Werke Athletic´s 09« Spitzensportler aus der ganzen Welt um Siege und um die Qualifikation zur Teilnahme an der Weltmeisterschaft in Berlin. Deutsche und Hessische Meisterschaften werden nach Baunatal vergeben. Die Deutsche Handballmeisterschaft der männlichen B-Jugend »Final Four«, die Deutsche Tischtennismeisterschaft der Verbandsklassen und die Hessische Leichtathletikmeisterschaft sind jüngste Beispiele.

Sportbegeisterung bedeutet selbst aktiv zu werden

Die Mitglieder der zahlreichen Vereine und Verbände in Baunatal stehen wie die städtische Verwaltung den Veranstaltern bei der Organisation und der Durchführung der Events engagiert zur Seite und sorgen tatkräftig für gutes Gelingen. Sportbegeisterung bedeutet jedoch mehr als bei einem spannenden Wettkampf seine Favoriten von der Tribüne aus anzufeuern. Sportbegeisterung bedeutet selbst aktiv zu werden. Daher ist der Breitensport ein wichtiger Bestandteil in Baunatal. Den sportbegeisterten Bürger findet man in Baunatal in allen Altersgruppen, was angesichts der vielfältigen Angebote für Groß und Klein kein Wunder ist. Ob gemütliches Freizeitvergnügen oder Leistungssport, für jeden Geschmack hat die Sportstadt das Passende.

Baunatal setzt Akzente im Klimaschutz

Knapp zwei Jahre nach dem Ersten Spatenstich zur Erschließung des Musterbaugebiets »Am obersten Heimbach« kann die Stadt Baunatal positive Bilanz ziehen. Dort entsteht ein vom Land Hessen gefördertes klimaeffizientes Wohngebiet, mit dem die Stadt ein Zeichen setzt, dass energiebewusstes Bauen und Leben ganz alltäglich sein kann. Dafür wurde in Zusammenarbeit mit dem Kompetenznetzwerk für dezentrale Energietechnologien (DeENet) ein zukunftsweisendes Energiekonzept erarbeitet. Dabei müssen künftige Bauherren drei Auflagen erfüllen: Das Haus muss Energie mindestens 15 Prozent besser einsetzen als in der Energiesparverordnung vorgegeben ist; eine erneuerbare Energiequelle muss genutzt werden und ein Energieberater ist in Anspruch zu nehmen. Die Stadt setzt die Rahmenbedingungen fest, in denen sich die Bauherren bewegen können.

Klimaschutz wird mit zinslosen Darlehen gefördert

Jede Familie kann für sich selbst entscheiden, was für ihr Leben notwendig ist und wie sie am effizientesten Energie einspart. Die Stadt fördert diesen Klimaschutz mit zinslosen Darlehen von 2700 bis 8900 Euro. Diese sind rückzahlbar in zehn Jahren. Die ge-

In der VW-Stadt wimmelt es von Käfern.

Junge Sportler werden in Baunatal besonders gefördert.

Förderung der Nutzung von Sonnenenergie hat in Baunatal bereits Tradition. Zum einen geht die Stadt mit gutem Beispiel voran, betreibt eigene Anlagen und vermietet ihre geeigneten Dachflächen an private Investoren. Zum anderen unterstützt sie Privatleute durch ein zinsloses Darlehen bei der Installation von Photovoltaik und solarthermischen Anlagen.
Die vielfältigen Aktivitäten haben bundesweit für Anerkennung gesorgt. So wurde Baunatal mit dem Kommunalfuchs ausgezeichnet. Daneben war sie »Kommune des Monats« der Energieaktion »Kommunal erneuerbar«. Auf diesen Lorbeeren wird sich die Stadt nicht ausruhen, sondern sie sind Ansporn für die Verwirklichung weiterer Ideen.

PR-Beitrag von:
Stadt Baunatal
Marktplatz 14 · 34225 Baunatal
Tel. (05 61) 4 99 20 · Fax (05 61) 4 99 22 08
magistrat@stadt-baunatal.de · www.baunatal.de

naue Höhe richtet sich nach der Energieeffizienz des Gebäudes und der Art der Energiequelle. Ein Antrag kann gestellt werden, wenn der Bau abgenommen ist und das Zertifikat des Energieberaters vorliegt. Von den 76 Grundstücken sind nach knapp zwei Jahren erwartungsgemäß 19 verkauft. Ein großes Plus ist dabei die Lage des neuen Wohngebiets. Die gute Infrastruktur mit Versorgung, Kindertagesstätten oder Schulen in der Nähe bietet besonders Anreize für junge Familien. Insgesamt besteht nicht nur der Anspruch, klimaeffizient zu bauen, sondern auch zu leben. Die Familien können ihre Verbrauchsdaten ein Jahr lang durch das Kompetenznetzwerk Dezentrale Energietechnologien e.V. (DeENet) auswerten lassen und so wichtige Tipps zur noch besseren Nutzung der vorhandenen Technik erhalten. DeENet bezeichnete das Objekt als »wichtigen Baustein in der Gesamtstrategie für erneuerbare Energien für die ganze Region«. Entscheidend ist bei dem Projekt nicht nur der geringere Emissionsausstoß zum Schutz der Umwelt, sondern auch der langfristige Effekt der Kostenersparnis für die dort lebenden Familien.

Die Stadt geht mit gutem Beispiel voran

Das klimaeffiziente Baugebiet ist nur ein Energie-Baustein in der konsequenten Förderung der erneuerbaren Energie. Daneben sorgt der städtische Energiebeauftragte für das Energiecontrolling der städtischen Liegenschaften und die Durchführung von Effizienzmaßnahmen bei Sanierungen städtischer Liegenschaften. Außerdem ist er Anlaufstelle für alle Bürgerinnen und Bürger Baunatals in allen Fragen rund um Energie.

Jede Menge Wiesen, Felder und Wald gibt es in der Autostadt: Großenritte mit dem Burgberg.

Weithin sichtbar, die Flutlichtanlage des Stadions.

Schloss Wilhelmsthal –

eine Perle des Rokoko

Hier wurden edle Speisen für die landgräfliche Tafel zubereitet. Die Küche ist noch im Originalzustand zu besichtigen.

Das Rokokoschloss Wilhelmsthal ist ein wahrer Besuchermagnet.

Das bei Calden gelegene Schloss Wilhelmsthal gilt als eines der schönsten Rokokoschlösser Deutschlands. Schloss und Park bilden entsprechend der typisch spätbarocken Auffassung ein elegantes Ensemble. Landgraf Wilhelm VIII. von Hessen Kassel ließ dieses Lustschloss als Dreiflügelanlage zwischen 1747 und 1761 von dem berühmten Münchener Hofarchitekten Francois de Cuvilliés errichten. Die Innengestaltung oblag dem vorher schon für das Potsdamer Schloss Sanssouci tätigen Bildhauer Johann August Nahl.

Ein Lustschloss, das Lust auf einen Besuch macht.

Die Schönheiten- und Ahnengalerie von Johann Heinrich Tischbein d. Ä.

Kristalllüster, Gold und chinesisches Porzellan zeugen von erlesenem Geschmack.

Fürstliche Schönheiten- und Ahnengalerie

Es haben sich zahlreiche Ausstellungsstücke von hervorragender Qualität aus dieser Zeit erhalten. So wartet Schloss Wilhelmsthal mit einer bedeutenden und reichhaltigen Sammlung ostasiatischer und europäischer Porzellane auf, unter denen die Meißener Manufaktur am zahlreichsten vertreten ist. Weiterhin sind herausragende französische Lackmöbel und andere Einrichtungsgegenstände – u. a. eine Standuhr von David Roentgen – in beeindruckender Originalkulisse zu besichtigen.

Als Besonderheit gilt die in situ erhaltene Schönheiten- und Ahnengalerie von dem Hofmaler Johann Heinrich Tischbein d. Ä. sowie dessen Telemach-Zyklus. Der außergewöhnliche Reiz des Schlosses liegt vor allem in der nahezu unverändert gebliebenen Raumaufteilung. So kann der Besucher einen Einblick in das höfische Leben der Fürsten wie auch der Dienerschaft gewinnen. Eine besonders beliebte Attraktion ist die Hauptküche mit einer nach wie vor funktionstüchtigen »Bratenwendemaschine«. Die Schlossräume können während einer Führung besichtigt werden.

Flanieren im Park zu jeder Jahreszeit

Der ursprüngliche Rokokopark Wilhelmsthal mit seinen klaren Sichtachsen und symmetrisch angelegten Wegen wurde ebenso wie die barocken Kasseler Anlagen Karlsaue und Bergpark Wilhelmshöhe zum Landschaftsgarten umgeformt. Dies geschah jedoch auf verhältnismäßig behutsame Weise. Der wunderschöne Park lädt zu jeder Jahreszeit zum Verweilen und Flanieren ein und bietet dem Natur- wie dem Kunstfreund im wahrsten Sinne des Wortes immer wieder neue Perspektiven. In den Sommermonaten finden an der pittoresken Grottenanlage regelmäßig Wasserspiele statt. Gartenausstellungen ziehen jährlich Tausende von Besuchern an und auch die zahlreichen Konzerte und Sonderausstellungen zeitgenössischer Kunst im Souterrain sind wahre Besuchermagneten.

Einst Schlachtfeld, heute Acker: Landschaft bei Schloss Wilhelmsthal

Kämpferische Geste: Putte am Bassin der Wasserspiele

»Zum Sturm Grenadiers, zum Sturm Grenadiers …«

Im Siebenjährigen Krieg (1756 bis 1763) kämpfte Preußen gemeinsam mit England gegen eine Allianz von Österreich, Frankreich und Russland. Auch viele kleine Staaten wurden in die Kampfhandlungen einbezogen, darunter die Landgrafschaft Hessen Kassel. Die Hessischen Soldaten kämpften an der Seite Preußens und Englands. Am 24. Juni 1762 kam es zur für Nordhessen alles entscheidenden Schlacht bei Schloss Wilhelmsthal. 57 000 Mann unter Führung des Herzog Ferdinand trafen bei Wilhelmsthal mit den gegnerischen Truppen von insgesamt 72 000 Mann zusammen. Trotz der zahlenmäßigen Überlegenheit der Franzosen endete die grauenhafte Schlacht, bei der über 3000 Soldaten ihr Leben verloren, mit dem Sieg der Armee von Herzog Ferdinand. Die Franzosen mussten die Flucht nach Kassel antreten und wichen später weit ins Oberhessische zurück.

Ein kleiner Tambour wirft die Kriegsordnung über den Haufen

Zahlreiche Legenden ranken sich um die Kampfhandlungen bei Schloss Wilhelmsthal. Auch die Geschichte des Tambours von Wilhelmsthal wird heute noch gerne erzählt. Der blutjunge Trommler aus dem benachbarten Burguffeln soll während der Schlacht aus Unkenntnis das Kommando »zum Sturm« anstatt »zum Sammeln« getrommelt haben, was zum Sieg über die französischen Truppen geführt haben soll. Als der Herzog von Braunschweig im Begriff war, seine von den Franzosen hart bedrängten Soldaten zurückzuziehen, wies er den Tambour an, das entsprechende Kommando »zum Sammeln« zu trommeln. Der unerfahrene Bauernjunge kannte offenbar kein anderes Signal als »zum Sturm Grenadiers, zum Sturm Grenadiers, zum Sturm, zum Sturm, zum Sturm …« und trommelte was das Zeug hielt, was zur Folge hatte, dass sich die schon im Rückzug begriffenen Soldaten entschlossen herumwarfen und die völlig überraschten Franzosen überrannten.

Auf dem Relief symbolisieren die gesenkten Standarten das Ende des Siebenjährigen Krieges.

Gedenkstein an die Schlacht bei Wilhelmsthal am 24. Juni 1762

Am Tag nach der Schlacht soll Herzog Ferdinand seine Offiziere und auch die gefangenen, gegnerischen Offiziere zu einem großen Festbankett geladen haben. Auch der kleine Tambour wurde dazu geholt. Anstelle einer saftigen Bestrafung soll er ein kostbares Medaillon und viel Lob erhalten haben.

Nachdem die Soldaten endlich abgezogen waren, traten die verheerenden Folgen des Siebenjährigen Krieges zu Tage. Noch viele Jahre danach hatte die Zivilbevölkerung unter verwüsteten Dörfern und Feldern, Hunger und Not zu leiden.

Die Schlacht von Wilhelmsthal ist heute im Küchenflügel des Schlosses anhand von Zinnsoldaten anschaulich dargestellt. Im Park erinnert eine Gedenktafel an das Geschehen. Sie trägt die Inschrift:

DIE EINST BEKÄMPFTEN SICH ALS FEIND SIND IN EUROPA HEUT VEREINT

Calden –

eine Gemeinde zwischen Tradition und Fortschritt

Anfang der 1970er Jahre schlossen sich die Dörfer Meimbressen, Westuffeln, Obermeiser, Fürstenwald, Ehrsten und Calden zur Großgemeinde Calden zusammen. Eingebettet in eine reizvolle Landschaft bietet sie heute ihren Gästen attraktive Ausflugsziele. Schon Landgraf Wilhelm VIII. wusste die Schönheiten der Natur zu schätzen, als er hier sein Sommer- und Jagdschloss Wilhelmsthal bauen ließ. In den Dörfern sind noch viele romantische Fachwerkhäuser, Plätze und Straßenzüge in ihrer Ursprünglichkeit erhalten geblieben.

Calden – von der Steinzeit bis zum Rokoko

Calden, das der Großgemeinde den Namen gegeben hat, wurde 1107 erstmals urkundlich erwähnt. Allerdings zeigt die Entdeckung eines Erdwerks und zweier Steinkistengräber, dass schon um 3700 v.Chr. Menschen hier gelebt haben.

Die Caldener Kirche ist Johannes dem Täufer geweiht. Sie ersetzte eine alte Fachwerkkirche von 1606, von der ein Sakramentshäuschen erhalten blieb. Sehenswert sind auch die Orgel mit ihrem schönen Rokokoprospekt aus dem Jahr 1781 und das von Hermann Pohl geschnitzte Altarbild.

Nicht weit von der Johanniskirche befindet sich das Heimatmuseum Kanngießer. Hier wird das dörfliche Leben anhand von historischem Mobiliar, Gerätschaften und Maschinen wieder lebendig.

Auf die Plätze: Kinder machen beim Caldener Straßenfest begeistert mit. (Foto: Andrea Umbach-Wiedemann)

Up and away: Der Flughafen Calden ist ein beliebter Startpunkt für Ballonfahrer.

Ehrsten – eine der ältesten Siedlungen der Region

Der Name Ehrsten deutet auf seine Gründung um das Jahr 500 n.Chr. hin. Damit gehört der Ort zu den ältesten Siedlungen der Region. Die erhaltenen Fachwerkhäuser entstanden jedoch erst Ende des 17. Jahrhunderts. Vermutlich aus dem 14. Jahrhundert stammt ein Teil der Ehrster Kirche. 1778 wurde sie umgebaut und ist heute als spätgotische Saalkirche erhalten. Im Kirchenschiff wurden vor einigen Jahren eindrucksvolle ornamentale Wandmalereien freigelegt.

Die noch heute so genannten Landwehrteiche und Frankenteiche legen nahe, dass Ehrsten während der Sachsenkriege ein umkämpftes Grenzdorf war, dessen Schicksal eng mit dem der ältesten Burg Hessens, der Burg Schartenburg, verknüpft war.

Fürstenwald – Ausgangspunkt für schöne Wanderungen

Fürstenwald wurde erstmals 1332 genannt. Bereits 1376 unterstanden das Dorf und seine Pfarrei dem Patronat der Hessischen Landgrafen. Ähnlich wie der Nachbarort Ehrsten besitzt auch Fürstenwald eine planmäßige Ortsstruktur. Im Ortskern befindet sich ein Karree mit der spätromanischen Kirche, deren Westturm noch immer auf eine wehrhafte Kirchhofanlage hindeutet. Abgerückt vom Dorfkern liegt in einer parkähnlichen Gartenanlage ein 1910 gebautes, herrschaftliches Jagdhaus. Heute gehört es zur Fachklinik Fürstenwald.

Fürstenwald ist durch seine Bahnanbindung und das Künstlercafé im ehemaligen Bahnhof ein beliebter Ausgangspunkt für Wanderungen.

Historische Autos in historischen Straßen: Oldtimertreffen in Calden (Foto: Andrea Umbach-Wiedemann)

Die imposante Wehrkirche von Meimbressen

Meimbressen – imposante Wehrkirche

Meimbressen liegt an dem kleinen Flüsschen Nebelbeeke. Es kann auf eine über 1100-jährige Geschichte zurück blicken. Seit dem 14. Jahrhundert waren die Familien von Gudenberg die Grundherren. Die »Wölffe von Gudenberg« leben noch heute hier. Schon 1356 setzte die Familie sich für die Ansiedelung von Juden im Ort ein. Bis 1933 existierten in Meimbressen eine große Jüdische Gemeinde, eine jüdische Elementarschule und eine Synagoge. Meimbressen wird geprägt von einer exponiert am Hang stehenden Wehrkirche aus dem 13. Jahrhundert und dem Adelssitz der Familie von Gudenberg. Der 700 Jahre alte Jüdische Friedhof kann im Rahmen einer Führung besichtigt werden.

Blumenranken schmücken dieses Fachwerkhaus in Obermeiser

Ländliche Idylle am Junkernhof in Meimbressen (Foto: Andrea Umbach-Wiedemann)

»Wo der Herr nicht das Haus bauet so arbeiten umsonst die da bauen« – Liebevoll restaurierte Balkeninschrift in Meimbressen

Obermeiser – es klappert die Mühle …

Obermeiser, schon 1074 in einer Urkunde als »minos Meischere« bezeichnet, liegt im schönen Tal der der Warme. Wie alle umliegenden Dörfer hat es eine wechselhafte Geschichte erlebt. Die ältesten, noch erhaltenen Gebäude stammen vorwiegend aus dem 18. und 19. Jahrhundert. Die Mehrzahl von ihnen gruppiert sich um die Kirche, die 1771 errichtet wurde. Sie besitzt eine der ältesten Glocken der Umgebung. Im Westen des Dorfes findet sich ein zweiter, älterer Ortsteil mit der Mühle und dem vollständig erhaltenen Mühlgraben.

Der 700 Jahre alte Jüdische Friedhof kann im Rahmen einer Führung besichtigt werden.

Westuffeln – »Fachwerk en miniature«

Laut einer Urkunde von Kaiser Otto ging »Uvloun et altera ufloun« 965 in das Eigentum der Magdeburger Stiftskirche St. Moritz über. Von der romanischen Kirche aus dem 12. Jahrhundert, die 1881 weitgehend abgebrochen wurde, ist noch der Westturm erhalten. Rund um die Kirche sind auch die ältesten Häuser des Ortes zu finden. Kennzeichnend für die Bebauung vorwiegend aus dem 18. und 19. Jahrhundert sind die großen Bauernstellen, die meist nur aus einem bäuerlichen Wohnwirtschaftsgebäude bestehen. Diese sowohl von mitteldeutschen, als auch von diemelsächsischen Einflüssen gekennzeichneten Bauernhäuser verleihen Westuffeln ein unverwechselbares Gepräge. Die traufseitig erschlossenen Gebäude besitzen einen Wirtschaftsteil mit großer Hofeinfahrt und einen separaten Wohnbereich mit einem repräsentativen Hauseingang.
Auf 1694 wird das »Fachwerk en miniature« datiert: Ein kleiner, quadratischer Predigerstand.
Es ist das letzte in Deutschland erhaltene bauliche Zeugnis dieser Art.

PR-Beitrag von:
Gemeinde Calden
Holländische Straße 35 · 34379 Calden
Tel. (0 56 74) 70 20 · Fax (0 56 74) 7 02 36
gemeinde@calden.de · www.calden.de

Der Predigerstand ist das letzte in Deutschland erhaltene bauliche Zeugnis dieser Art. (Foto: Andrea Umbach-Wiedemann)

Die Caldener Steinkammergräber dienten der Bestattung ganzer Gemeinschaften.

Mächtige Decksteine beschützten die Toten.

Geheimnisvolle Spuren aus der Steinzeit

Das Erdwerk von Calden ist in Europa einzigartig

Schon 1976 fielen einem Piloten beim Landeanflug auf den nordhessischen Regionalflughafen Calden seltsame ringförmige Bewuchsmerkmale in einem Getreidefeld auf. Doch erst zwölf Jahre später begannen Archäologen dort mit Probeuntersuchungen. Bereits der erste Grabungsbefund erwies sich als Sensation. Zwischen Flughafen Calden und Waldrand befand sich ein jungsteinzeitliches Erdwerk. Seine Bauzeit wird um 3700 v.Chr. datiert. Die Größe und Bauweise der neolithischen Anlage ist in Europa bislang einzigartig. Im Laufe weiterer Grabungen wurde auf dem 183 300 Quadratmeter großen Gelände ein kreisförmig angeordnetes System von Gräben freigelegt. Hinter dem inneren Grabenring befanden sich ein Wall und eine hohe Palisadenwand aus massivem Eichenholz.

Die geborgenen Funde lassen eine jungsteinzeitliche Kultstätte vermuten, die über 1800 Jahre genutzt wurde

Wie die Neolithiker diesen eindrucksvollen Bau geschaffen haben, bleibt ein Rätsel. Der Transport unzähliger, riesiger Eichenstämme zur Errichtung der Palisadenwand, die Ausschachtung der bis zu 1, 70 Meter tiefen und fast 1400 Meter im Umfang messenden Grabenringe im steinigen Untergrund ohne technische Hilfsmittel war nur durch die gemeinsame Anstrengung vieler Menschen möglich. Das gewaltige Bauvorhaben musste genau geplant und straff organisiert werden. Auch die Versorgung der Bauleute musste sichergestellt werden, so dass anzunehmen ist, dass alle Bewohner der Region in die Baumaßnahmen einbezogen waren. Die Bedeutung des Erdwerks ist unbekannt. Die geborgenen Funde lassen jedoch eine jungsteinzeitliche Kultstätte vermuten, die über 1800 Jahre genutzt wurde. Heute markieren vier Steinstelen die gigantische Anlage, deren einstige Bedeutung nur noch zu ahnen ist.

Die Toten wurden durch eine kreisrunde Öffnung – das »Seelenloch« – in das Grabinnere gebracht

Neben dem Erdwerk wurden in Calden auch zwei Steinkammergräber entdeckt. Beide Begräbnisstätten wurden um 3500 v.Chr. angelegt und dienten der Bestattung ganzer Gemeinschaften. Die Toten wurden durch eine kreisrunde Öffnung, das »Seelenloch« in das Grabinnere gebracht. Als Beigabe wurden ihnen Ketten aus Tierzähnen und Klingen aus Flintstein auf die Reise ins Jenseits mitgegeben. Vor den Galeriegräbern stellten die Angehörigen Speise- und Trankopfer ab. Auch die Scherben von Tontrommeln, die dort gefunden wurden, sind Zeugnisse einer empfindsamen Bestattungskultur der jungsteinzeitlichen Menschen.

Die Reste einer 6000-jährigen Grabanlage

Steinkammergräber sind Zeugnisse der jungsteinzeitlichen Bestattungskultur.

Heute markieren Steinstelen die gigantische Anlage des Erdwerks.

Schauriges und Schönes

Geschichte hautnah erleben mit Gästeführer Wiedemann

Ein ganz besonderes Erlebnis ist eine Zeitreise mit dem Gästeführer der Gemeinde Calden Klaus-Dieter Wiedemann. Er schlüpft in die Kostüme historischer Figuren und lässt so die Geschichte von Wilhelmsthal und Calden zu einem unterhaltsamen und informativen Ausflug werden.
Über die Entstehungsgeschichte von Schloss Wilhelmsthal berichtet Johann Georg Fünck, der von 1746 bis 1749 hier die Bauleitung innehatte. Anhand von alten Bauplänen und Bildern erfahren Besucher, wie die Wasserspiele – nur mit natürlichen Kräften betrieben – funktionieren. Möchten die Besucher wissen, wie der Adel zu Zeiten König Jérômes gelebt und gefeiert hat, folgen sie am Besten dem »Oberzeremonienmeister seiner Königlichen Hoheit« durch den Park. Dort hielt der Bruder von Napoleon einst rauschende Feste ab. Und wenn Sie dem Zeremonienmeister äußerste Verschwiegenheit versprechen, erzählt er auch von dessen amourösen Abenteuern.

Der Oberzeremonienmeister ist ein intimer Kenner des höfischen Lebens.

Landmann »Bernhard von Calden« kennt sich auch gut im Wald aus.

Einladung zum deftigen Nachtwächterschmaus

Wenn der Gästeführer als »Schäfer vom Weinberg« auftritt, wird es richtig gruselig. Nur er weiß, wer der Tote im Ententeich ist und warum die weiße Frau um Mitternacht im Schloss umgeht. Auch der junge »Prinz von Wilhelmsthal« kennt viele Geschichten von den Königen, Königinnen, Hexen, Zauberern und Riesen, die hier einmal lebten und der Landmann »Bernhard von Calden« führt seine Gäste gerne zu dem märchenhaften Tiergarten in ein nahe gelegenes Waldstück.
Als »Nachtwächter von Calden« kennt er sich bestens in seiner Gemeinde aus. Er weiß alles über die Eigenheiten der Bewohner, warum ein Einbrecher von ihnen »Schwarzer Schampel« genannt wird und dass auf dem »Treis« der Teufel los ist. Schaurige Geschichten, die bestens unterhalten und auf Wunsch mit einem deftigen Nachtwächterschmaus ausklingen.
Alle Führungen können über die Gemeinde Calden gebucht werden.

Johann Georg Fünck, der von 1746 bis 1749 die Bauleitung innehatte, erklärt die Funktion der Wasserspiele von Schloss Wilhelmsthal.

Der Nachtwächter von Calden kann viele gruselige Geschichten erzählen.

Kulinarisches Kulturkonzept im alten Bahnhof

Kunst und Kuchen sind die beiden Grundpfeiler für ein kulinarisches Kulturkonzept, das in dem alten Bahnhof in Calden-Fürstenwald verwirklicht wird.
Wunderbar am Fuße des Dörnbergs gelegen, macht vor allem die Regiohaltestelle direkt vor der Tür den Bahnhof zum Ausgangsort und Ziel für attraktive Wanderungen.

Dem einkehrenden Gast werden selbstgebackene Kuchen, Brot und Wurst aus der Region, sowie nach Jahreszeit wechselnde Leckereien geboten.
Der ehemalige Wartesaal, mehr als 20 Jahre von der Familie der Besitzerin bewohnt, wurde 2004 mit allen Spuren seiner Geschichte als Café wieder geöffnet. Der alte Bahnhof entwickelt heute durch seine vielfältige Nutzung für Ausstellungen, Konzerte, Lesungen, Workshops und natürlich Feste und Feiern seinen ganz besonderen lebendigen Charme.
Die Besitzerin Kordula Klose ist selbst seit 30 Jahren als Künstlerin aktiv. Bei ihrer Arbeit interessiert sie besonders die Schnittstelle, an der Kunst das Leben bereichert und das Leben die Kunst initiiert.

Das Haupthaus der Fachklinik Fürstenwald

Neue Wege aus der Abhängigkeit

Fachklinik Fürstenwald – Fachklinik für Suchtkranke

Sucht als Krankheit zu verstehen, ist Grundlage der Therapie in der Fachklinik Fürstenwald. Die Besonderheit dieser Erkrankung liegt darin, dass sie nicht nur körperliche Symptome zeigt, sondern auch seelische und soziale. Durch die umfassende Therapie in der Fachklinik Fürstenwald können Betroffene neue Wege der Lebensbewältigung finden.

Die Fachklinik besteht aus einem Haupthaus mit 60 Betten und den stilvollen alten Gebäuden eines früheren Jagdsitzes und liegt in einem weitläufigen Parkgelände. Zur Klinik gehören eine Sporthalle, ein Hallenbad, eine physiotherapeutische Abteilung. Auch Sauna und Solarium sowie eine Vielzahl von Räumen stehen zur Verfügung. Die Patientenzimmer sind Einzelzimmer mit Nasszelle.

Die Klinik liegt am Rande des kleinen Ortes Fürstenwald in einer einzigartigen Mittelgebirgslandschaft. Auf zahlreichen Wanderrouten finden Patienten Ruhe und Erholung. Nur 15 Kilometer entfernt liegt Kassel mit vielfältigen kulturellen Angeboten und Einkaufsmöglichkeiten.

Bieten Hilfe aus dem Teufelskreis der Sucht: Dr. H. J. Kronibus, ärztlicher Leiter (rechts) und Wilfried Gründel, kaufmännischer Leiter.

Die Angehörigen werden in die Behandlung einbezogen

Das therapeutische Behandlungsprogramm wurde aufgrund jahrelanger Erfahrung zusammengestellt. Es vereint verschiedene Therapieformen, um eine umfassende körperliche und seelische Rehabilitation zu erreichen. Die Grundlage der therapeutischen Arbeit ist eine tiefenpsychologisch fundierte Psychotherapie. Im Vordergrund steht dabei die Gruppentherapie mit dem gemeinsamen Lernen und Verstehen. Einzelgespräche und weitere Angebote wie Selbstsicherheits- und Entspannungstraining oder Haushaltstraining runden die Therapie ab. In Seminaren werden Angehörige in die Behandlung einbezogen, um Verständnis für die Problematik zu erlangen. Als Besonderheit bietet die Fachklinik Mutter-/Vater-Kind-Behandlungen an. Die gemeinsame Aufnahme bewirkt eine Stabilisierung der Eltern-Kind-Beziehung. Eltern, die mit ihren minderjährigen Kindern zur Behandlung kommen, wohnen mit ihrem Kind in einem geräumigen Doppelzimmer. Größere Kinder können ein eigenes Zimmer erhalten. Im gut ausgestatteten Kindergarten und Kinderhort sowie im angrenzenden Park mit Spielplatz werden die Kinder betreut und gefördert.

Die Bäderabteilung mit ihrem Angebot physikalischer Anwendungen und die Sporttherapie dienen der körperlichen Rehabilitation. Sport, Herz-Kreislauf-Training, Wassergymnastik, Schwimmschule und Rückenschule, Lauftraining gehören zum Angebot. Schwimmbad, Sauna und Sporthalle können auch in der Freizeit genutzt werden.

Die medizinische Betreuung wird gewährleistet durch den Chefarzt, Facharzt für Neurologie, Psychiatrie und Psychotherapie sowie durch einen Arzt mit internistischer Kompetenz. Externe Konsiliarärzte werden nach Bedarf hinzugezogen. Die Fachkräfte des Pflegedienstes sind jederzeit erreichbar.

Das stilvolle ehemalige Jagdhaus steht für Tagungen, Therapie- und Kommunikationsveranstaltungen zur Verfügung.

Im Vordergrund der Behandlung steht die Gruppentherapie.

PR-Beitrag von:
Fachklinik Fürstenwald – Fachklinik für Suchtkranke
34379 Calden-Fürstenwald · Grundweg 2
Tel. (0 56 09) 62 90 · Fax (0 56 09) 62 91 68
info@fachklinik-fuerstenwald.de · www.fachklinik-fuerstenwald.de

Lungenfachklinik Immenhausen

Zentrum für Pneumologie – Pneumologische Lehrklinik der Universität Göttingen

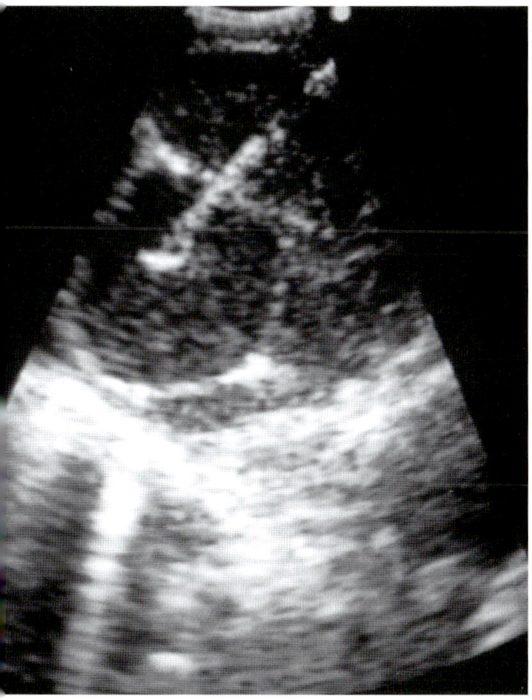

Mittels EBUS (Endobronchialer Ultraschall) und Puncturescope lassen sich mediastinale Lymphknoten gezielt punktieren.

In direkter Nähe zu Kassel betreut die Lungenfachklinik Immenhausen mit überregionalem pneumologischem Versorgungsauftrag jährlich über 3300 stationäre und 5000 ambulante Patienten. Die Klinik verfügt über 108 Betten, davon zehn Intermediate Care/Intensiv- Betten. Das Engagement in Krankenversorgung, Lehre und Forschung ermöglicht es, Patienten eine hohe Versorgungsqualität und innovative Therapieansätze anzubieten.

Endoskopie
Mit modernen Video-Bronchoskopen gelingt es, auch kleine Auffälligkeiten in den Atemwegen, die mit herkömmlichen Fiberbronchoskopen nicht gesehen werden, zu erkennen. Mittels EBUS (Endobronchialer Ultraschall) und Puncturescope lassen sich mediastinale Lymphknoten gezielt punktieren. Oft lassen sich so Operationen vermeiden. Die Thorakoskopie erlaubt die Betrachtung und Diagnostik des Rippenfelles und der Lunge. Bedrohliche Verengungen der großen Atemwege können mittels Laser und Stents erfolgreich behandelt werden.

Pulmonale Hypertonie
Nach komplexer Diagnostik unter anderem mittels Rechtsherzkatheter ist eine effektive medikamentöse Therapie möglich.

Schlafmedizin
Das von der Deutschen Gesellschaft für Schlafforschung und Schlafmedizin (DGSM) akkreditierte Schlaflabor ist mit sechs Polysomnographieplätzen ausgestattet. Insbesondere Patienten mit nächtlichen Atmungsstörungen, Müdigkeit oder Herzschwäche werden bei uns behandelt.

Tabakentwöhnung
Wenn Raucher aufhören zu rauchen führt das zu einer raschen Besserung von Herz und Lunge. Auch Husten und Schnarchen können so erfolgreich behandelt werden. Die Tabakentwöhnung ist daher in jedem Alter sinnvoll. Unter dem Motto »Schluss mit dem Rauchen jetzt« bietet die Lungenfachklinik Kurse zur erfolgreichen Tabakentwöhnung an. Das Programm besteht aus sechs Gruppengesprächen im wöchentlichen Abstand. Die Kosten werden von den Krankenkassen bezuschusst.
Das Programm zur Tabakentwöhnung wurde im Klinikum Göttingen unter der Leitung von Prof. Dr. Andreas, Leiter der Lungenfachklinik Immenhausen entwickelt. Die Erfolgsquote liegt bei 70 Prozent.

Die Lungenfachklinik behandelt jährlich über 3300 stationäre und 5000 ambulante Patienten.

Innovative Therapieansätze

Um innovative Therapieansätze anzubieten, nehmen wir an einer Vielzahl von großen Studien zu folgenden Indikationen teil:
- Therapie der COPD (Atemwegserkrankung)
- Therapie des Bronchialkarzinoms
- Nichtinvasive Beatmung bei schweren Lungenerkrankungen
- Schlafapnoe insbesondere bei Herzschwäche
- Raucherentwöhnung

Als Weaningzentrum übernehmen wir aus einer Reihe von Krankenhäusern und Intensivstationen invasiv (über einen Tubus) beatmete Patienten zur Entwöhnung vom Beatmungsgerät (Weaning). Nach exakter endoskopischer und Funktionsdiagnostik wird in täglichen Besprechungen und wöchentlichen interdisziplinären Konferenzen im Rahmen des Lungenkrebszentrums die individuell optimale Therapie festgelegt.

PR-Beitrag von:
Fachklinik für Lungenerkrankungen
Robert-Koch-Straße 3 · 34376 Immenhausen
Tel. (0 56 73) 50 10 · Fax (0 56 73) 50 11 41
www.lungenfachklinik-immenhausen.de

Gemeinde Lohfelden

Eine moderne Stadtrand-Gemeinde mit attraktiver Infrastruktur und regem kulturellen Leben

In direkter Nachbarschaft zur Stadt Kassel liegt die Gemeinde Lohfelden die aus der ersten Gebietsreform im Landkreis Kassel hervorgegangen ist. 1941 entstand aus den Orten Crumbach und Ochshausen der heutige Ort Lohfelden. 1970 vereinten sich Lohfelden und Vollmarshausen zur neuen Großgemeinde Lohfelden mit einem heutigen Einwohnerstand von rund 14 500 Menschen.

Nach dem Zusammenschluss wurden nach und nach verschiedene Maßnahmen realisiert, wie Kindergärten, ein Sportgebäude in Vollmarshausen, das Sporthaus im Nordhessen-Stadion, mehrere Jugend- und Vereinsräume, der Bau der Gesamtschule mit gymnasialem Zweig und nicht zuletzt die Gemeinde- und Schulbücherei und das Bürgerhaus mit dem Freizeitsee im Ortszentrum. Hier wurden durch weitere Wohn- und Geschäftsbebauung einschließlich des neuen Rathauses und eines weiteren Kindergartens die Voraussetzungen für ein räumliches Zusammenwachsen der beiden Gemeinden geschaffen.

In der Mitte zwischen Vollmarshausen und Crumbach liegt das Naherholungsgebiet »Lohfeldens Grüne Mitte« mit Aufenthalts-, Spiel- und Sportbereichen. Hierzu gehören Spielflächen für Kleinkinder, ein Sinnespfad und ein Fitness-Parcours. Mittelpunkt ist die weithin sichtbare Aussichtsplattform mit der »Tanz-Eiche«, die einen herrlichen Blick über die drei Ortsteile, das Kasseler Becken, die Söhre und den Kaufunger Wald bietet.

Rathaus und Bürgerhaus Lohfelden: Sitz der Gemeindeverwaltung und Ort für Kultur

Güterverkehrszentrum, interkommunales Gewerbegebiet und attraktiver Wohnraum

Großen Wert legte die Gemeinde bereits 1971 auf die Entwicklung des Gewerbegebietes unterhalb der Autobahn. Von anfangs 1665 Beschäftigten in 1975 stieg die Zahl bis 2002 auf 4100. Außerdem hat die Gemeinde gemeinsam mit der Stadt Kassel durch den Bau des neuen Industriestammgleises im Jahre 1983 dazu beigetragen, dass der LKW-Verkehr in diesem Bereich entlastet werden konnte. Im Oktober 2001 wurde der Bau eines Güterverkehrszentrums (GVZ) zur wirtschaftlichen Entwicklung der gesamten Region vereinbart. Im Jahr 2004 lag die Umschlagsleistung bereits bei 11 841 Waggons. In 2005 und 2006 hat die Gemeinde Lohfelden gemeinsam mit der Stadt Kassel ein interkommunales Gewerbegebiet zwischen der Bergshäuser Straße und Bundesautobahn A7 mit einer vermarktbaren Fläche von 20,6 Hektar erschlossen. In diesem neuen Gewerbegebiet »Am Lohfeldener Rüssel« werden Gewerbeflächen zu einem Grundstückspreis – unter Anrechnung der Landesförderung – von 60 Euro pro Quadratmeter voll erschlossen angeboten.

Am »Lindenberg« entsteht attraktiver Wohnraum mit Blick auf Kassel und die Wilhelmshöhe.

Die neue Bücherei ist ein idealer Ort für Leseratten und Bildungshungrige.

Ein Paradies für Kinder ist »Lohfeldens Grüne Mitte«.

Seit 1990 sind in Lohfelden über 900 neue Wohnungen entstanden. Nach der Erschließung und Vermarktung des Neubaugebietes »Herchenbach« im Ortsteil Crumbach wurde im Ortsteil Ochshausen der Siedlungsschwerpunkt »Lindenberg« ausgewiesen. Hier entsteht attraktiver Wohnraum mit Blick auf Kassel und die Wilhelmshöhe. Bis spätestens 2012 soll dieses Baugebiet vollständig besiedelt sein.
Fünf Kindergärten – auch mit Plätzen für Kinder unter drei Jahren – zwei Horteinrichtungen, die Seniorenbegegnungsstätte, die neue Gemeinde- und Schulbücherei im Ortszentrum, die Jugendhäuser in Vollmarshausen und Crumbach, die Mehrzweckübungshalle im Ortszentrum und die Volkshochschule in Vollmarshausen haben in Lohfelden die soziale Infrastruktur vervollständigt. Neben dem Nordhessenstadion, das in 2009 mit einer neuen Tribüne und Funktionsräumen ausgestattet wurde, gibt es ein großes Freibad und einen idyllisch gelegenen Minigolfplatz für Freizeitaktivitäten im Sommer. Zahlreiche Rad- und Wanderwege laden zur Erkundung der Umgebung ein.

Lohfelden hat ein reges kulturelles Leben

Mit der Gemeinde Berg im Drautal/Österreich wird seit 1978 eine kommunale Partnerschaft und mit Trutnov/Trautenau in Tschechien seit Februar 2007 unterhalten. Eine weitere Partnerschaft wurde im Dezember 2007 mit der südspanischen Stadt Alcalá la Real geschlossen. Die Gemeinde

Mittelpunkt des neuen Parks ist die Aussichtsplattform (siehe Mitte).

Beliebt sind die Konzerte auf dem Löwenhof.

Lohfelden bietet gemeinsam mit der »Kulturfitüre im Rathaus« ein abwechslungsreiches Veranstaltungsprogramm. Die »Lohfeldener Löwenhoftage« mit ihren Konzerten sind weit über die Nachbarschaft hinaus bekannt. In der Geschichtswerkstatt Lohfelden kümmern sich geschichtlich interessierte Bürgerinnen und Bürger um die Historie Lohfeldens. Viele Veranstaltungen zu zahlreichen interessanten Themen in diesen Bereich vervollständigen das kulturelle Angebot. 120 Vereine und Verbände bieten ein vielfältiges Sport-, Spiel-, Musik- und Freizeitangebot sowie viele Feste, Darbietungen, Konzerte für Jung und Alt.

Wer wissen möchte, wie man sich in der guten alten Zeit fortbewegte, ist im Hessischen Kutschen- und Wagenmuseum richtig

Einmalig in der Region ist das »Hessische Kutschen- und Wagenmuseum«. Wer einmal wissen

Im Hessischen Kutschenmuseum sind Pferdekutschen, Wagen, Pferdeschlitten und Geschirre zu bewundern.

möchte, wie man sich in der »guten alten Zeit« fortbewegte oder wie die Post damals den Weg zu ihren Empfängern fand, der ist im Hessischen Kutschen- und Wagenmuseum an der richtigen Stelle. Der Trägerverein des Museums hat es sich zur Aufgabe gemacht, die Entwicklungsgeschichte der europäischen Kutschen zu dokumentieren. Zu bewundern sind verschiedene Pferdekutschen und -wagen, Pferdeschlitten, Geschirre und allerlei Zubehör rund ums Pferd.

Das Bürgerhaus im neuen Ortszentrum ist ein mit moderner Saaltechnik ausgestattetes Kommunikationszentrum und bietet sich als eine vielseitige Freizeit- und Kulturstätte an. Der 600 Sitzplätze umfassende Saal kann in drei voneinander unabhängige Räume getrennt werden. Eine kleine Theke im Foyer ergänzt das Saalangebot. Das China-Restaurant Lohfelden und die Kiro-Bar am Bürgersee erweitern die Gastronomie im Bürgerhaus. Die Rathaus-Galerie »Kulturfitüre« bietet wechselnde Ausstellung mit unterschiedlichen Themen und Kunstgegenständen.

In Lohfelden finden sich noch viele intakte Fachwerkhäuser.

Der Eco-Pfad »Kulturgeschichte Lohfelden« zeigt historische Plätze und Gebäude.

Kunstwandern und viele andere Freizeitaktivitäten

Seit 2001 gibt es den »ARS NATURA«-Kunstpfad, der Wandern und Kunst vereint. In Lohfelden führt der Wanderweg X3 als »Spangenberger Pfad« ab der Straße »Im Alten Teich« links den Berg hinauf. Dieser sogenannte Schusterpfad ist identisch mit dem ARS NATURA-Pfad X3.

Die Besucher können seit 2009 auf diesem Weg wandern vom Löwenhof, wo das Kunstwerk »Mut« von Wolfgang Loewe steht, über die Bachstraße, Am Alten Teich und den Spangenberger Pfad hinauf, vorbei an »Einschnitt« von Peter Paul Medzech, »Goldwert« von Andreas Tollhopf, »Königliche Reise« von Bernd Besser und »Sichten« von Carola Lantermann, »Gemeinsame Wege« von Werner Pirker »Wegmarken« von Matthias Heß bis zu den »Schuhgeschichten« der Klasse 9c von der Söhre-Schule.

Grüne Mitte und Freibad

Mitten in Lohfelden – zwischen Vollmarshausen und Crumbach – befindet sich das Naherholungsgebiet »Lohfeldens Grüne Mitte« mit Aufenthalts-, Spiel- und Sportbereichen. Dazu gehören Spielflächen für Kleinkinder, ein Sinnespfad und ein Fitness-Parcours. Auf dem höchsten Punkt Lohfeldens steht hier die weithin sichtbare Aussichtsplattform mit der »Tanz-Eiche«, die einen herrlichen Blick über die drei Ortsteile, das Kasseler Becken, die Söhre und den Kaufunger Wald bietet.

Der Eco-Pfad »Kulturgeschichte« verbindet Plätze in Lohfelden, wo Menschen früher gebetet, gewohnt, gearbeitet und getrauert haben. Dieser Pfad ermöglicht eine Zeitreise von der späten Bronzezeit bis in die Mitte des 20. Jahrhunderts. Auf eine Gesamtlänge von ca. 13 km führt der Weg ab dem Naherholungsgebiet »Lohfeldens Grüne Mitte« vorbei am Hessischen Kutschen- und Wagenmuseum, dem einzigen in Hessen, zur Kirche von Crumbach mit einer interessanten Baugeschichte, über eine Arbeitersiedlung aus den 1940er Jahren bis zum »Lager Fernsicht«, in dem Zwangsarbeiter der Rüstungsindustrie leben mussten. Von dort geht es weiter über die Kirche Ochshausen, das bronzezeitliche Gräberfeld – einem der bedeutendsten in Mitteleuropa-, die Kirche Vollmarshausen bis zum mittelalterlichen Gerichtsplatz Schöppenstuhl an der Linde in Vollmarshausen und zur Obermühle.

Das Freibad Lohfelden am Waldauer Weg bietet eine Wasserfläche von über 1400 Quadratmetern und eine großzügige Liegewiese mit Bäumen. Die Wassertemperatur liegt durchschnittlich bei 23 Grad Celsius. Ein Schwimmerbecken mit 50 Meter-Bahnen, zwei Sprungtürme und eine Wasserrutsche sowie ein separates Kinder- und Babybecken bieten in gepflegter Atmosphäre Badefreuden pur. Außerdem stehen ein Beachvolleyballfeld und Tischtennisplatten zur kostenlosen Benutzung zur Verfügung. Neben Freibad und Nordhessenstadion befindet sich der gepflegte 18-Loch-Minigolfplatz. Bis in den Herbst sorgt der schöne Baumbestand für angenehmen Schatten.

Kirchen sind kulturgeschichtliche und bauliche Zeugnisse von Lohfeldens Vergangenheit

Evangelische Kirche Crumbach

Ihre heutige Gestalt erhielt die Kirche Crumbach im Jahr 1770. Auf dem Gelände befindet sich auch noch der Turm einer vermutlich im 13. Jahrhundert errichteten Wehrkirche. Vom Turm aus hat man einen wunderschönen Blick auf das Umland. Die am Kirchberg nahe der Kirche im Ortsteil Crumbach stehenden Maulbeerbäume haben den Rang eines Naturdenkmals.

Evangelische Kirche Ochshausen

Das spätgotische Kirchenschiff der kleinen Fachwerkkirche ruht auf mittelalterlichen Fundamenten. Sehenswert sind der romanische Taufstein sowie die von hohem künstlerischem Wert zeugenden Glasfenster des Malers Heinz Kreutz.

Evangelische Kirche Vollmarshausen

Die Kirche im Ortsteil Vollmarshausen wurde in den Jahren 1838/1839 an Stelle der alten baufälligen Michaeliskirche im klassizistischen Stil errichtet. Ihr Turm gleicht dem einer byzantinischen Basilika. Die drei Glocken der Kirche mit den tönen »f«, »h« und »as« haben ein Gesamtgewicht von 32 Zentnern.

Der Turm der Evangelischen Kirche Vollmarshausen gleicht dem einer byzantinischen Basilika.

Der furchtlose Hans: Märchenskulptur im Vorsterpark

»Gänsehaut wie ein Reibeisen ...«

Im Vorsterpark wurde das Märchenthema »Von einem der auszog, das Fürchten zu lernen« bearbeitet, nachdem sich die Gemeinde Lohfelden 2004 mit diesem Märchen dem »Märchenlandweg« angeschlossen hatte. Dieses Märchen wurde ausgewählt, weil sich in Lohfelden Menschen und Plätze finden, von denen dieses Märchen erzählt: Da ist noch das alte Küsterhaus in Crumbach, nahe dabei der Kirchturm mit steilen Treppen im alten Gemäuer. In den Bächen, die durch die Ortsteile fließen, gab es früher auch Grundeln, diese kleinen silberglänzenden Fische, die Hans dann am Ende doch gruseln ließen. Das Märchen ist das vierte, das die Brüder Grimm in ihre Sammlung aufnahmen. Es handelt ebenfalls von zwei Brüdern. Der eine ist »anstellig und pfiffig«, der andere hat, wie man so sagt »ein Brett vor dem Kopf«, fürchtet sich aber vor gar nichts. Zu gern würde er sich auch einmal gruseln. Er sitzt mit Gehenkten am Lagerfeuer und lehrt Schlossgeister selbst das Fürchten, doch nichts macht ihm Angst. Am Ende verhilft ihm seine Frau, eine echte Königstochter, zu einer »Gänsehaut wie ein Reibeisen«.

PR-Beitrag von:
Gemeinde Lohfelden
Lange Straße 20 · 34253 Lohfelden
Tel. (05 61) 51 10 20 · Fax (05 61) 5 11 02 31
gemeinde@lohfelden.de · www.lohfelden.de

Auch der Kirchturm von Crumbach half Hans nicht beim Fürchten.

Jung, modern, innovativ

Gemeinde Niestetal

Niestetal liegt direkt am Stadtrand von Kassel und zentral in der Mitte Deutschlands. Verbunden mit einem direkten Anschluss an die A7 und einer hervorragenden Infrastruktur vereint Niestetal alle wichtigen Ansprüche an eine lebens- und liebenswerte Gemeinde. Grüne Wälder und Wiesen umrahmen Niestetal und geben dem Ort dadurch seinen landschaftlichen Charme. Trotz der unmittelbaren Nähe zur Stadt Kassel hat Niestetal seinen eher dörflichen Charakter erhalten können.

Eingebettet in das Fuldatal und das Niestetal, umgeben von sanften, grünen Hügeln gibt es viele interessante und sehenswerte Möglichkeiten, den Ort von seiner schönsten Seite kennen zu lernen.

Ein weit verzweigtes Wanderwegenetz und gut ausgebaute Radwege laden ein, den Ort und seine Umgebung zu erkunden. Ein ideales öffentliches Verkehrsmittel ist der Niestetal-Express. Der Niestetaler Ortsbus, der zwischen den beiden Ortsteilen Heiligenrode und Sandershausen pendelt, steht jedem zur Verfügung, der sich in Niestetal kostenlos (!) und zudem umweltfreundlich bewegen möchte. Deutschlandweit bieten nur ein paar wenige Kommunen einen solchen Service an.

Zahlreiche Firmen sind traditionell in Niestetal ansässig, andere haben sich in den letzten Jahren hier angesiedelt. Insgesamt werden dadurch in Niestetal rund 3500 Arbeitsplätze angeboten. Von der Vielfalt der Gewerbebetriebe profitieren auch die Bürgerinnen und Bürger Niestetals, denn so kann auf eine breite Angebotspalette zurückgegriffen werden. Niestetal befindet sich durch das Zusammenwirken vieler Faktoren in einer guten finanziellen Situation. So wird es auch in Zukunft möglich sein, auf Grundlage einer verantwortungsvollen Finanzpolitik, Neues zu schaffen und Bewährtes zu erhalten.

Gemütlicher Ruheplatz am Kirchplatz in Sandershausen (Alle Fotos: Dennis Bachmann)

Familienfreundlichkeit wird groß geschrieben

In Niestetal ist »Familienfreundlichkeit« nicht nur ein Schlagwort. Fast überall im Ort wird dieses Ziel verfolgt. Flexible Öffnungszeiten in den Kindergärten und weiterführende Betreuungszeiten an den Grundschulen sind nur zwei von vielen Beispielen. Insbesondere steht der Freizeitbereich von Kindern und Jugendlichen im Mittelpunkt. Zahlreiche Kinderspielplätze mit hohem Spielwert sind im Ort

Brunnen am Kreisel zum Ortseingang Niestetal-Heiligenrode

Die Skulptur »Kinder bewegen die Welt« auf dem Dorfplatz Heiligenrode

verteilt und bieten viele Möglichkeiten für Spiel und Spaß. Ergänzt wird das Angebot von einem so genannten Mehrzweckplatz für Basketball, Hockey und Skaten. Alle Anlagen sind auch auf einem eigens erstellten »Kinderortsplan« eingetragen.
Einmalig in Deutschland ist die NiestetalCard, die alle Kinder und Jugendlichen von 0 bis 18 Jahre erhalten. Aufgeladen mit einem Guthaben von 50 Euro wird die Karte einmalig jährlich versandt. Dieses Guthaben kann innerhalb Niestetals für die unterschiedlichsten Freizeitangebote genutzt werden.
Auf die Erfahrungen der Senioren möchte man in Niestetal nicht verzichten. Für die Gemeinde ist es deshalb wichtig, gerade in diesem Bereich aktiv tätig zu sein. Der Bau von Service-Wohnungen in den vergangenen Jahren hat sich hier als hervorragende Lösung herausgestellt.

Abendstimmung beim Parkfest 2009

In Niestetal gibt es viele schöne Spielplätze.

Das Naturerlebnisbad Niestetal ist einzigartig in der Region.

Kulturelle Vielfalt gemeinsam erleben

Erfreulicherweise verfügt Niestetal über zahlreiche Vereine und Verbänden, die das örtliche Leben aktiv mitbestimmen. So ist es in Verbindung mit ergänzenden Veranstaltungen im kulturellen Bereich möglich, für alle Altersgruppen abwechslungsreiche und interessante Angebote zu schaffen.
Seit vielen Jahren werden in Kooperation zwischen der politischen Gemeinde Niestetal und der evangelischen Kirchengemeinde Niestetal kulturelle Kostbarkeiten angeboten. Ob Klavierkonzerte namhafter Pianisten oder Solokonzerte talentierter Nachwuchskünstler, Niestetal ist hierfür weit über die Ortsgrenzen bekannt geworden.
Eine Besonderheit ist der Historische Weihnachtsmarkt. Jahr für Jahr präsentieren hier Aussteller aus Nah und Fern ihr traditionelles Handwerk, das manchen Besucher zum Staunen bringt. Wird es am Abend dunkler, genießt man im Außenbereich weihnachtliche Köstlichkeiten in stimmungsvoller Atmosphäre.
Kulturell möchte sich die Gemeinde Niestetal auch in den nächsten Jahren verstärkt engagieren. Erstmalig fanden im Jahr 2009 die »Kulturtage Niestetal« statt, die auch in den nächsten Jahren jeweils Mitte September angeboten werden sollen. Während dieser Tage wird ein Programm präsentiert, dass sich den aktuellen Trends und Interessen der Besucher anpasst.

Spannende Freizeitmöglichkeiten

Einmal in Niestetal angekommen, bieten sich sowohl für Gäste als auch für Einwohnerinnen und

Wasserkaskaden im Naturerlebnisbad Niestetal

Das Naherholungs- und Freizeitgelände im Ortsteil Heiligenrode

Einwohner eine Vielzahl von attraktiven Freizeitangeboten an. Einzigartig in der Region ist das Naturerlebnisbad, das durch seine natürliche Gestaltung besticht und mit seinem Sandstrand, seinen Wasserkaskaden und Sprungfelsen für alle Altersklassen etwas zu bieten hat. Wer Erholung sucht, wird sie im Naturerlebnisbad Niestetal finden, denn durch die vielseitige Pflanzenwelt des Regenerationsbereiches und die herausragende Gestaltung der Anlage mit ausschließlich natürlichen Materialien, entsteht ein echtes Urlaubsgefühl. Sportbegeisterte finden Spaß am Beach-Volleyballfeld das inmitten der Anlage Hobby-Spieler und Beach-Volleyball-Fans anzieht.

Für die kühleren Tage ist das Wichtelbrunnenbad für alle Schwimmbegeisterten eine hervorragende Alternative. Insbesondere Familien werden hier durch das separate Kinderbecken mit dem beliebten Spritznilpferd »Bubu« den geeigneten Platz zum Spielen und Erholen finden. Ruhige Momente in freier Natur lassen sich im Naherholungs- und Freizeitgelände im Ortsteil Heiligenrode mit seiner großzügigen Teichanlage genießen. Egal ob Sonntagsspaziergang, Ruhepause oder fröhliches Spielen der Kleinsten auf dem integrierten Spielplatz – hier verbringt man gern seine Zeit.

Eco Pfad Archäologie Sensenstein

Ein lohnendes Ausflugsziel ist das Gut Windhausen. Das kleine Schloss wurde 1769 von dem berühmten hugenottischen Baumeister Simon Louis du Ry für den hessischen General und Staatsminister Martin Ernst von Schliefen gebaut. Nach seinem Abschied aus dem Staatsdienst zog sich der Minister auf das Gut zurück. In seinem weitläufigen Germanischen Garten gab es eine Menagerie, in der von Schliefen eine Horde Affen hielt. Diese gebärdeten sich aber anscheinend recht wild, so dass Schliefen sie töten lassen musste. Zur Erinnerung an seine geliebten Affen ließ er ein Affendenkmal bauen, das Wilhelm Busch zu seiner Geschichte »Fips der Affe« inspiriert haben soll. Die Affensäule kann heute noch besichtigt werden. Ebenso das Mausoleum in dem Martin Ernst von Schliefen 1825 bestattet wurde.

Wesentlich älter sind die Hügelgräber östlich von Heiligenrode. Sie werden der sogenannten Hügelgräberbronzezeit (1500 bis 1200 v.Chr.) zugeordnet. Diese Epoche wurde nach ihrer Bestattungsart unter Grabhügeln genannt.

Gut Windhausen, die Hügelgräber und weitere Sehenswürdigkeiten wie die Burg Sensenstein können über den gut ausgeschilderten Eco Pfad Archäologie Sensenstein erwandert werden.

Niestetal – Aufstrebender Wirtschaftsstandort mit hoher Wohnqualität

In Niestetal lässt es sich nicht nur sehr angenehm wohnen, sondern auch arbeiten. Hervorragende Faktoren sprechen für Niestetal als Gewerbestandort. Die Unternehmen vor Ort haben den Standort für sich entdeckt und gemeinsam mit ihren Mitarbeitern und der wirtschaftsfreundlichen Gemeinde konsequent weiterentwickelt. Unternehmen brauchen verlässliche Rahmenbedingungen und schnelle Entscheidungswege in der Verwaltung. Hier in Niestetal sind diese zu finden! Sämtliche Wirtschaftsbereiche wie Industrie, Gewerbe, Handwerk, Handel und Dienstleistungsgewerbe sorgen im Gegenzug für viele Arbeitsplätze und für eine gute Versorgung der Bewohner. Die unmittelbare Lage an der A7, Deutschlands wichtiger Nord-Süd-Verbindung, sowie der 20 Autominuten entfernte ICE-Bahnhof in Kassel-Wil-

Blühende Bäume, saftige Wiesen: Frühling in der Gemarkung Niestetal

helmshöhe machen Niestetal zu einem interessanten Standort. Auch die verkehrliche Verbindung nach Osten und Westen ist durch die gut erreichbaren Anschlussstellen A44 Richtung Dortmund und A38 Richtung Leipzig gegeben.

Umweltfreundliche Energien der Zukunft

Niestetal hat sich ein mutiges Ziel gesetzt. Unter dem Motto »Niestetal auf dem Weg zur CO_2-neutralen Kommune« sollen auf lange Sicht alle sinnvollen Möglichkeiten genutzt werden, die in Niestetal benötigte Energie aus erneuerbaren Energieträgern zu gewinnen. Hierfür sind alle derzeit möglichen Alternativen denkbar: Die Nutzung des Sonnenlichts durch Photovoltaik und Solarthermie, die Nutzung von Windenergie und Erdwärme, aber auch Biomasse sowie die Wasserkraft der Nieste, die durch den Ort führt. Um alle Potentiale auf diesem Gebiet auszuschöpfen, bedient sich die Gemeinde Niestetal einer Organisationsberatung, die durch eine eigens eingerichtete Steuergruppe unterstützt wird. Die Gemeinde Niestetal möchte auf diesem Gebiet als Vorbild fungieren und ihre Vorhaben, sofern wirtschaftlich vertretbar, an den genannten Zielen ausrichten. Regenerative Energien werden auch in Zukunft ein großes Thema für Niestetal sein. Auf diesem Gebiet gibt es noch viel zu tun und man wird es sich hier vor Ort nicht nehmen lassen, vorn dabei zu sein.

Erholung pur: mit dem Fahrrad durch die Natur

Trotz der unmittelbaren Nähe zur Stadt Kassel ist Niestetal immer noch ländlich.

PR-Beitrag von:
Gemeinde Niestetal
Heiligenröder Straße 70 · 34266 Niestetal
Tel. (05 61) 5 20 20 · Fax (05 61) 52 02 60
info@niestetal.de · www.niestetal.de

Der Bike-Profi

Mehr Fahrrad – mehr Freude

(Alle Fotos: S. Fitzner, Insolut Media)

Ansprüche sind verschieden. Die Räder des Bike-Profis auch! Ob Mountainbike, Rennrad, Trekkingrad, Crossrad oder Jugendrad. Hier findet jeder das richtige Bike. Der Bike-Profi bietet Custom Bikes und individuell aufgebaute Fahrräder, wobei der Kunde mit seinen Wünschen und Bedürfnissen stets im Vordergrund steht. Immer up to date lautet das Motto und dies zu Preisen, die alle Fahrradbegeisterten zum Lächeln bringen.

Im Bikeshop in Niestetal-Heiligenrode finden die Kunden unter anderem Fahrräder der Firmen Cannondale, Ghost, HaiBike, Müsing, Staiger und Winora. Natürlich gibt es hier auch das passende Zubehör rund um das Radfahren, wie zum Beispiel Alpina Fahrradhelme, SKS Schutzbleche und Pumpen, Sigma Sport Beleuchtung und Computer, Ergon Griffe und natürlich ein breites Sortiment der Firma Shimano. Der Bike-Profi freut sich auf Ihren Besuch.

PR-Beitrag von:
Der Bike-Profi · Jürgen Hampe
Cornelius Gellert Straße 68a
34266 Niestetal-Heiligenrode
Tel. (05 61) 8 70 68 73
Fax (05 61) 8 70 68 74
info@bikeprofi24.de
www.bikeprofi24.de

Gemeinde Schauenburg

Wo Märchen und Sagen ihren Ursprung haben

Die Großgemeinde Schauenburg liegt am Südwestrand des Kasseler Beckens im Landkreis Kassel und an der Deutschen Märchenstraße. Die Gemeinde entstand 1972 aus dem Zusammenschluss der Ortsteile Elgershausen, Hoof, Breitenbach, Martinhagen und Elmshagen. Der Name Schauenburg wurde entliehen von der westlich von Hoof gelegenen Burgruine Schauenburg. Heute leben in der Gemeinde rund 11 000 Einwohner. Es gibt drei Grundschulen, eine Volkshochschule, fünf Kindergärten mit 325 Plätzen sowie zahlreiche Turn- und Sportstätten. Für sportliche und kulturelle Vielfalt sorgen weit über 100 Vereine, vier Gemeindebüchereien, drei Dorfgemeinschaftshäuser, die Schauenburghalle, das »Elgerhaus«, das Museum Schauenburger Märchenwache sowie das Museum für dörfliches Leben. Verkehrsmäßig bestehen gute Anschlüsse in alle Richtungen.

An Sehenswürdigkeiten hat Schauenburg etliches zu bieten. So zum Beispiel den Naturpark Habichtswald, den Martinstein in Martinhagen, einen Schandpfahl in Elmshagen, das Naturdenkmal Hirzstein, die Ruinenreste der Schauenburg auf dem Burgberg, insgesamt sieben Kirchen und eine alte Richtstätte. Daneben gibt es zahlreiche gut ausgebaute Wander- und Radwanderwege, Reitmöglichkeiten, eine Freizeitanlage mit See, Kegelbahnen, Grillplätze, den Schauenburger Märchenpfad und den Märchenlandweg. Besonders attraktiv für Radwanderer ist der Hessencourrierweg, der von Kassel nach Naumburg führt und viele Besichtigungsmöglichkeiten bietet, wie den Menhir »Hünstein« bei Großenritte, die imposanten Eisenbahnbrücke bei Guntershausen aus dem Jahr 1848 oder das Augustinerkloster Merxhausen.

Geschichtsverein Schauenburg und »Museum für dörfliches Leben«

Das »Museum für dörfliches Leben« wurde 1989 in den Räumen der Grundschule Hoof eingerichtet. Viele Gebrauchsgegenstände, Fotos und Akten sind in den folgenden Jahren dort abgegeben und von Vereinsmitgliedern sorgsam restauriert und katalogisiert worden. So hat sich das Museum im Laufe der Jahre auf fünf Ausstellungsräume zu unterschiedlichen Themenschwerpunkten, einer Werkstatt und ein Akten- und Fotoarchiv vergrößert.

Der überwiegende Teil der Ausstellung widmet sich der Wohn- und Arbeitswelt vergangener Zeiten,

Die Landschaft um Elgershausen wird von dem 502 Meter hohen Hirzstein dominiert.

Blick auf den Ortsteil Hoof, wo die Brüder Grimm von Rotkäppchen, Dornröschen und Schneewittchen erfuhren.

wobei die meisten der ausgestellten Stücke aus der Zeit zwischen Ende des 19. bis Mitte des 20. Jahrhunderts stammen. Die Darstellung der Arbeitswelt orientiert sich an den örtlichen Gegebenheiten der Zeit, als Handwerk und Landwirtschaft noch vorherrschten. Viele der dargestellten Berufe sind heute fast völlig verschwunden und Bezeichnung und Gebrauch der Werkzeuge in Vergessenheit geraten. Interessant sind auch der Nachbau eines Eisenbahnabschnittes der Kleinbahn Kassel-Naumburg, sowie eine Gedenktafel der jüdischen Gemeinde, die der Zerstörung entging. Der Verein unterhält außerdem ein Archiv mit Schriftstücken von lokaler Bedeutung und ein umfangreiches Fotoarchiv. Fünf Bücher über die Geschichte von Schauenburg wurden in den vergangenen Jahren veröffentlicht. Zusammen mit Sponsoren gibt der Verein jährlich einen historischen Kalender heraus.

Neben der Erhaltung kultureller Zeugnisse unserer Region ist die Vermittlung der Arbeits- und Lebensbedingungen der Vorfahren ein weiteres Anliegen des Vereins. So hat die Zusammenarbeit mit Schulen eine lange Tradition. Seit Eröffnung des Museums besuchen die Schauenburger Grundschulen regelmäßig das Museum für dörfliches Leben. Pädagogisch wertvoll ist hier nicht nur die räumliche Nähe, die Identifikation ermöglicht, sondern auch das Konzept eines »Museums zum Anfassen«. Getragen wird das Museum durch den Geschichtsverein Schauenburg und seinen etwa 60 Mitgliedern.

Der Martinstein, ein 15 Meter hoher Basaltfelsen, ist das Wahrzeichen von Martinhagen.

Schauenburg, Martinstein und die älteste Gerichtsstätte Hessens

Es ist anzunehmen, dass die Schauenburg in fränkischer Zeit um die Jahre 600 bis 800 erbaut wurde, als der Hessengau Teil dieses Reiches war. Sie könnte als Grenzbastion gegen die Sachsen Bedeutung erlangt haben. In Hoof, dem Ort am Fuße der alten Burg, gibt es noch andere interessante Dinge zu sehen: den weitläufigen Gutshof derer von Dalwigk, die mächtige Gerichtslinde, die ehemalige Synagoge und natürlich die »Hoofer Seekuh«. 1978 entdeckte ein Bauer beim Pflügen ein 30 Millionen Jahre altes prähistorisches Skelett aus dem Alttertiär. Heute ist es im Kasseler Naturkundemuseum zu besichtigen.

Das Dorf Martinhagen wird überragt von der Kirche aus dem 16. Jahrhundert. Unmittelbar neben ihr befindet sich das zweite Wahrzeichen des Ortes. Der Martinstein, ein 15 Meter hoher Basaltfelsen. Der Nachbarort Breitenbach ist ebenfalls mit

Viele der im »Museum für dörfliches Leben« dargestellten Berufe sind heute fast völlig verschwunden.

Martinhagen wird überragt von der Kirche aus dem 16. Jahrhundert.

Der Märchenbrunnen vor dem Schauenburger Rathaus

einem trutzigen Kirchbau ausgestattet. Außerdem kann Breitenbach mit der »Märchenwache« und dem alten Bahnhof aufwarten. Von 1904 bis 1971 hielten hier die Züge von Kassel nach Naumburg. Ein historischer Museumszug, der »Hessencourrier«, verkehrt noch bisweilen.
In Elgershausen steht die Kirche auf einem flachen Hügel in der Ortsmitte. Die landschaftliche Umgebung wird jedoch von dem 502 Meter hohen Hirzstein dominiert. Bis 1932 wurde hier Basalt abgebaut. Eine weitere Sehenswürdigkeit ist der Schandpfahl mit Halseisen und Richtertisch in Elmshagen. Er gilt als die älteste Gerichtsstätte Hessens. Auch das repräsentative Herrenhaus in Elmshagen ist einen Besuch wert.

Die Märchenwache präsentiert regelmäßig Ausstellungen, Lesungen, Theater und Musik.

Märchenwache Schauenburg

Unter den zahlreichen Sehenswürdigkeiten in Schauenburg ragt eine besonders heraus: die Schauenburger Märchenwache. Fast jeder kennt die weltberühmten Grimm'schen Märchen. Viele wissen auch, dass Jacob und Wilhelm Grimm sie gesammelt und aufgeschrieben haben, aber nur den wenigsten sind die Namen derjenigen bekannt, die den Brüdern Grimm die Märchen zugetragen und erzählt haben. Zwei wichtige Märchenbeiträger sind mit den beiden Schauenburger Ortsteilen Breitenbach und Hoof verbunden: der Dragonerwachtmeister Johann Friedrich Krause und Marie Hassenpflug. Johann Friedrich Krause wurde 1747 in Breitenbach geboren, heiratete nach Hoof und lernte vermutlich auf dem von Dalwigk'schen Gutshof, wo sein Sohn Forstläufer war, die Brüder Grimm kennen. Er erzählte ihnen sechs Märchen, zahlreiche Schwänke und Anekdoten. Auf dem Gutshof wohnte auch zeitweise, seit ihrer Heirat mit Friedrich von Dalwigk 1814, die nunmehrige Marie von Dalwigk, geborene Hassenpflug. Sie erzählte den Brüdern viele bekannte Märchen.
Zu Ehren und in Erinnerung an diese beiden Märchenbeiträger errichtete die Gemeinde Schauenburg, direkt am Märchenlandweg und an der Deutschen Märchenstraße gelegen, im Jahr 1997 in der ehemaligen Feuerwache im Ortsteil Breitenbach die »Schauenburger Märchenwache«.
Im Innern der Märchenwache werden Originalzeichnungen aus den Büchern »Krauses Grimm'sche Märchen«, »Die Grimm'schen Märchen der jungen Marie«, »Das Spinnstubenheft«, Radierungen und Holzschnitte sowie Dokumente aus dem Leben der Märchenbeiträger ausgestellt. Die Zeichnungen, Radierungen und Holzschnitte stammen von dem Zeichner und Holzschneider Albert Schindehütte,

Die »Schauenburger Märchenwache« in der ehemaligen Feuerwache

In den Schauenburger Ortsteilen wird die Tradition hoch gehalten: Kirmes in Breitenbach.

In den romantischen Dörfern von Schauenburg liegt der Ursprung vieler Märchen.

der 1939 in Breitenbach geboren wurde und heute in Hamburg lebt. Die Ausstellung wird ergänzt durch Leihgaben des Brüder-Grimm-Museums Kassel.
Auf dem Vorplatz der Märchenwache wurde auf einer Tafel spiegelverkehrt und über Kopf der Text des von der jungen Marie Hassenpflug zugetragenen Märchens »Die Wassernix« installiert, so dass er sich auf der Wasseroberfläche des davor gebauten Brunnens spiegelt und somit für den Betrachter lesbar wird. Öffnungszeiten: Sonntag 15 bis 18 Uhr. Informationen unter www.maerchenwache.de.

Die Sage von der Katzenmühle (Kurzfassung)

Nicht weit von Elgershausen liegt eine Mühle, die ihrem Besitzer reichen Gewinn brachte. Seit einiger Zeit aber erschienen Nacht für Nacht Katzen in der Mühle und verdarben alles Korn und Mehl. Die verzweifelten Müllersleute gaben bekannt, dass sie ihrer einzigen Tochter die Mühle übergeben würden, wenn sich jemand fände, der sie heiraten will. Zuerst schreckte der Katzenspuk alle Freier ab, schließlich will ein furchtloser Gardist es wagen, den Zauber zu bannen, denn das Mädchen gefällt ihm. Er verlangt, dass man ihm genug Korn gebe damit er die Nacht hindurch mahlen kann. Das geschieht und er schüttet die Frucht auf. Er setzt sich in die Stube, nimmt sich das Gebetbuch vor und hängt seinen Säbel an die Wand. Wie nun die Glocke elf schlägt, erscheint eine Katze. Zu der spricht der Gardist: »Munzelunzchen frieret dich, setz dich zum Ofen und wärme dich.« Sie setzt sich an den Ofen. Nach einer Weile kommt eine zweite Katze. Zu der sagt die erste: »Munzelunzchen frieret dich, so geh zum Ofen und wärme dich, Vetter Hanhärmen seit es für mich.« (Vetter Johann Hermann sagt es für mich). So geht es fort bis schließlich zwölf Katzen beisammen sind. Der Gardist bleibt ruhig sitzen. Da sprechen die Katzen untereinander: »Summe, so wumme.« (Sollen wir, dann wollen wir). Der Gardist verriegelt darauf die Tür, nimmt den Säbel von der Wand und schlägt tüchtig auf die Katzen los. Sie schreien und toben fürchterlich. Doch er erwischt eine nach der andern und schmeißt sie endlich alle zur Tür hinaus. Am andern Morgen gibt es einen Aufruhr im Dorfe. Es sind zwölf Weiber von Elgershausen verwundet, eine hat sogar das Bein gebrochen. Keiner weiß, wovon das herrührt. Der Gardist aber weiß es: die Weiber hatten sich mit Hilfe des Teufels in Katzen verwandelt und aus Neid den Unfug in der Mühle angerichtet. Seit jener Zeit heißt die Mühle Katzenmühle bis auf den heutigen Tag.

PR-Beitrag von:
Gemeinde Schauenburg
Korbacher Straße 300 · 34270 Schauenburg
Tel. (0 56 01) 9 32 50 · Fax (0 56 01) 9 32 54 00
info@gemeinde-schauenburg.de
www.gemeinde-schauenburg.de

Die Katzenmühle bei Elgershausen: Schauplatz der gleichnamigen Sage

Stadt Wolfhagen

Die gemütliche Fachwerkstadt zwischen grünen Hügeln

Der »Märchenbrunnen« auf dem historischen Marktplatz mit dem Wolf und dem frechen »siebten Geißlein«.

Der Stadtteil Viesebeck ist geprägt von ländlicher Idylle.

Wolfhagen ist stolz auf die Ruhe und die Harmonie, die die Stadt – eingebettet in eine freundliche und abwechslungsreiche Landschaft – ausstrahlt. Hier wird Zeit-haben zum Erlebnis. Im Mittelzentrum Wolfhagen leben über 14 000 Einwohnern in elf, zum Teil noch landwirtschaftlich geprägten Stadtteilen. Historische, sehr gut restaurierte und gepflegte Fachwerkhäuser, Plätze und verwinkelte Gässchen im 775 Jahre alten Stadtkern vermitteln Idylle und Harmonie.

Der Wolf und die sieben Geißlein

Nicht ohne Grund ist Wolfhagen Mitglied des Vereins Deutsche Märchenstraße. In der malerischen Innenstadt gibt es zahlreiche Sehenswürdigkeiten im Zusammenhang mit den bekannten Grimms Märchen zu entdecken, wie zum Beispiel das »Alte Rathaus« mit dem gleichnamigen Hotel und Restaurant. In seinem Kellergewölbe befindet sich der »Grimms Märchenkeller« mit reproduzierten Bildern und einer Texttafel von Ludwig Emil Grimm, dem malenden Bruder der beiden Gelehrten Jacob und Wilhelm Grimm. Er war als Leutnant im Jahre 1814 in Wolfhagen bei einem Advokaten einquartiert und malte hier einige Bilder von Wolfhagen und viele Bilder für die Märchensammlungen seiner Brüder Grimm. In »Grimms Märchenkeller« weisen auch ein lebensgroßer, aus Holz geschnitzter Wolf mit Standuhr und Geißlein und ein aufgeschlagenes hölzernes Märchenbuch mit dem Wolfhager Stadtmärchen auf die märchenhafte Vergangenheit der Stadt hin. Im zauberhaften Ambiente des »Grimms Märchenkellers« finden regelmäßig Märchen- und Autorenlesungen, Kindertheater und Hochzeiten statt.

Auf dem historischen Marktplatz befindet sich der »Märchenbrunnen« mit einem lebensgroßen Wolf aus Bronze dessen Bauch mit Steinen gefüllt ist. Das berühmte »siebte Geißlein« steht keck auf dem Brunnenrand. In der gotischen Hallenkirche Sankt Anna geben überregional bekannte Chöre und Orchester Konzerte. Auch das Regionalmuseum hat einiges zu bieten. Zwei international renommierte Sonderausstellungen zum Fachwerk- und Holzhausbau und zu den Abenteuern des Hans Staden befinden sich in dem historischen Museumsbau. Hans Staden unternahm vor über 400 Jahren zwei Reisen nach Brasilien, wurde als Militärkommandant von Indianern gefangen genommen und schrieb in Wolfhagen seine Erinnerungen nieder.

In der Kernstadt Wolfhagen macht das Shoppen Spaß. Cafés und Restaurants freuen sich auf Besucher.

In Wolfhagen stoßen die Bauformen des fränkischen und des niedersächsischen Fachwerkbaus zusammen

Wolfhagen liegt auch zu Recht an der Deutschen Fachwerkstraße. Neben typischen Haus- und Gehöftformen der Bauernhäuser im Wolfhager Land,

Im Kellergewölbe des historischen Rathauses befindet sich der »Grimms Märchenkeller« mit Bildern von Ludwig Emil Grimm.

sind weitere interessante Haustypen als Ackerbürger-, Handwerker- und Kaufmannshäuser in der Stadt vorhanden. Die Häuser der Stadt sind bis auf wenige Steinbauten, die meist in den mittelalterlichen Städten als feuersichere Lagerhäuser von Kaufleuten oder als Vorratslager für Notzeiten dienten, im Fachwerkbau errichtet. Dem aufmerksamen Beobachter fällt die unterschiedliche Bauform der Häuser auf. Unmittelbar bei der Stadt verläuft die Sprachgrenze, die die niederdeutsche von der hochdeutschen Sprachform trennt. Hier stoßen auch die Bauformen des fränkischen und des niedersächsischen Fachwerkbaus zusammen. Ein großer Teil der Häuser kehrt der Straße die Giebelseite zu. Es sind so genannte Diemelhäuser, die meist ein mächtiges Einfahrtstor zur Diele aufweisen. Wohnbereich, Scheune und Stallungen befinden sich unter einem Dach. Daneben gibt es aber auch die fränkische Bauform mit getrennten Bereichen. Die Bewohner der »Handwerkerhäuser« und »Kaufmannshäuser« betrieben vereinzelt neben der städtischen Tätigkeit auch Landwirtschaft im Nebenerwerb. Wegen des Platzmangels und der Enge in der mittelalterlichen Stadt mussten die Häuser in die Höhe gebaut werden. Deshalb hatten die meisten Häuser Speicherstöcke. So fanden sich bei den Häusern im Untergeschoß Arbeitsräume für Handwerker und Kaufleute, während im Obergeschoß Wohnräume und darüber meistens die Speicherstöcke oder Dachräume zum Lagern vorhanden waren. Durch die wechselnden Bauformen entsteht ein reizvolles Straßenbild, das durch die historische Straßenführung noch erhöht wird.

Auf dem Gelände der ehemaligen Pommern-Kaserne in Wolfhagen wurde eine der größten Photovoltaikanlagen Europas installiert.

Märchen, Fachwerk, Sport, Kultur – hier hat der Gast die Wahl

Die Stadt Wolfhagen bietet historische Stadtrundgänge oder auch unterhaltsame »Nachtwächterführungen« an und stellt ihren Gästen gerne Ausflugsfahrten mit unterschiedlichen Zielen in die nähere und weitere Umgebung zusammen. So können Besucher und Einheimische in Ruhe – oder sportlich aktiv – die Stadt und die herrliche Landschaft mit ihren Hügeln, Wäldern und Wiesen genießen. Der Edersee im Waldecker Land und auch der Twistesee bei Bad Arolsen mit ihren Wassersport-Möglichkeiten sind nicht weit. Die Gäste können auch mit ihren Kindern erholsame Sonnentage in den beiden Erlebnisbädern verbringen und zur Erfrischung die Kneipp-Anlagen nutzen oder auf unseren gut beschilderten Wander- und Radwanderwegen auf den Spuren von Märchen- und Sagenfiguren, Räubern und Helden unterwegs sein. Außerdem gibt es die Möglichkeit, Tennis zu spielen, zu reiten, zu angeln oder einfach nur in der intakten Natur zu entspannen. Als besonderer Leckerbissen für Kultur- und Kunstfreunde findet in den Sommermonaten im »Kulturzelt« das größte

Wolfhagen setzt künftig auf die Windenergie.

Das märchenhaft anmutende Gut Elmarshausen

Kulturfestival der Region mit bekannten nationalen und internationalen Künstlern statt.

Wolfhagen leitet die Energiewende ein

Nach der Übernahme des Stromnetzes durch E.ON 2006 hat sich die Stadt Wolfhagen ein ehrgeiziges Ziel gesetzt. Bis zum Jahr 2015 will die Kommune ihren gesamten Energiebedarf aus eigenen, regenerativen Quellen decken. Dabei setzt sie vor allem auf die Windenergie. Drei Windkraftanlagen könnten künftig einen Großteil des Strombedarfs decken. Wolfhagen verfügt über Standorte, die sehr gute Winderträge bieten. Die Stadtwerke Wolfhagen haben darüber hinaus ein Konzept entwickelt, mit dem die Bürger im Wolfhager Land an der regionalen Wertschöpfung beteiligt werden sollen. Unter anderem sollen innovative Strukturen im Energiebereich aufgebaut werden, die letztlich zu neuen lokalen Arbeitsplätzen führen. Aber nicht nur der Wind ist im Wolfhager Land ein Thema. Auch die Sonne trägt ihren Teil zur Energieversorgung bei. Auf dem Gelände der ehemaligen Pommern-Kaserne wurde eine der größten Photovoltaikanlagen Europas installiert. Das Solardach auf der kreiseigenen Herwig-Blankertz-Berufsschule ist mit einer Gesamtfläche von 4800 Quadratmetern das größte Solardach Hessens.

Neues Leben in der ehemaligen Pommern-Kaserne

Konversion ist ein Wort für »Umwandlung«. Es wird zumeist verwendet im Zusammenhang mit der Umnutzung von ehemals militärisch genutzten Flächen. Im Zuge der Neustrukturierung der Bundeswehr wurden Standorte im gesamten Bundesgebiet aufgegeben. Die Pommern-Kaserne in Wolfhagen war einer davon. Seit 2008 wird die rund 170 000 Quadratmeter große Verkehrsfläche mit einer Gebäudenutzungsfläche von rund 61 000 Quadratmetern zivil genutzt. Die Konversionsplanungen der Stadt Wolfhagen eröffnen vielfältige Gestaltungsmöglichkeiten. Erste Flächen wurden bereits verkauft und werden schon zur Produktion innovativer Produkte genutzt. Die zentrale Lage in Deutschland, ausgezeichnete Verkehrsanbindungen sowie die Nähe zum Oberzentrum Kassel begünstigen gewerbliche und nichtgewerbliche Investitionen. Interessenten werden kompetent beraten und begleitet. Investoren können auf eine ausgezeichnete Bausubstanz sowie eine leistungsfähige Infrastruktur in einer gepflegten Parklandschaft zurückgreifen. Die vorhandenen Gebäude eignen sich hervorragend als Campus für Bildungseinrichtungen. Im Technikpark mit seinen modernen Instandsetzungshallen, Werkstätten und Lagern finden technisch orientierte Unternehmen günstige Bedingungen. Ebenso sind die Gebäude und Anlagen hervorragend für Logistik, Produktion, Handwerk und Kleingewerbe geeignet. In Verbindung mit dem Standortübungsplatz ergeben sich auch viele Möglichkeiten für die energetische Verwertung nachwachsender Rohstoffe.

In den Parkanlagen finden Besucher und Einheimische Ruhe und Erholung.

Die Fachwerkstadt Wolfhagen liegt zu Recht an der Deutschen Fachwerkstraße.

Wolfhagen besteht aus elf Stadtteilen, die zum Teil noch stark landwirtschaftlich geprägt sind.

PR-Beitrag von:
Stadt Wolfhagen
Burgstraße 33-35 · 34466 Wolfhagen
Tel. (0 56 92) 60 20
Magistrat-wolfhagen@t-online.de
www.wolfhagen.de

Geschichte und Natur auf der Spur

Das Regionalmuseum Wolfhager Land

Von der Geologie bis zur Alltagskultur der Großeltern – das Regionalmuseum Wolfhager Land in der Ritterstraße in Wolfhagen macht Vergangenes lebendig und anschaulich. Die Dauerausstellung bietet für jeden etwas. Bedeutende Funde aus der Vor- und Frühgeschichte entführen die Besucher in die geheimnisvolle Frühzeit unserer Kultur. Das Mittelalter wird in zwei Räumen gezeigt: einer ist unter anderem dem ehemaligen Kloster Hasungen und der frühen Missionsstation Schützeberg gewidmet. Ein großes Modell der Weidelsburg im 15. Jahrhundert lädt ein, das Wahrzeichen des Wolfhager Landes zu entdecken. Näher an unsere Gegenwart führen die Ausstellungen zu Handwerk und Zünften und zum Leben des Bürgers in der Stadt. Das Alltagsleben des Ackerbürgers wird ebenso gezeigt wie originale Handwerkerstuben, in denen der Schuster und der Schreiner sofort mit ihrer Arbeit beginnen könnten. Die Museumsmacher zeigen daneben Herstellung und Pflege von Textilien im Haushalt. All diese Themen sind im Haupthaus des Museums zu sehen, dem barocken Renthof.

In der Abteilung Vor- und Frühgeschichte werden Besucher in die geheimnisvolle Frühzeit unserer Kultur entführt: Modell eines Sauriers.

Dem berühmten Brasilienfahrer Hans Staden ist eine faszinierende Ausstellung gewidmet

In der Zehntscheune stehen zunächst die Geologie der Vulkane des Habichtswaldes und die spektakulären Wolfhager Saurierfährten im Mittelpunkt, ergänzt um eine mineralogische Sammlung. Ein großer Raum ist dem Fachwerkbau im Wolfhager Land gewidmet. Anhand eines guten Dutzends verschiedener Fachwerkmodelle erschließt sich diese komplexe Bauweise, die die Städte und Dörfer der Region prägt. Die Ausstellung wird komplettiert durch eine Fachbibliothek zum Fachwerk- und Lehmbau. Spielzeuge, Bilder und gehobene Ausstattung der Bürgerfamilie sind in zwei Räumen zu sehen. Ein Stadtmodell zeigt Wolfhagen im 16. Jahrhundert und lässt erkennen, wie viel sich seitdem verändert, aber auch erhalten hat. In der Galerie sind Gemälde und Zeichnungen von Künstlern der Region ausgestellt. Der berühmte Brasilienfahrer Hans Staden, der 1556/1557 zum ersten Mal in einem Buch in deutscher Sprache über Brasilien berichtete, verfasste sein Werk in Wolfhagen. Ihm ist eine faszinierende Ausstellung mit originalen Exponaten aus Brasilien, Schiffsmodellen, historischen Land- und Seekarten und Installationen gewidmet. In Planung für 2010 befindet sich ein neuer Raum zur Wolfhager Militär- und Garnisonsgeschichte, in dem sowohl die Luftmunitionshauptanstalt (MUNA) aus dem Zweiten Weltkrieg wie auch die Bundeswehrkaserne und ihre Geschichte dargestellt werden. Zum Museum gehört als Außenstelle das Klostermuseum Burghasungen, mit sehenswerten Funden und Architekturstücken aus dem Mittelalter. Sonderausstellungen zu verschiedenen Themen ziehen stets zahlreiche Besucher an. Aktuelle Hinweise dazu bietet die Homepage www.regionalmuseum-wolfhager-land.de.

Historische Puppen dokumentieren das einstige Bürgerleben.

Das Regionalmuseum Wolfhagen im barocken Renthof

Der Stadenraum: Hans Stadens berühmtes Buch trägt den Titel: »Wahrhaftig Historia und Beschreibung einer Landschaft der Wilden, Nacketen, grimmigen Menschenfressern ...«.

Verschiedene Modelle erschließen die komplexe Fachwerkbauweise: Modell des alten Wolfhager Rathauses.

Die Stadt Zierenberg

(Foto: Ramona Kunz, Zierenberg)

Ein faszinierendes Reiseziel im Naturpark Habichtswald

Zierenberg liegt im Naturpark Habichtswald zwischen dem Dörnberg (578 Meter) und dem Bärenberg (601 Meter) eingebettet in das wunderschöne Warmetal. Die Stadt ist nur 20 Kilometer von Kassel entfernt und sehr gut über die A44, Abfahrt Zierenberg zu erreichen.

Heute leben rund 7000 Einwohner in Zierenberg und seinen Stadtteilen Burghasungen, Escheberg, Hohenborn, Laar, Oberelsungen, und Oelshausen.

Die Hirschkuh im Stadtwappen

Um 1293 gründete Landgraf Heinrich I. von Hessen die Stadt als Festung und Verwaltungsmittelpunkt zur Sicherung seiner Herrschaft im oberen Warmetal. Das Stadtwappen trägt die Abbildung einer Hirschkuh, die rückwärts blickt. Die Deutung des Stadtnamens ist noch nicht ganz geklärt und auch durch die verschiedenen Schreibweisen (Czirenberg, Thyrenberg, Direnberg) sehr schwierig. Da auf einem alten Stadtsiegel eine äsende Hirschkuh abgebildet war, ist eine mögliche Namensdeutung von »Thyr« = Tier = Hirschkuh abzuleiten.

Im Jahr der Stadtgründung wurde auch mit dem Bau der gotischen Stadtkirche begonnen. Die wertvollen Wandmalereien aus dem 14. und 15. Jahrhundert suchen ihresgleichen im nordhessischen Raum. Der 45 Meter hohe Kirchturm ist das Wahrzeichen der Stadt.

Reste der Stadtmauer umsäumen den historischen Stadtkern.

Auch viele andere Fachwerkhäuser in der Stadt wurden fachmännisch mit viel Liebe zu alten Handwerkstechniken restauriert. Die stolzen Besitzer legten die Fachwerke wieder frei und machten die Hausinschriften der Vorfahren wieder lesbar.

Seltene Orchideen im Naturschutzgebiet

Auf gut markierten Radwanderwegen und Radwegen lassen sich die Stadt, die Berge und das Warmetal erkunden. Dabei können die Wanderer überall auf Spuren der Vergangenheit stoßen. Darunter die Warte und der Landwehrgraben, die Ruine Schartenberg, Reste der Burgen auf dem großen und kleinen Gudenberg, Mauerreste der Malsburg, Reste der Burg Laar, Wallanlagen auf dem Hohen Dörnberg, die Helfensteine und Reste des Klosters Hasungen.

Im Frühtau zu Berge – Morgenstimmung bei Zierenberg

Romantische Winkel und Gassen in der Altstadt (Foto: Ramona Kunz, Zierenberg)

Das Steinhaus ist das älteste Haus in Zierenberg – es wurde um 1300 errichtet. (Foto: Ramona Kunz, Zierenberg)

Auf gut markierten Wanderwegen das Warmetal erkunden (Foto. Ralf Otto Pferdmenges, Zierenberg)

Der Dörnberg, neben der Rhön das älteste Segelfluggelände Hessens, ist mit seinem Kalkmagerrasen ein viel besuchtes Naturschutzgebiet und Ausflugsziel. Er gehört zu den reizvollsten Vegetationseinheiten Mitteleuropas. Seltene Orchideen- und Enzianarten, farbenprächtige Falter und zahlreiche Vogelarten finden hier ihren idealen Lebensraum.

Das »Naturparkzentrum Habichtswald« im ehemaligen Jugendhof bietet Interessierten die Gelegenheit, sich über naturräumliche, geschichtliche und geologische Voraussetzungen sowie Freizeit- und Veranstaltungsangebote im Bereich des Naturparks Habichtswald zu informieren.

Die Basaltfelsen, Helfensteine, und die Wichtelkirche am Dörnberg wurden von der Natur geschaffen. Einer Sage nach lebte dort einst ein Wichtelkönig, dessen Kirche nach einer missglückten Heirat zu einem Basaltfelsen erstarrte.

Das Zierenberger Rathaus ist das älteste Fachwerk-Rathaus in Hessen

Das Zierenberger Rathaus ist zwar nicht das erste Rathaus der Stadt, aber das älteste noch erhaltene Fachwerk-Rathaus Hessens. Ein Vorgängerbau wird schon 1392 in einem Erbvertrag erwähnt. 1450 wurde das stolze Fachwerkgebäude vom »Meister Heinrich Brant« erbaut, wie in der Mitte des Spitzbogenportals auf der Nordostseite zu lesen ist.
In beiden Geschossen befanden sich in ganzer Länge durchgehende Säle. Das Obergeschoss diente als Ratssaal. Im Erdgeschoss befand sich eine Kaufhalle, wohl in Verbindung mit den viermal im Jahr auf dem Marktplatz abgehaltenen Märkten. Später wurde an dieser Stelle der Ratskeller als Gaststätte eingerichtet.

Das Spitzbogenportal an der Nordostseite

Das von beachtlichen Bauschäden gezeichnete Haus hat im Laufe seiner über 500-jährigen Geschichte eine Reihe von Eingriffen erlebt. Anfang des 16. Jahrhunderts wurde ein tonnengewölbter Weinkeller eingebaut. Eine vorhandene Stütze wurde dabei abgesägt und durch zwei neue ersetzt. Die obenauf liegende Balkenlage verlor ihren Halt und musste bis zu 1 Meter Stärke aufgefüttert werden. Nach dem großen Stadtbrand von 1707 wurde das Rathaus wieder vollständig hergestellt und dient bis heute als Sitz der Stadtverwaltung.

Heute schöner als je zuvor

1858/1859 wurde das benachbarte Spritzenhaus abgerissen. Die Feuerwehrspritze und der Leichenwagen zogen in das Rathaus um. Mit dem Einbau dreier großer Tore wurde der Fachwerkverband an der Poststraße zerstört. Aber es kam noch schlimmer. Im Trend der damaligen Zeit wurde 1864 der gesamte, konstruktiv so imposante Bau verputzt. Schon 1912 forderten Bürger die umfassende Restaurierung, doch erst in den Jahren 1925 bis 1928 wurde das Fachwerk wieder freigelegt.
Weitere Restaurierungen wurden in den Jahren 1972 bis 1975 und 1982 bis 1987 vorgenommen. Im Zuge erneuter Sanierungsarbeiten von 2006 bis 2007 wurde im Bereich des ehemaligen Ratskellers ein Foyer für Vorträge und Kunstausstellungen eingerichtet. In dem alten Gewölbekeller befindet sich seither ein romantischer Trausaal.
Heute erscheint das Gebäude, das seit mehr als 550 Jahren ununterbrochen als Rathaus genutzt wird, schöner, als je zuvor.

Fröhlichkeit ist ansteckend: Holzschnitzerei am alten Rathaus

PR-Beitrag von:
Stadt Zierenberg · Touristinfo
Poststraße 20 · 34289 Zierenberg
Tel. (0 56 06) 51 91 25 · Fax (0 56 06) 51 91 51
touristinfo@stadt-zierenberg.de
www.touristinfo-zierenberg.de

Das älteste Fachwerkrathaus Hessens (Foto: Ramona Kunz, Zierenberg)

Die Zierenberger Stadtkirche

Das Wahrzeichen Zierenbergs

Aus welcher Richtung auch immer man sich Zierenberg nähert, der mächtige Turm der Zierenberger Stadtkirche ist weithin sichtbar. Mit seinem quadratischen Grundriss von zwölf mal zwölf Meter, einer Mauerstärke von rund zwei Meter und einer Höhe von 48 Meter bildet er das Wahrzeichen Zierenbergs. Um mehr als das Doppelte überragt er nicht nur alle Häuser der Stadt sondern auch den First der gotischen Hallenkirche.

Zum Bau der Kirche

Unter Landgraf Heinrich I., dem Enkel der Heiligen Elisabeth, wurde 1293 im Zuge der Stadtgründung mit dem Bau der Kirche begonnen. Der Chorraum und der untere Teil des Kirchturms gehören dieser ersten Bauphase an, die bis etwa 1343 dauerte. 1430 (1436) wurde mit dem Bau des Kirchenschiffes zwischen Chor und Turm unter Leitung des Baumeisters Hans Meynworten begonnen. Daten und Namen einer Bauinschrift – der Inschriftenstein befindet sich heute in der Turmhalle – belegen das. Dieser zweite Bauabschnitt war um 1476 beendet.

Bei einer verheerenden Feuersbrunst im Jahr 1707 brannte die Stadt bis auf ein Haus völlig nieder. Aber das Kirchenschiff blieb dank seiner Sandsteineindeckung unversehrt. Allerdings wurde der Turm mit seinem gotischen Turmhelm bis zur ersten Brüstung ein Opfer der Flammen. Er wurde im Jahr 1711 wieder aufgebaut und mit einer sogenannten »Welschen Haube« versehen. Über dem Glockenstuhl befindet sich die alte Türmerwohnung. Bis etwa 1825 wurde sie von einem Türmer und seiner Familie bewohnt. Er hatte die Aufgabe, vor Feuer oder auch vor herannahenden Feinden zu warnen. Zuletzt wird 2009 und 2010 der Turm aufwändig saniert, nachdem zwischen 1985 und 1989 das Kirchenschiff außen und innen bereits umfassend restauriert wurde.

Ein Kunstschatz aus dem späten Mittelalter

Im Inneren der Kirche befinden sich spätmittelalterliche Wandmalereien, die zu den umfangreichsten Kirchenausmalungen Nordhessens gehören. Die bedeutenden Wandbilder in Kalk-Secco-Malerei stammen aus dem 14. Jahrhundert (Chor) und dem späten 15. Jahrhundert (Kirchenschiff). Im Zuge der sogenannten zweiten Reformation unter Landgraf Moritz dem Gelehrten wurden die Bilder um 1605 übertüncht. Sie gerieten in Vergessenheit und wurden erst 1934 zufällig wieder entdeckt und daraufhin freigelegt. Zuletzt konnten sie zwischen 1997 und 2006 in Zusammenarbeit mit dem Hessischen Landesamt für Denkmalpflege und der Ev. Landeskirche von Kurhessen-Waldeck mit einem hohen Kostenaufwand umfassend saniert werden.

Monumentale Darstellung des Christophorus an der Nordwand des Chorjoches, um 1350.

Die Stadtkirche: das Wahrzeichen der Stadt Zierenberg

Die rund 60 Einzelbilder, deren Maler sich zum Teil an graphischen Vorlagen (Kupferstichen und Holzschnitten) orientierten, sind ein Zeugnis für die Frömmigkeit des späten Mittelalters, wie sie vor allem in der breiten Laienbewegung der »devotio moderna«, die von den Niederlanden ausging und weite Bevölkerungskreise in Europa erfasste, ihren Ausdruck fand.

Dr. Vera Leuschner, Wilfried Segatz, Wilfried Wicke

Ausschnitt einer Darstellung des Jüngsten Gerichts im südlichen Seitenschiff, um 1488.

Der Heilige Martin zerteilt seinen Mantel für den Bettler – daneben Anna Selbdritt, um 1488.

Bürgerengagement mitten im Zentrum

Förderverein der historischen Stadtkirche Zierenberg e.V.

Das beispielhafte Engagement des eigenständigen Fördervereins, der mit über 100 Mitgliedern den Erhalt der evangelischen Stadtkirche ideell und finanziell unterstützt, gibt es seit Beginn der Sanierung der mittelalterlichen Wandmalereien 1997. Nach Beendigung der Sanierung wurde der Verein 2007 für seine erfolgreiche Arbeit in der Denkmalpflege mit dem Ehrenamtspreis des Landes Hessen ausgezeichnet.

Zur Zeit unterstützt der Verein im Rahmen einer umfangreichen Sanierung des Kirchturms die Wiederherstellung der Türmerwohnung mit dem Ziel, Besuchern wieder den Aufstieg zum »Türmerstübchen« und den fantastischen Blick über die Stadt und ihre herrliche Umgebung zu ermöglichen.

Um die Spendenziele zu erreichen sind neben Kirchenführungen, Festen und Info-Veranstaltungen weitere Aktivitäten in der Vereinsarbeit hinzugekommen. So kümmert sich der Verein mit circa 35 Personen um eine verlässliche Öffnung der Stadtkirche (»offene Kirche«). Dabei stellt er gut aufgearbeitetes Informationsmaterial zur Verfügung.

Einen besonderen Schwerpunkt bilden Planung und Organisation von jährlich zehn bis zwölf kulturellen Veranstaltungen im »Kulturforum Zierenberg – Künstler in Kirche und Rathaus« (Träger: Stadt und Evangelische Kirchengemeinde). Rund um Kleinkunst, Lesungen, Konzerte sorgen Vereinsmitglieder für eine einladende und angenehme Atmosphäre.

Ziel des Vereins ist, sich immer wieder neuen, der baulichen und kulturellen Bedeutung der Stadtkirche angemessenen Aufgaben zu stellen.

KULTURFORUM ZIERENBERG
KÜNSTLER IN KIRCHE UND RATHAUS

Logo »Kulturforum«

Offene Kirche (Foto: Rainer Stück / Birgit Berke)

PR-Beitrag von:
Förderverein der
historischen Stadtkirche Zierenberg e.V.
c/o Evangelisches Pfarramt Zierenberg
Poststraße 17 · 34289 Zierenberg
Tel. (0 56 06) 32 22 · www.kirche-zierenberg.de

Ein idealer sommerlicher Treffpunkt

Der Förderverein Freibad Zierenberg e.V.

Das schöne Freibad Zierenberg, am Fuße des Schreckenbergs gelegen, mit Blick auf die malerische Kulisse des Naturschutzgebiets Dörnberg, ist für Jung und Alt eine Attraktion und ein idealer sommerlicher Treffpunkt.
Das Bad wurde 1998 von Grund auf saniert und das Becken mit Edelstahl ausgekleidet. Für Mutige steht ein Sprungturm mit Ein- und Drei-Meter-Brett zur Verfügung. Sowohl auf den 25-Meter-Bahnen als auch auf den beiden Wasserrutschen können sich die Badelustigen je nach Bedarf so richtig verausgaben. Kleinkinder vergnügen sich je nach Lust und Laune entweder auf der Spielwiese oder im Planschbecken. Ruhesuchenden stehen zwei gepflegte Wiesen mit schattenspendenden Bäumen zur Verfügung.

Hier sind dem Badespaß keine Grenzen gesetzt.
(Alle Fotos: Klaus Peter, Zierenberg)

Das Freibad Zierenberg bietet einen schönen Blick auf die malerische Kulisse des Naturschutzgebiets Dörnberg.

Sportlich Begeisterte haben die Möglichkeit, entweder Tischtennis oder auf dem Volleyball-Platz zu spielen. Der Kiosk mit seinen Köstlichkeiten lädt sowohl zum »Schnuddeln« (Nordhessisch für »Schwätzchen halten«, Anmerkung der Redaktion), als auch zum Entspannen ein.
Um das Bad attraktiver zu gestalten und ehrenamtliche Arbeiten zu übernehmen, wurde 1997 der Förderverein Freibad Zierenberg e.V. ins Leben gerufen. Neben den jährlich anfallenden Arbeiten werden der Bekanntheitsgrad des Bads und damit

Für Mutige steht ein Sprungturm zur Verfügung.

eine größere Besucherzahl durch zahlreiche Veranstaltungen erreicht. So sind neben den bisherigen »Nächten«, wie das »Asia-Karibik-Nachtschwimmen«, die »Country-Nächte« zum Publikumsmagneten geworden.
Auch in Zukunft die Attraktivität des Freibads zu erhalten – ja noch zu erhöhen – ist die Devise des Fördervereins.

PR-Beitrag von:
Förderverein Freibad Zierenberg e.V.
Klaus Peter (1. Vorsitzender)
Helfensteiner Straße 12 · 34289 Zierenberg
Tel. (0 56 06) 18 02 · Mobil (01 71) 1 70 93 77
midacoach@t-online.de

Harmonisches Zusammenspiel auf unterschiedlichen Heilungs- und Erfahrungsebenen

Zentrum Helfensteine

Monika und George Reinhart verwirklichten ihre Vision von einem ganzheitlichen Heil- und Seminarzentrum.

Es ist die vollkommene Stille. Nicht beängstigend, vielmehr inspirierend. Wenn die Rufe des Käuzchens langsam verstummen und der mystisch anmutende Mond der warmen Sonne weicht, die mit ihrem Farbspektrum den Dörnberg in seiner einzigartigen Schönheit erstrahlen lässt, dann beginnt auch das Zentrum Helfensteine zu leben. Wo über Jahrzehnte der Jugendhof des Landes Hessen sein Zuhause hatte, verwirklichen heute Monika und George Reinhart ihre Vision von einem ganzheitlichen Heil- und Seminarzentrum. Mit 7000 Quadratmetern Gebäudefläche auf einem rund 50 000 Quadratmeter parkähnlichen Grundstück kein leichtes Unterfangen. Doch Familie Reinhart ist mit ihren Träumen nicht allein. Vom Berg magisch angezogen, fand sich schnell eine Gruppe Menschen, die ihre eigenen Ideen und Visionen in das Gesamtkonzept einbringen. Der Inhaber und ehemalige Kapitän bringt es mit einem Zitat von Hundertwasser auf den Punkt: »Wenn einer allein träumt, ist es nur ein Traum, wenn viele gemeinsam träumen, dann ist es der Anfang einer neuen Wirklichkeit«. Der Anfang ist allemal gemacht und die Wirklichkeit hat Einzug gehalten. Schon jetzt verfügt das Zentrum Helfensteine über ein veritables Portfolio, welches von geistiger Heilung über Gong- und Klangschalenarbeit, Meditation, bewussten Bewegungsangeboten und New-Life-Coaching bis hin zu energetischer Körperarbeit reicht. Doch nicht nur die fest integrierten Therapeuten ziehen Interessenten aus nah und fern an, auch wechselnde Angebote in Form von Seminaren und Kongressen locken in das Zentrum, welches in Deutschland seinesgleichen sucht. Seminar- und Gästehaus bieten dabei Übernachtungsmöglichkeiten für rund 50 Besucher sowie Seminarräume von 20 bis 70 Quadratmetern.

Das Heil- und Seminarzentrum Helfensteine liegt inmitten eines rund 50 000 Quadratmeter großen parkähnlichen Grundstücks.

Ein Ort für kreatives Schaffen

Losgelöst vom ganzheitlichen Therapieangebot bietet das Zentrum auch zahlreiche Aktionen für all diejenigen, die zwar dem Ort, nicht aber den Therapieinhalten zugetan sind. Immer mehr Künstler und Gruppen nutzen das einzigartige Areal für ihr kreatives Schaffen. Ausstellungen im Rezeptionsbereich, Konzerte und Theateraufführungen im bis zu 400 Menschen fassenden Theatersaal sowie Aktionstage und vieles mehr auf dem weitläufigen Gelände – der Phantasie sind hier keine Grenzen gesetzt.

Wer einmal die unvergleichliche Atmosphäre des Zentrums geschnuppert hat weiß, warum sich hier ein jeder wohlfühlen muss. Sei es nur während eines Besuchs im Restaurant »Café Eden«, welches dienstags bis sonntags geöffnet ist und nicht nur durch seine Sonnenterasse mit dem einmaligen Blick auf die Helfensteine besticht. Auch hier endet der Kreativitätsfluss nicht. Er wirkt auch in der individuellen Ausrichtung von Feierlichkeiten jeder Art.

Ideen gehen den »Helfensteinern« jedenfalls so schnell nicht aus, denn sie leben an einem Ort inspirativer Stille, die in den späten Abendstunden vollkommen scheint. Nicht beängstigend, auch dann nicht, wenn die Sonne wieder verblasst und die Rufe des Käuzchens einen Hauch Mystik ins Mondlicht zaubern.

Die geheimnisvollen Helfensteine, Namensgeber des Zentrums

PR-Beitrag von:
Zentrum Helfensteine · Sascha Hoffmann
Auf dem Dörnberg 13 · 34289 Zierenberg
Tel. (0 56 06) 53 35 32 · Fax (0 56 06) 56 11 52
info@helfensteine.de · www.helfensteine.de

Land der Elfen, Wichtel und Feen

Der sagenumwobene Dörnberg

Die Region rund um den Hohen Dörnberg ist etwa zehn Kilometer westlich von Kassel mit seiner offenen Buschlandschaft und der beeindruckenden Vielfalt an Orchideen und Enzianen ein beliebtes Ausflugsziel im Naturpark Habichtswald. Doch es sind nicht nur die Naturschönheiten, die immer mehr Besucher in ihren Bann ziehen, es ist auch die ganz besondere Magie dieses alten keltischen Kraftortes. Bereits vor mehr als 3000 Jahren siedelten die Kelten auf dem Hohen Dörnberg, während die Helfensteine bei den Archäologen als ein »umhegtes Naturheiligtum« gelten. Der später heilig gesprochene Mönch Johannes Heimerath hatte unweit der Helfensteine auf dem benachbarten Burghasunger Berg um das Jahr 1017 ein Erlebnis, das man bedenkenlos auf den Dörnberg beziehen kann. Er beschrieb dies damit, dass er »hier den Himmel offen sehe ...!«

»Wenn Du Sorgen hast, dann geh' hoch zu den Steinen, dort werden sie dir genommen ...«

Die Drehkreuze zum Areal rund um die über allem thronenden Helfensteine hinter sich lassend, öffnet sich eine Welt alter Geschichten und Sagen. Lässt man seine Blicke über die Sagen-hafte Berglandschaft samt ihrer markanten Basaltfelsen schweifen und gibt sich ganz der Stille hin, dann zeigen sie sich vielleicht die zauberkräftigen Feen und Elfen, die sonst für das Menschenauge unsichtbar sind. Dann werden die oft erzählten Geschichten wieder wach, die sich etwa um den Wichtelkönig drehen, der mit seinen Wichteln im Schoße des Blumensteins gewohnt haben soll. Daher ist der an der Nordwestseite des Dörnbergs beheimatete Basaltfelsen heutzutage bekannt als »Wichtelkirche«. Nach einer alten Sage verliebte sich der Wichtelkönig hier in ein junges Mädchen aus Zierenberg. Für die Vermählung zauberte er eine Kirche aus funkelndem Bergkristall, die dem schönen Mädchen jedoch kalt und seelenlos erschien, woraufhin sie die Ehe ablehnte und sich die Kirche in graues Basaltgestein verwandelte.

Auch die Helfensteine geizen nicht mit alten Mythen und Geschichten. So erzählt man sich noch heute, dass in früherer Zeit die Zierenberger mit Kindern, die an Keuchhusten erkrankt waren, bei Wind und Wetter auf die Helfensteine gingen. Egal, ob der Wind eisig oder lau war. Die Kinder wurden vom Wind durchgerüttelt und durchgepustet, bis der Keuchhusten verschwunden war. Und was sicher noch heute gilt, sind alte Überlieferungen, wonach die Zierenberger sagten: »Wenn Du Sorgen hast, dann geh' hoch zu den Steinen, dort werden sie dir genommen«.

Wenn letzteres zutrifft und nicht zuletzt auch die aus dem schier unendlichen Reservoire an Naturschönheiten gewonnenen Eindrücke mit in den Alltag genommen werden, so hat sich ein Ausflug ins Land der Elfen, Wichtel und Feen bereits gelohnt – auch, wenn man die Begegnung mit eben diesen schon wieder vergessen und das Drehkreuz zurück in die Realität hinter sich gelassen hat.

Sascha Hoffmann

Mystische Landschaft: Blick von den Helfensteinen

Wohnte hier der König der Wichtel? Die sagenumwobene »Wichtelkirche« am Dörnberg.

Immer wieder ein Naturschauspiel: der Sonnenuntergang auf dem Dörnberg

Das Innere des Himmels

Die 4000-jährige Geschichte des Burghasunger Berges

Auf dem Plateau befindet sich im Schlot eines erloschenen Vulkans ein natürlicher Teich.

Die Geschichte des Burghasunger Berges lässt sich bis in die Jungsteinzeit zurückverfolgen. In der Mitte seines Plateaus befindet sich ein natürlicher Teich im Schlot eines erloschenen Vulkans. Eine Besonderheit sind die Sichtbeziehungen zu umliegenden Horizontmerkmalen, wie zum Beispiel zum benachbarten Dörnberg, die schon in vorgeschichtlicher Zeit eine genaue Sonnenstandsbeobachtung ermöglichten. Alljährlich findet sich hier pünktlich zur Sommersonnenwende eine interessierte Schar ein, um das Schauspiel des Sonnenaufgangs über den Basaltfelsen des Dörnbergs zu bewundern.

Vom mächtigen Kloster sind nur noch Trümmerreste geblieben.

Wunder und Visionen

Im Jahr 1017 kam der Wanderprediger Heimerad auf den Burghasunger Berg und war von ihm so fasziniert, dass er bis zu seinem Tod dort blieb. Nach Aussagen seines Zeitgenossen und Biografen Ekkebert von Hersfeld fühlte sich Heimerad dort so, als »blicke er in das Innere des Himmels«. Der Gottesmann, der ein enger Verwandter Kaiser Heinrichs II. gewesen sein soll, hatte ein unstetes Leben hinter sich, das von seinem Kampf gegen die Verfehlungen des herrschenden Klerus geprägt war. Seine letzten beiden Lebensjahre verbrachte er auf dem Hasunger Berg, wo er Wunder wirkte und Visionen hatte. Nach seinem Tod wurde sein Grab zur Pilgerstätte. 1019 ließ der Mainzer Erzbischof eine Kapelle darauf errichten, die ab 1074 zu einem mächtigen Kloster ausgebaut wurde. Heute sind davon nur noch Trümmerreste übrig. Seine gewaltigen Steinquader wurden in den Häusern und Kirchen der umliegenden Dörfer eingebaut. Auch beim Bau des Schlosses Wilhelmsthal wurde die Ruine als Steinbruch genutzt. Nur wenige Fundstücke konnten gerettet werden, darunter ein steinerner Dämonenkopf vom Westturm des Klosters. Die Exponate sind im Klostermuseum in Burghasungen zu besichtigen.

Die Geschichte des Burghasunger Berges reicht bis in die Steinzeit zurück. Heute ist er ein Paradies für Pferde.

Gut und Mühle Laar

Es klappert die Mühle im Warmetal

Seit Urzeiten ist die Familie von der Malsburg im Warmetal ansässig. Davon zeugt die Malsburg, mit der Karl der Große Otto von der Malsburg für treue Dienste belohnt haben soll. Die Gründung des Gutes Laar fällt in die Zeit der fränkisch-sächsischen Kriege. Es wird vermutet, dass Malsburger, die auf der fränkischen Wallburg Larun tätig waren, die ersten Gebäude errichteten. Bis 1688 lebten sie hier, dann verkauften sie das Gut an den Landgrafen Karl, der die 1599 gebaute Wassermühle verpachtete. Seither haben Gut und Mühle Laar eine wechselhafte Geschichte erlebt. Das Schloss wurde erst 1790 gebaut. Es diente verschiedenen Gutsherren als Alterssitz.

Das Schlösschen Laar diente vielen Gutsherren als Alterssitz.

Alte und neue Technik im Mühlenmuseum

1902 erwarb Staatsminister Wilhelm von Starck das Gut und ließ es umfassend sanieren. Die alte Mühle lieferte nach ihrer technischen Umrüstung bis 1959 Strom. Später diente sie als Wohnraum. Nachdem 1970 der letzte Bewohner ausgezogen war, verfiel die Mühle. 22 Jahre vergingen, bis sich der Aus- und Fortbildungsverbund im Landkreis Kassel e.V. des Baudenkmals annahm, Mühlengebäude und Mühlengewässer sanierte, das Mühlrad rekonstruierte und modernste Technik zur Stromerzeugung einbaute. 1999, pünktlich zum 400. Geburtstag der Mühle, wurde das Mühlenmuseum eröffnet. Heute kann hier nicht nur die Erzeugung von Energie durch Wasserkraft hautnah erlebt werden, auch das harte Leben der Müller, deren Lust bekanntlich das Wandern war, wird nachvollziehbar.

Das Wappen am Schloss zeugt von stolzer Familiengeschichte.

Ein Fachwerkschmuckstück im Warmetal: die Mühle Laar

Orts- und Personenregister

Danksagung

Unser Dank gilt zunächst dem Landrat des Landkreises Kassel Herrn Uwe Schmidt sowie der Stadt Kassel, insbesondere Herrn Oberbürgermeister Bertram Hilgen und Herrn Bürgermeister Thomas Erik Junge für ihre freundliche Unterstützung.
Ganz herzlich bedanken wir uns bei allen Protagonisten, die durch ihre interessanten Selbstportraits diesem Buch seine ganz besondere Note verliehen haben. Darüber hinaus gilt unser Dank Sabine Scherer, Dr. Harald Kimpel, Christel Nies, Ute Raband, Ernst Wegener, Christine Messerschmidt, Dr. Lorenz B. F. Becker, Dr. Vera Leuschner, Wilfried Segatz, Wilfried Wicke, dem Staatstheater Kassel, dem Naturkundemuseum Kassel, dem Stadtmuseum Kassel, dem documenta Archiv, dem Landkreis Kassel, dem Regionalmuseum Wolfhagen und dem Zentrum Helfensteine für ihre informativen und unterhaltsamen redaktionellen Beiträge. Bei der kassel tourist GmbH, der Stadt Kassel, dem Landkreis Kassel, der Museumslandschaft Hessen Kassel und dem Region Kassel-Land e.V. bedanken wir uns für das großzügig zur Verfügung gestellte Bild- und Kartenmaterial.
Zum Schluss geht ein herzliches »Dankeschön« an Mali Theresia Rühlmann und Nina Joy Rühlmann. Ihre engagierte Zuarbeit war eine ganz große Hilfe beim Zustandekommen dieses Buches.

Bildquellennachweis

Umschlag: Vorderseite: Heidi Rühlmann (4), Thomas Rosenthal (1), Zentrum Helfensteine (1), Gemeinde Nieste (1), kassel tourist GmbH (2); Rückseite: kassel tourist GmbH (2), Birgit Mietzner (1), Universität Kassel (1), Andrea Lengemann (1), Gemeinde Nieste (1), Heidi Rühlmann (6), Stefan Daub (1)

Seite 3: Michael Wiedemann (1); **4:** Stadt Kassel (1); **5:** Stadtplan (Stadt Kassel); **6:** Landkreis Kassel (1), Birgit Mietzner (1); **7:** Kreiskarte (Landkreis Kassel); **14:** mhk (3); **15:** mhk (2); **16:** Martin Wolff, Kassel (1), mhk (2); **17:** mhk (7); **18:** Martin Wolff, Kassel (1); **20:** mhk (4); **21:** mhk (1), Michael Wiedemann (2); **23:** mhk (4); **24:** Stadt Kassel (1); **25:** Dieter Schwerdtle, Kassel (3), Naturkundemuseum Kassel (1); **26:** Dieter Schwerdtle, Kassel (4); **37:** kassel tourist GmbH (3); **38:** Staatstheater Kassel (2); **39:** Archiv Staatstheater Kassel (4); **46:** Dr. Lorenz B. F. Becker (2), Archiv Dr. Lorenz B. F. Becker (1); **47:** Dr. Lorenz B. F. Becker (4); **49:** Ursula Ziegler-Reinhardt (1), Archiv Christel Nies (3); **50:** kassel tourist GmbH (1); **51:** Nils Klinger (5); **56:** Ryszard Kasiewicz, Kassel (4); **76:** H. Görlitz (3); **77:** H. Görlitz (4); **87:** Karte (Zweckverband Naturpark Habichtswald); **88:** Region Kassel Land (1); **95:** Birgit Mietzner (4); **96:** Birgit Mietzner (2); **98:** Gemeinde Nieste (3), Gemeinde Kaufungen (1); **99:** Gemeinde Nieste (4); **102:** Stadt Hessisch Lichtenau (4); **103:** Stadt Hessisch Lichtenau (2); **128:** mhk (3); **132:** Andrea Umbach-Wiedemann (1); **133:** Andrea Umbach-Wiedemann (4); **151:** Regionalmuseum Wolfhagen (5); **154:** Ramona Kunz, Zierenberg (1), Rainer Stück, Zierenberg (1); **157:** Zentrum Helfensteine (2)

Nicht aufgeführtes Bildmaterial wurde von den im Buch dargestellten Städten, Gemeinden, Institutionen und anderen Protagonisten ohne Nennung der Bildautoren geliefert und verantwortet. Alle weiteren Bilder wurden von der Redakteurin Heidi Rühlmann zur Verfügung gestellt.